给教师的建议

[苏] B.A. 苏霍姆林斯基 著
马琳 译

四川文艺出版社

果麦文化 出品

代 序

我在帕夫雷什中学执教期间，经常与刚入行的青年教师会面、聊天，也收到过上千封青年教师的信函，此书的创作灵感即取之于此。

我接触过数十种职业的劳动者，但我始终坚信，没有比教师更具求知精神、更积极进取、更执着于追求创造性思维的职业了。我永远都不会忘记，有这么一位来自遥远的卡巴尔达小山村的年轻女教师。她大学毕业后去当英语老师，但在工作的第一年，就遇到了许多困难。起初，这个姑娘迫不及待地想要开始自己的创造性劳动，并梦想着能与学生进行愉快的心灵沟通。但她似乎缺少从事教育行业的才能，做了一份不适合自己的工作。她给我写了几封信，字里行间充满忧虑，主要内容大致是：什么是才能？怎样判断自己是否有才能？怎样确定并培养自己对工作的热爱？我的回复并没有让她满意。于是她专程来到我这里，希望通过面对面的谈话来解决自己的这些疑虑。这位年轻女教师说，她想多去几所学校，多和其他教师见见面。她要弄清楚，自己究竟是否有能力与儿童打交道。

创造性劳动所带来的愉悦感和充实的生活，是每一位有教养、有文化之人所追求和向往的。教育年青一代是一项高尚的事业，如何在其中展示自己的才华，如何在这项最复杂、最有意义、最有人文情怀的事业中实现自我，确实是值得深思的问题。在我收到的无数封信函、与人进行的无数次谈话中，这一问题被反复提及。不管是刚刚中学毕业的十七岁姑娘，还是教育学院的毕业生，抑或是已尝过成败滋味的教师，都在努力探寻这个问题的答案。基于这一问题，我将为教师提出一百条切实可行的建议。

目录

上篇

下 篇

上 篇

1. 何为教师的职业素养？
如何培养？

育人不仅是一种职业，更是一个专业，是一项有技能、有规划且目标明确的系统性工程。它有自身的特点，任何一个职业都无法与之相提并论。其特征包括：

（1）教师与人打交道，而人又是生活中最复杂、最珍贵的个体。教师的能力、水平、才华和智慧，直接影响着人的生活、身心健康、良知、性格和公民意识，甚至还影响了他们在生活中的位置、角色及幸福指数。

（2）教育的最终成效不是短期内能显现的，要经历时间的考验。教师的言行对儿童产生的影响要在若干年后才能体现出来。

（3）生活中的很多人和事都会对儿童产生潜移默化的影响，例如：他的父母、同学、读过的书、看过的电影（虽然旁人无从知晓），以及每一次都可能对年轻人产生影响的会晤。谈及影响，当然包括两个方面：积极影响和消极影响。很多家庭时常被阴郁的氛围笼罩，这种氛围会跟随孩子的一生。亲爱的同行们，我们最重要的工作，也是学校的使命，就是为了培育人而奋斗，抵制消极影响，让积极影响发挥作用。为此，教师作为个体应该对学生的个性施以最深刻、最有意义的影响。德·伊·皮萨列夫曾说过：“人的天性是如此丰富而有力，即便在糟糕的环境里，依然可以保持自己的光鲜亮丽。”[1] 但是，儿童的本性只有在遇到一位聪明、能干且有智慧的教师时，才能得到充分的展现。

（4）我们在工作中所面对的是人的个性形成过程中最细腻的精神领域，包括智慧、情感、意志、信念和自我意识，我们只能用同样的东西对此施加影响。其中最重要的影响介质寓于人际关系中的全部情感领域，包括教师的话语、美好的世界、艺术的感召和一个能充分表达感受的外部环境。

（5）教师行业具备的最重要的创造性特征之一，是它服务的对象（儿童）经常发生变化，每天和前一天相比都是不同的。育人是我们的使命，我们必须肩负起这种特殊的责任。

以上就是教育工作的特点。从教人员需具备哪些能力，哪些客观条件，又该如何培养、发展、提升这种能力呢？

与人交流、互动是每个人内心深处的需求，人们在其中感受生活的充盈，收获来自生活的喜悦。遗憾的是，由于各种原因，有些人内心深处的这种需求并没有得到很好的发展，有些人的需求却发展得太快，甚至压倒了其他方面的性格特征。人们常说，某人生性孤独、不善交际、少言寡语、喜欢独处、甚少交友（显然，这和“天性”无关，而是和所接受的教育，尤其幼年时期的教育有关）。如果与人交往让你害怕，如果你只喜欢孤军作战，或者只喜欢和两三个小伙伴在一起，而不喜欢面对更多人，那么请千万不要选择教师这份职业。

---

1 引自德·伊·皮萨列夫：《已经死亡和正在死亡者》（《德·伊·皮萨列夫教育文选》，莫斯科，俄罗斯联邦教育科学院出版社，1951年，第338页）。德·伊·皮萨列夫（1840—1868），俄国著名唯物主义哲学家、政论家和文艺评论家。全书脚注共分两类：句末带*的脚注为译者所加，其余均从苏联学校出版社（Советская школа）1979年的俄文定本直接译出，后文不再说明。

教育是一门研究人的科学，需要持之以恒地深入到人内心的精神世界。善于发现人身上的新变化、挖掘亮点并被其吸引，善于观察人的成长过程，这些都是提升教育水平的根基。我坚信，这些能力是幼儿及青少年时期在家庭及学校的氛围里、在父母和师长的关爱中形成的，是父母和师长教会了孩子们爱和尊重。

如果你有了从教的理想，那么请先自我考验一下。比如读九年级或十年级的时候，你申请当少先队或某个活动小组的辅导员。突然，你面前蹦出来一群小家伙，他们看起来似乎都一个样儿。但在一起去森林、田野活动过几次之后，你突然发现，每个孩子都是独立的个体，他们性格迥异、各有千秋。在每个孩子的世界中，你都能感受到属于他们自己的、独特的喜悦和苦恼，他们吸引着你的思绪、你的关切和忧伤。那么，就请勇敢地投身于这份崇高的事业吧！你将感受到来自创造的喜悦。创造于我们而言是了解人、揣摩人，永远对人性的丰富和深邃抱有好奇心。

反之，如果这群小家伙对你来说大同小异，和他们相处索然无味，你甚至记不住他们的名字和样子；如果你从他们的眼睛中捕捉不到某种深邃的特质；如果你无法判定远处花园中传来的声音到底来自谁，到底发生了什么事（即便是事后，你也依然不知道）——那么请三思后再决定是否投身教育事业吧。因为没有一条教育准则或是真理能适用于所有的孩子；因为实践教育学不仅仅是具备高水平知识和能力的体系，也被提高到了一定的艺术层面；更因为育人要先探析孩子的精神诉求，再对其内心世界感同身受。

“如果我手中有权利，那么谁要是敢说人是无法改变的，那我一定要把他的舌头割掉。”[1] 伟大思想家阿拜·库南巴耶夫的这席话在我心中留下了深深的烙印。每每在我思考教育的职能，在我与年轻教师聊起他们的喜悦与忧伤、成功与失败时，这犀利的言辞就在我眼前熠熠生辉。如果你想投身于崇高的教育事业，内心就要对人给予充分的信任，要相信性本善。这份信任并不是针对某个抽象的个体（自然界不存在这种类型的人），而是面对那些在社会主义土壤中成长起来的苏联儿童。

教育的根基是坚信可以成功地教育每个孩子。我相信，没有教育不了的儿童和青少年。我们面前的这个小人儿才刚刚来到这个世界，我们有责任保护他们与生俱来的美好、善良及天性，使其不被打压、伤害及扼制。因此，每个决定投身教育事业的人都应该学会包容孩子们的不足之处。如果我们能够细品这些缺点，并且用情感而不是理智去品味，就会发现所有的不足都是那么微不足道。没必要生气、愤怒，甚至惩罚。大家别误会！我倡导的并不是无条件的、不切实际的容忍，也不希望老师们“背着十字架”负重前行。我想说的完全是另外一码事：父母、师长要有足够的智慧，能洞察到孩子们犯错的动机，哪怕这些动机是完全无关紧要的。要意识到，这是孩子们犯的错误，不要将这种错误提升到成人的高度，对成年人的要求同样不适合孩子。成年人不能太孩子气，把自己降到孩子的水准。与此同时，要理解儿童行为的复杂性以及儿童群体关系的复杂性。

如果孩子们的顽皮让你感到烦心，如果在你看来，孩子们

1　引自阿拜·库南巴耶夫：《训言》（《阿拜·库南巴耶夫文集》，莫斯科，国家文艺书籍出版社，1954 年，第 387 页）。阿拜·库南巴耶夫（1845—1904），哈萨克斯坦伟大的诗人、作家、思想家和哲学家。

已经闹得无法无天，必须要想点办法采取一些特殊的“拯救”措施了，那还是慎重考虑是否要当一名老师吧。如果你和孩子们之间总有矛盾，那你也不适合当老师。要有能力解决矛盾，首先要清楚的一件事是，你是在和孩子打交道。培养解决矛盾的能力是推动教育发展的核心问题，要具备这种能力，同样需要我们理解并认同：儿童是一个不断变化的个体。

还有一点在我看来也是提升教育能力不可或缺的，我将其称为理智和心灵的交融。除了教师和医生之外，其他职业可能并不需要付出如此多的热忱。你的班级有40多个学生，如果你教的是高年级，那可能会是100个、150个学生。你要照顾到每个学生，在意他们的喜悦和忧伤。富有同理心、由衷地关怀孩子们是教育使命的重中之重。教师不应该是一个冷静得近乎绝情的人，如果教师对身边发生的事情总是过于理性，小心翼翼地权衡，唯恐在遵守各项规章时有丝毫差错，那么孩子就会对老师产生不信任，甚至戒备的心理。过于理性的老师，孩子们不仅不喜欢，而且也不会在其面前敞开心扉。

任何时候，为人处世都要遵守内心深处的真情实感，这是非常难能可贵的。与此同时，教师也应善于管理自己的内心情感，不能被自己的情绪所操控，在处理学生的错误、冒失等一系列不当行为时，这一点尤其重要。

教师的水平和能力恰巧表现在是否善于将情感和理智相结合。

有时候处理问题不能着急，要让情绪“降降温”。每当我发现学生的行为暴露出其复杂的心理矛盾，有必要和他聊一聊时，我都会把这种交谈延缓几天。请相信我，尊敬的各位同行，这样做会让你的言语更具有感染力，让你和学生间理智和情感的交流更丰盈。在此情况下，情感似乎会因为你的英明决定而变得更加高尚，你的见解、言谈也会走进学生的内心深处——因为这一切都充满了你对学生的关切之情。要善于做好一切精神准备，和学生尤其是少年进行心与心的交流。这是一种能力，并且是每位教师教学秘籍中最重要的一项技能。该能力需要经过自我培养、塑造、打磨，才能变得更加精细有效。

要培养这种能力，必须走进儿童内心深处，仔细研究他们的需求，了解他们对周围世界的态度，以及周围人对他们的影响。

我亲爱的战友们，要想成为一名真正的教师，就要接受这种锤炼，要持之以恒地用心去感受孩子们的一切：想其所想、忧其所忧、乐其所乐。这是我们的教育中最为细腻的情感，如果你熟练地驾驭了它，那你就会成为当之无愧的教育者。

2. 关于教师的健康及丰富多彩的精神生活

我记得，年轻时有一次参加一位教师的荣休晚会。邀请我参会的那位退休教师还很年轻，她20岁参加工作，退休那年也才45岁。为何阿娜斯塔西娅·格里戈利耶夫娜会选择退休呢？大家对此甚为不解。更奇怪的是，她急切地在工龄满25年的当天离开了学校，多一天都不愿意干。阿娜斯塔西娅·格里戈利耶夫娜本人在和年轻教师们告别时所说的一番话，解答了我们所有的疑惑。她说："亲爱的朋友们，我选择离开，是因为学校里的这份工作并非我所喜爱的，我在其中没有获得满足感，也毫无乐趣可言。很不幸，这是一场生活的悲剧。我每天都盼着那些课快点结束，喧闹声快点消失，快点让我清静一下吧！一位45岁的女士，身体还很健康，就不愿意再工作了，这让你们很诧异。不，我的身体并不好，健康状况很差。因为工作让我很不愉快，我的心脏很糟糕。年轻的同事们，我奉劝你们自我权衡一下，如果学校里的工作无法让你快乐，那就离开吧。去生活中寻找一个适合自己的位置，找一个喜爱的职业，否则工作于你而言就是煎熬。"

亲爱的朋友们，让我们反思一下这个悲伤的故事。身心的健康、充盈的精神生活、创造性劳动带来的乐趣、心爱的工作带来的满足感，这些都是彼此交融的，但最重要的是身心的和谐统一。健康对于教师而言太重要了，如果疾病偷偷降临而又无法医治，那该是何其悲哀！生活中总能遇到这种情况，年过45岁的教师，刚刚攀上教育生涯的顶峰，掌握了从教的技巧和艺术，身体却已经垮了，力不从心。一位16岁从教、已有25年教龄的教师在给我的信中写道："我多么害怕自己快到45岁时就成了'主席团荣誉嘉宾''婚礼上的将军'，成了摆设。如何让工作不影响健康呢？为了工作和创新我们需要健康，无法工作还有何幸福可言呢？"

我同400多名年龄在40到45岁之间的教师交流过。聊到健康时，很多人抱怨心脏不太好、总犯病。正是心脏和神经系统方面的疾病在偷偷袭击着教师们，不仅影响他们的教学，还经常让他们完全无法工作，提前进入退休状态。教师应该保护自己的心脏和神经系统。我们应该努力在工作到60岁的时候依然保持健康、乐观。很难想象对于一位教师而言，明明有思路、有想法，却受制于体力不支，还有什么比这更悲哀的呢？

怎样才能保护我们的心脏和神经系统呢？不是说要逃避所有能引起情绪波动的事，也不是说要让自己变得冷漠无情，这里首先要考虑的是我们行业的职业特征。

我们的工作本身就劳心费神，甚至可以说每时每刻都在消耗精力。它总是要面对不断变化的情况，有时让人激动亢奋，有时又让人压抑万分。因此，要善于掌控自我，这是一种非常必要的能力。它既关系到教师工作的成败，也关系到个人的身体健康。不能恰当地控制时刻出现的紧张和激动，不善于把控局面，最容易刺激教师的心脏和神经。

如何培养这种能力呢？首先要了解自己的身体状况，要熟悉自己神经系统和心脏的特点。人的神经系统天生就有很强的灵活性，教师应该善于利用这种灵活性去控制情绪。我是这样来培养这种能力的：杜绝一些负面的行为和情绪，诸如做事愁眉苦脸，放大别人的缺点，对孩子们“不正常”的想法和行为夸大其词（关于这一点，很难用语言描述，但却是我们教育体系内无论是技术层面还是修养层面的最大不足），愚蠢地用大人的标准要求孩子，把孩子培养成爱耍嘴皮子或听不进去道理和劝说之人。我总是劝自己不要激动、不要生气，要淡定。可是，怎么才能做到呢？怎么才能摆脱要强行控制自己的尴尬呢？最根本的办法是，首先把包括教师本人在内的整个团队的精力，转移到同一件事上，这件事需要大家齐心协力、团结一致、开诚布公地相互交流。我的经验证实，教师们平时为了控制自己的情绪，为了压住心头的怒火，总是紧绷着神经，而这种集体活动可以让教师们放松下来。如果不让这根弦松弛下来，就像大家常说的，心总是揪着，总是烦闷、生气，情绪就会出现极端不稳定的情况。而这种危险的状况每次在我们的工作中出现，要么是由于情感被过度释放，要么就是情感被压抑。

我带着孩子们去森林活动。集体中有个叫尤拉的小男孩，他的眼睛是蓝色的，小鼻子翘翘的，脸上还有些雀斑。尤拉特别活泼调皮，就像不断变动的水银柱一样。孩子们在草地上集合，听我讲解之后我们要去哪里，怎样才能避免在森林中走丢、迷失方向。而此时，尤拉却跑到了树林深处藏了起来，还时不时发出“嗷呜”的声音，故意让大家都听到。乍一看，他想故意使坏，搅乱大家的森林之旅。但我对自己说：不能夸大孩子们的想法，尤拉只不过是个二年级的小朋友，哪有那么多坏主意呢？！于是，我不着急，也不生气，还趁机组织大家玩了个有趣的游戏。来吧，孩子们，我们不要出声，绕开尤拉。这回不是我们去找他，而是让他来找我们。我们蹑手蹑脚，生怕让脚底的小草发出声响。我带着孩子们悄悄来到一个我熟悉的洞穴旁，躲了进去。孩子们兴奋地观察着这个隐秘之所。尤拉喊了几声之后就没动静了，他跑了出来，学着黄鹂的叫声，冲我们集合过的那片草地跑去。从他的声音中，我听出了慌张。他来到那片草地时，已经顾不上学鸟叫了，而是慌张地喊着：“你们在哪里啊？回答我！”

有时候不必强忍气愤，只需要灵活变通，换一个角度看待那些让你气愤不已、不得不时刻绷紧心弦的事情。把那些原本让人生气、不愉快的事变成一件好玩的事吧，你也会自然地成为这个集体的精神首领。

让自己不再生气、不再激动的第二个法宝是幽默。如果你有幽默感，那么那些让你一直闷闷不乐的情况就可能会缓解很多。孩子们喜欢并尊重乐观向上、不悲观、不气馁的老师，因为他们自己就是快乐、幽默之人。他们会从生活中捕捉到那些微不足道的、好玩的事情。能善意地对消极之事一笑置之，对积极的、正面的事加以鼓励、支持，是一位好老师和一个优秀的班集体应该具备的重要特征。

如果教师缺乏幽默感，师生之间就会起隔阂，彼此互不理解。教师发现学生不理解自己之后，就会很生气，一旦生气起来就无法释怀。亲爱的同行们，相信我，让校园生机不再、让孩子们的集体生活不愉快的冲突，多半是由这些误解引起的。

高强度的脑力劳动期和相对平静的脑力休眠期交替存在，这是教师工作的特点。多年的实践表明：教师的心脏和神经系统需要定期休养，需要定期停止消耗、补充新的能量。合理安排休息时间就是补充能量的必备条件。学会休息，尤其是在夏季和冬季，可以改善和增强神经系统的协调能力，有助于培养沉着、淡定的态度以及用理智控制情感的能力。很多经验丰富的、拥有三四十年教龄的老教师们认为，之所以能够养成沉着、冷静的自控力，得益于和大自然的交流，在这种交流中，紧张的体力劳动得以与思考、观察结合在一起。

与此同时，要善于在日常工作中保护自己的神经系统，这也是保持身心健康的重要条件。

3. 如何在日常工作中防止神经衰弱？

要时刻记得，我们是在儿童的世界中工作的。这是一个特别的、无与伦比的世界，我们不光要了解它，还应深入其中。可以说，每个教师的身上都闪烁着童真的火焰，永不熄灭。

儿童的世界是什么样子的呢？我并不想从心理学等科学的角度去定义儿童的特征，只想给教师提供一些实用的建议。我认为，儿童首先是用情感来感知世界的。儿童的世界，就是他们对自身所见所为的感知。内心充满阳光，生机盎然，情感丰富，情绪多变——这就是儿童的世界。它既是我们教育工作服务的对象，也是我们工作的空间。

儿童的内心生活，时时刻刻让我们品味到满意和不悦、高兴和苦恼、忧伤和欢愉、疑惑和惊诧、温柔和愤怒。在儿童呈现给我们的丰富的情感世界里，有愉快和不快的、高兴和忧伤的乐章。精通这种和谐的韵律，是我们在从事教育工作时能够保持精神矍铄、心情愉悦、获得成功的最重要的条件。如果与儿童交流除了让教师感到伤心、愤怒之外再无其他，那么教师的心灵就会因此受到伤害，身体健康也会受到影响。一些不善于发现和感受儿童世界中各种复杂情绪的教师，经常会出现神经失调的问题。其中，最讨厌、最让人焦虑的则是神经衰弱。

康波夫州的一位老师恩·莉齐雅写道：“我一天只有三节课，回家后却已筋疲力尽，不仅没有精力备课或看书，甚至没有力气思考，这到底是怎么回事呢？在学校里，我像时刻绷紧着的一条弦——孩子们太顽皮了，让人不得安宁。那些小男孩似乎在故意气我。费佳在上课时戳了瓦尼亚的腰，瓦尼亚就用尺子敲费佳的头……在其他老师眼里，这些都是小事，我却无法平静面对。我被气得浑身发热、心跳加速、手脚发麻，想平静地和学生提要求，声音却因气愤而发抖。学生们也发现了这一点，他们好像还在嘲笑我，用新花样气我。我该怎么办啊？”

这应该就是神经系统紊乱。究其原因，则是无法理解儿童的世界。亲爱的同行们，儿童的世界总体而言是美好的。如果你了解这个世界，如果你在其中有一种如鱼得水的感觉，那么相较于那些负面情绪，它带给你更多的是愉快。要学会倾听，体会，感悟这首被称为童年的乐曲。首先要会捕捉其中明快、开朗的旋律，不要只是去听、去欣赏，还要会谱曲，成为这首乐曲的创作者。要在这首歌中添加清新、爽朗的元素，因为这关系到你的身体健康、精神状态以及内心感受。用来创造这首曲子的钢琴、乐谱、指挥棒是既简单又复杂的东西——乐观主义。请记住，在儿童、青少年中并没有心存险恶之徒，即使有，也是成千上万人中的那么一两个。既然邪恶创造了他，那就需要一把有魔力的小提琴和指挥棒来拯救他，这把琴和指挥棒就是善良、人性和乐观主义精神。

教师对待孩子不能苛刻，如果孩子们身上出现了不良行为，也应该让善良去赶走它。这并非是与恶习妥协，而只是对儿童世界的真实看法。我很讨厌对孩子们报以叽叽歪歪的怀疑态度，也讨厌那些形式主义的金科玉律。但这并不是提倡在工作中睁一只眼闭一只眼或“自由式教育”，而是坚信：对儿童的友善、亲切和喜爱并非空泛的表象，而是充满人性的、真实的、满怀信任的。这是一股强大的力量，可以挖掘人身上的一切美好，让孩子成为理想中的样子。我不相信，一个接受了正确教育的孩子会成为无赖之人、好吃懒做之人、厚颜无耻之人、谎话连篇之人或是道德败坏之人。

乐观、对人信任是教育者和受教育者创造力永不枯竭的源泉，是他们神经力量不断迸发的源泉，也是他们保持健康的源泉。不要在心中埋下怀疑和不信任的种子。对人的极度不信任开始可能并没有什么影响，最后却会发展成一种不友善的可怕癌症（比喻成癌症是因为这里谈的都是人的身心健康问题）。心怀敌意是一种危险的心灵疾病，既影响心脏，也影响神经系统。它遮蔽了教师的双眼，让他无法发现人身上的优点。它也像一副魔幻的眼镜，把别人的优点缩小到看不见，又把缺点无限放大，掩盖人性最细微的特征。我想告诉年轻的朋友们，教师的健康之所以会出现问题，正是因为他不仅让不友善的种子在内心萌芽，还纵容它肆意发展，违背了乐观向上、善意待人的处事原则。不友善是怨恨之母，而怨恨就像锋利的刺，时不时就会扎到心脏最敏感的部位，使人精神疲惫、神经衰弱。

要像防火一样预防那种幸灾乐祸的态度。比如说（但愿这种情况永远不会出现！），你严厉“训斥”了一个学生，让他很受伤害。你在日志上记录了这个学生调皮捣蛋的行为，内心深处的某个角落蹦出一个幸灾乐祸的想法，似乎在对孩子说：“你父亲可是一个严格的人，他看到我的评语，一定会好好修理你……”你只是匆匆瞄了一眼那孩子满是忧伤的眼睛，内心没有感到不安，反而很平静。亲爱的朋友，要明白，你最大的麻烦从此时此刻就开始了：幸灾乐祸这根毒苗已在你的内心扎根，它起初看起来并无大害，事实上却像是一条毒蛇。幸灾乐祸又滋生出狭隘偏执，你的内心也因此变得又聋又哑，完全捕捉不到儿童心中的细微变化。幸灾乐祸之人把孩子们普通的调皮捣蛋看成是邪恶和不怀好意。对孩子们的恶作剧和顽皮无法容忍，会让老师变成冷漠的说教者或是只谈理性的监督者，孩子们讨厌这种老师。他们有自己的办法应付老师的吹毛求疵：激怒他，故意“得罪”他。如果上述情况已经初露端倪，那么教师的心脏功能就会因为要时刻压制内心的愤懑而日渐衰弱。朋友们，你肯定很害怕这种情况的发生吧？如果你没有办法克服，就会出现肝火郁结、暴躁易怒、内心阴郁的情况。工作于你而言将会是一件痛苦的事，你也会因工作而百病缠身。

彼此关心、善意待人是儿童集体生活中应有的氛围，也应是师生关系中最重要的相处之道。关爱是多么美妙的词语啊，同时又体现了多么深邃、复杂而又多元的人际关系啊！如果关爱是相互的，那么人与人就会彼此敞开心扉。

我已经说过无数次并始终相信，师生间的关爱是连接彼此心灵的纽带。有了这条重要的纽带，人与人之间无须语言也能相互理解，也能感受到彼此内心的变化。多年的从教经历让我坚信，如果我关爱孩子们，同时让他们学会关爱他人，那么孩子们对我的心脏和神经也会温柔以待，在我不舒服、不愿讲话时也能理解我。发现我情绪不佳、内心烦闷时，他们甚至能轻声细语、不吵不闹，课上和课下都尽量让我能清静一些。亲爱的同行们，这种惺惺相惜、彼此体谅的情感是让你永葆健康的源泉。现在我们谈论的是校园生活中非常特殊的一个领域，我们对此还不甚了解，需要更深入、更理智地去探讨。我指的是关爱的本质问题，这是情感教育中一个非常重要的方面。

4. 要善意待人

一般来说，此条建议是教育修养中的常识问题，说具体些，属于教育修养中的情感范畴。善意待人，就是对待学生要像对待自己的孩子一般。学生学习不好，成绩差，很难像班里其他同学那样去学习；儿童或是青少年犯了流氓罪——这些都是糟糕透顶的事情。如果你的孩子遇到了上述这些糟心的事情，你会如何处理呢，难道会建议采用开除学籍、扣品德分之类的方式吗？当然，聪明的父母在理智思考之下，可能会认同这些建议，但内心首先想到的肯定是要想个办法救救孩子，因为光靠惩罚是救不了人的。你的内心会希望采取一个措施，培养孩子高尚的品格和对美的认知，让他成长为一个真正的人。这个措施就是善意待人。对于教师而言，善意待人首先体现在善于阻止学生成为坏孩子，阻止他走上歧途。像父母盼孩子好一样盼着学生好，阻止邪恶走进孩子们的内心，将一切不良行为阻挡在孩子们的心门之外。如果你对每个孩子都特别关心，如果每个孩子于你而言并不是班级日志上那寥寥数语和一串数字，而是一个活生生的人，有着自己的个性，是一个与众不同的个体，那么你应该有信心，如果学生犯了错误，你的内心就会提醒你如何应对，这种来自内心的叮嘱就是行动上的善意待人。

善意待人说起来简单，但也是需要培养的。而且只有当双方的内心都能感受到这种友善，也就是说，师生彼此都希望对方好的时候，这种品质才会被培养起来。这是校园生活中最微妙的和谐之音。彼此友善相待，需要丰富的情感素养为根基。我始终认为，教育的一个最重要的任务就是让孩子们学会用心灵感知世界，用心灵了解周围的人——不仅是自己的亲朋好友，还包括人生道路上遇到的每一个人。教孩子们感受所遇之人的内心状况是沉重还是悲痛，是最为细腻的教育技能。我想分享一下自己的经验，谈一谈教师该如何培养自己的这种技能，如何培养学生的情感素养，以及如何使这种素养成为彼此友善相待的根基。

春天来了。校园旁边是一个甜菜种植场，平日有很多农妇在田间干活。每天清晨，当太阳在地平线露出红彤彤的面庞时，妇人们就已经陆续来田间劳作了。一年级的孩子们也在这时来到学校的花园里。蓝天白云之下有一间由茂密的葡萄藤搭成的天然教室，浓密的葡萄叶子将炙热的阳光遮挡住了。这就是我们的“美之坊”，我们经常在这里欣赏日出。干活的妇人们经常从我们身旁两三米远的地方经过，我们能看见她们，不仅能看清她们的面容和眼睛，如果屏息静坐，甚至还能听到她们的呼吸声。她们却看不见我们。我引导孩子们去观察：仔细看看妇人们的眼睛，尝试去感受、体会每个人的内心状况是安详宁静，还是乌云密布。每天我们都会见到这些姑娘和妇人，其中有一位是两个孩子的母亲，有着蓝蓝的眼睛、浅褐色的头发、粗粗的大辫子。我们已经习惯见她哼着歌去上工。她也时常在小山丘上驻足，望望蔚蓝色的天空，听听百灵鸟的歌唱，脸上洋溢着幸福的微笑。“她对生活满怀热爱，她很幸福。”我对孩子们说。看到别人幸福满满的样子，我们大家也都由衷地开心。另一位妇人每次拐到那条田间小路时，都会顺手摘几朵野花，从她的眼神中，我们能感受到她的开心、幸福。田间有处泉眼，缓缓流淌出的泉水灌溉着草地，有两位姑娘走到泉水边，以水为镜，整理梳妆，欣赏自己的芳容。孩子们，你们看，她们的眼中充满了对美好的向往。还有一位眼睛黑黑的妇人，她摘了好多野花，坐在树桩上编了一个小花环。当然，这么小的花环，也只能是给小女孩戴。亲爱的同学们，你们仔细观察她的眼睛，一定会感受到母爱的温暖。但是，同学们，你们看，那儿还有一位满头银丝的老妪，她的眼睛充满了悲伤，目光中夹杂着烦恼和痛苦。这会儿她突然停了下来，抬头看了眼骄阳，又看了眼掩映在一片绿茵中的小村庄，深深地叹了一口气。你们看，她不是去田里，而是走上了通向村子的那条大路。她在路边摘了一些野花，来到反法西斯烈士纪念碑前，一边献花，一边啜泣起来。

孩子们，你们现在目睹的是人类最伟大的悲痛——一位母亲的悲痛。她现在往回走了，又路过咱们的“美之坊”，你们再认真观察一下她的眼睛。

孩子们屏息静坐，周围的一切都静止了，连小草和树叶都一动不动。我们又一次目睹了这位母亲悲伤的眼神。她转过头，依依不舍地看着墓地，发出阵阵叹息。

此时，任何话语和解释都是多余的。孩子们已经明白，这位母亲的孩子在战争中牺牲了。我给孩子们讲了这位母亲的不幸：她的丈夫和两个儿子都牺牲了。

后来，我一节又一节地上了很多堂课，教孩子们用心识人。我们去田野里，坐在乡间小路旁，身边经过的人络绎不绝。

看着一个人的面庞和眼神，孩子们就能感受到他的内心世界。有的人对生活很满意；有的人在追求着某种令人兴奋的美好；有的人看起来好像只是很疲惫，还有一点冷漠……不，他内心的情绪也不太好；还有的人心事重重，可能是被日常琐事拖累，也有可能因为某件重要的事焦虑。快看，这个老爷爷一副很悲伤的样子。孩子们精神一振，紧张起来，他们还从未见过如此悲伤的眼神。“他很痛苦……一定是遇到了什么不幸的事情，要去问一下怎么才能帮帮他吗？”孩子们七嘴八舌地说着。

他们走到老爷爷身边，问道：“有什么能帮您的吗？”老爷爷用温暖的手抚摸着吉娜的小脑袋，沉重地叹了口气道：“亲爱的孩子们，你们帮不了我……我的妻子刚刚在医院里去世了……我现在要去找一辆车……我们一起生活了47年……你们帮不了我，但我现在心情轻松一些了，你们都是善良的人……”

孩子们的情感素养就是这样被培养起来的。这是一个长期而微妙的过程，要求教师行事有分寸、心思细腻、善于思考、熟知每个孩子的内心世界。

能用心感受他人情绪的孩子也会以善待人。还有一点也很重要：孩子们能敏锐地感觉到教师的善意，并将心比心。这对于教育工作的重要性是无法估量的。在培育孩子们的心灵时，应该教会他们接受别人的关爱、善意和热情。也许，你听过教师们发牢骚（可能你自己也有过这种想法）：“怎么办呀？学生听不进去好话……我真心实意地关心爱护他，可他却把我的好心当成驴肝肺。”很遗憾，这种情况确实经常发生。孩子们之所以会对别人的劝告无动于衷，正是源于幼年时期情感教育的匮乏，他们没有学会用真心去感受别人。

如果你教会学生用心去感受、了解他人，那你对学生的关心爱护就可以创造奇迹。教师的关心爱护体现在哪些方面呢？首先是孩子们的学习，教师总是希望他们在学习上取得更好的成绩。这就要了解孩子们身上所有的优点和不足之处，观察他们在学习方面的特点。你的关心爱护会成为一种强有力的教育手段，一直发挥作用，直到你的学生真心地想变好，直到他的自尊心被唤醒并越发强烈。我们都知道，在教育工作中，各种现象和事实密切相连：学生的成绩影响到他的精神状态，而其精神状态又会影响到教师的精神生活和身体健康。如果学生在努力地学习、变好，那么你就已经收获一半的工作乐趣了。

学生的自尊心受其学习成绩的影响，学习成绩又和教师的关心爱护有关，当然，也和孩子们内心对于教师的关爱是否接受以及接受多少有关。尊敬的同行们，学生的学习成绩、自尊心是你创造性劳动产生乐趣的火花。只要火花还在发光，你就会感受到自身精神生活的充盈以及创造性劳动带来的乐趣。

但是，又产生了一个新问题：怎样才能让学生在学习上取得好成绩呢？怎样才能培养学生的自尊心呢？成为一名优秀的学生，对于孩子们而言是一股强大的精神力量，我们该如何好好利用这种力量鼓励他们呢？我现在就和大家聊聊下一条建议，可以简短地概括如下——

5. 请记住，没有也不可能有抽象的学生

为什么一年级就会有成绩不好的差生，到了二、三年级就会出现无可救药到让老师绝望放弃的学生呢？这是因为在校园生活最重要的领域即脑力劳动领域里，对孩子们没有做到因材施教。

不妨设想一下，我们要求一群七岁的小学生完成同一项体力劳动，比如提水。一个孩子提了5桶水就已疲惫不堪，另一个孩子却可以提20桶水。如果要求弱小的孩子也提20桶水，那么他就会疲劳过度，第二天什么都干不了，甚至还可能进医院。同样，儿童进行脑力活动的能力也是不同的。一个学生的领悟力、理解力、记忆力都很好，一旦记住了就很难忘记；另一个学生在进行脑力劳动时，情况却完全不同，他对教材的内容理解得很慢、记不牢、背了就忘。但后来无论是在学业还是在智力发展上，这个学生却比之前学习好的那个取得了更大的成绩（这种情况很常见）。我们不可能把教学和教育的所有规律都机械地运用到同一个学生的身上，也没有什么统一的举措能保证所有学生都在学业上取得成功。成功这个概念本身就是相对的：对一个学生而言，五分是成功的标志；对另一个学生而言，三分就已经是了不起的成绩了[1]。善于准确判断每个学生在

1　俄罗斯采取五分制，五分是满分，三分是及格分。*

不同阶段都擅长什么，他的智力如何得到进一步的发展，是教育能力中非常重要的组成部分。

能否维护和培养每个孩子的自尊心，取决于教师如何看待孩子们的学习成绩。不能要求学生做力不从心的事情。任何一门学科的教学大纲都只涵盖了一定水平和一定范围的知识，但它并不适用于每个活蹦乱跳的孩子，不同的孩子也会以自己的方式去达到教学大纲所要求的能力水平和知识范畴。有的学生在一年级就已经能完全独立地阅读并解答问题，有的学生却要到二年级快结束甚至三年级才能做到这一点。教师应该善于判断孩子们怎样才能达到教学大纲所规定的水平，其间会遇到哪些障碍和困难，如何在每个孩子的学习过程中具体地实施大纲的要求。

教育教学的艺术在于能够挖掘每个孩子的潜力，让他们在学习过程中体会到成功的喜悦。也就是说，在学习过程中——不论是学习内容（比如习题的难易度和数量）还是学习时间上——都应该采取区别对待的态度。有经验的教师在一堂课上会给一些学生布置两三道甚至四道题目，而给另一些学生只布置一道题目。有些学生的题目比较难，另一些学生的则比较简单。有些学生需要完成有一定创造性的书面任务，比如写作文，另一些学生则只需要学习文学作品类的课文。

用这样的方法可以让所有学生都取得进步，只不过有的学生进步得快一些，有的则慢一些。孩子们从作业的分数中看到了自己的付出和努力，学习给他们带来了精神上的满足，让他们享受发现的愉悦。与此同时，师生间的相互关怀与信任也交织在一起。学生不会把教师看成是一名严厉的督导员，也不会把分数看成是指挥棒。他可以坦率地告诉老师："这道题我没有做出来，这道题我完全不会做。"他是一个敏感的孩子，不可能抄作业，也不会在考试中作弊，他渴望树立自己的尊严。

学习成绩好比是一条小径，通向孩子的心灵深处，那里燃烧着“要成为好学生”的心愿火花，教师务必要守护好这条小径和孩子们的心愿之火。

我有一个朋友，叫伊·格·特卡琴科，他是一名出色的数学教师（就职于基洛沃格勒州的博格丹诺夫中学）。谈到如何备课时，他是这样说的：“我会提前认真考虑每个学生在课堂上要完成哪些任务，会给所有学生挑选出他们可以顺利完成的任务。如果学生在掌握知识的过程中，连一点小小的进步都没有，那这堂课对于他而言就是没有意义的。做无用功，大概是老师和学生都会面临的尴尬。”

下面我们来看一下帕夫雷什中学的教师阿·格·阿里申科和穆·阿·雷萨克的数学课。在解题这一环节（该环节占课堂时间的90%），他们的班级被分成了几个小组。第一组是学习最好的学生，他们无须任何帮助就能轻松地解决任何习题。该组甚至还有一两个学生不需要用笔计算，口头就能直接解答，教师还没读完题目，他们就已经举起手了。对于这一组学生，除了教学大纲所要求的内容之外，教师还应挑选一些超纲内容，给他们布置一些力所能及，但并不是轻轻松松就能完成，需要努力思考才能胜任的任务。有时还需要安排一些他们无法独立完成的任务，这种时候老师也只需稍加提醒或暗示。

第二组是勤奋而努力的学生。对于他们而言，需要经过紧张的脑力劳动，不断地思考、克服一定困难才能顺利地解决问题。教师们是这样评价这些学生的：他们靠勤劳和兢兢业业取胜，之所以取得好成绩，得益于勤奋努力和坚持不懈。

第三组学生可以在没有帮助的情况下独立完成一般难度的习题，但复杂的任务有时候无法完成，帮到这些学生需要教师有高超的教学水平。

第四组学生的理解能力和学习效率都差一些，他们在一节课上完成的习题可能要比第二组、第三组少一半甚至三分之二，但对他们无论如何都不要催促。

第五组是极个别的学生，即使是一般难度的题目，他们也没有能力解决。教师要单独为他们挑选一些特定的题目，希望他们能有哪怕只是一点点的收获。

这些学习小组的组成不是固定不变的。如果学习能让孩子们感受到成功的喜悦，那么也一定会促进其才能的发展。

有的教师可以让课堂上的每个学生都有所收获。请仔细观察一下学生们的学习状态，课堂上不仅弥漫着我们之前谈到的师生间相互关怀的氛围，还充满了智慧和灵感。每个学生都靠自身的努力去实现自己的目标。你可以在孩子们的眼神中观察到：他们时而精神高度集中，时而迸发出愉悦的火花（找到了正确的解题方法），时而又是冥思苦想（从哪个角度入手解题呢）。这样的工作氛围对于教师而言确实是一种享受。亲爱的同行们，请相信我，在这样的课堂上，无论教师的工作多么紧张，他都会有喘息的时间，否则是很难连上四五节课的。

我在五至七年级教过几年数学课。这些课和语文课、历史课交替进行，于我而言确实是一种真正的休息。课堂上，每个学生都会因为自己在学习上有所收获而感受到喜悦。这样的课堂不会让教师感到焦躁和疲惫：他不用担心会有不愉快的事情发生；不用去盯着那些活泼好动、因闲极无聊而时不时“招惹”老师的捣蛋鬼。在这样的课堂上，小捣蛋鬼们的精力都被吸引到正道上了。如果教师能引导这些捣蛋鬼们完成一些力所能及的任务，让他们对收获有所期待，那他们也一定会勤奋地、专心致志地学习！紧张的学习反映出他们积极主动的精神状态，他们身上发生了翻天覆地的变化：所有注意力都集中在如何更好地完成学习任务上了。

总有教师抱怨说孩子们在课堂上太调皮，总做一些和课堂无关的事情等等。这些抱怨让我既苦恼又困惑。亲爱的同事们，如果你们能认认真真地思考一下如何让孩子们都融入课堂学习中，就不会有这种事情发生了。

在此，我们谈到了工作中常遇到的一个比较尖锐的话题：如何缓解工作带来的疲惫感，如何减轻工作给心脏和神经带来的压力。这些压力都来自和孩子们日常交流中时不时就出现的“突发事件”或者是没有恶意的调皮捣蛋。这些看起来似乎都是不值一提的小事情，但是积少成多之后，也会影响人的正常工作和生活。

6. 从哪里挤时间呢？一天只有24小时

这两句话引自克拉斯诺亚尔斯克市一个女教师的来信。确实，没有时间是教育工作中普遍存在的问题。它不仅影响学校的正常工作，也影响着教师的家庭生活。教师也是普普通通的人，他们需要有时间照顾家庭，教育自己的孩子。我有一些准确的数据可以证明，很多中学毕业生不愿意报考师范类院校，是因为他们认为从事教师工作的人虽然有很长的假期，却依然没有空闲时间。

我还有一份非常有趣的统计数据。我向500名家中有孩子上大学的教师提问："您的孩子在哪所大学读书，在哪个系学习？"只有14个人回答"在师范学院"或"在综合类大学，准备当教师"。我又接着问其他人："为什么你们的孩子不愿意当教师了呢？"这486个人的回答是："因为孩子们看到了我们的工作是多么不容易，一分钟闲暇的时间都没有。"

那么，教师究竟可不可以让自己在工作之余有一些空闲时间呢？这个令人伤脑筋的问题往往可以用下面这些数据来回答。教师每天真实的工作状况是：语文、数学老师每天上课3到4小时，备课、批改作业至少需要5到6小时，此外每天至少还有2小时要从事课堂外的日常性事务。

如何解决时间不够的问题呢？它和学生的智力发展问题一样，作为校园生活中包罗万象的各种问题之一，取决于教师对校内各项工作的统筹安排。

最重要的还是教育工作本身的风格和特点。一位从教 33 年的历史教师上了一堂公开课，名为“苏联年轻人的道德情操”。区教师培训班的学员、教育局督导员观摩了这节公开课，课讲得很精彩。听课的督导员和教师本想在上课过程中记录一些问题，以便课后能提一些建议，却完全忘了记录的事，屏息静气地坐在那里，像学生一样听得入了迷。

下课后，隔壁学校的一位老师感慨道：“您真的是把自己的全部心血都倾注给了学生。您的每一句话都极具感染力。请问您准备这一节课要用多长时间呢，应该不止一小时吧？”

这位历史老师回答道：“这节课，我准备了一辈子。可以说，每堂课我都会用一辈子的时间去准备。但是单纯针对今天的题目，大概也就准备了十五分钟。”

这段回答开启了一扇小窗，让我们得以窥见教育技巧的深奥之处。据我了解，像这位历史老师一样的教师，我们区就有大概 30 位。他们从不抱怨没有闲暇时间，每个人在谈及自己的课时都会说，每堂课都要用一辈子的时间去准备。

这种准备具体指的是什么呢？是阅读。每天都要读书，要终身以书为伴。书籍犹如潺潺小溪，永不停息地充盈着思想的大江大河。读书并不是为了明天去上课，而是出自内心的需求和对知识的渴望。如果你想拥有更多的空闲时间，不希望备课就是枯燥乏味地坐在那里盯着教科书看，那就多读一些专业书籍吧！你所教授的基础类课程的教科书对你而言应该就是最浅显的常识，同个人知识体系相比，你传授给学生的课本知识只能算是沧海一粟。达到这个境界，备课就无须花上几个小时了。

一些优秀教师的教育技巧之所以能够不断提高，正是因为持之以恒的阅读不断丰富了他们的知识体系。如果说从事教育工作初期，教师掌握的知识和应传授给学生的知识的比例是10∶1，那么在执教15到20年时，这个比例应该达到20∶1、30∶1、50∶1，而这一切都归功于阅读。年复一年，教科书上的知识量在教师个人知识体系中所占比重越来越小。之所以出现这种情况，不仅仅是因为教师掌握的理论知识的数量在增加，同时也因为在知识积累的过程中形成了由量到质的转变。教师的知识背景越宽广，教科书中的知识量对于教师而言，就越像万道强光中的一抹光束。教师可以举重若轻地驾驭课堂，其业务能力也因此体现得更加淋漓尽致，而这种能力恰恰是提升教育技巧的基础。教师在授课（讲解、讨论）时，可以游刃有余地分配自己的精力，比如在讲解三角函数时，他并没有将注意力放在函数上，而是放在学生身上。他观察每个学生的学习状态，观察学生在理解、思维、记忆方面遇到了哪些困难。他不仅传授知识，还注重培养学生的学习能力。

教师的时间问题与教育过程中的一系列环节和各方面因素紧密相关。这些环节和因素犹如一条条小溪，而教师进行工作和创造的时间则好比一条大河，需要溪流的补给、滋养。怎样才能使溪流永葆活力、流水潺潺呢？我想再提几条建议。

7. 教师的时间和各教学阶段的相互依赖性

这条建议主要针对低年级教师。尊敬的各位同行、低年级的教师们，你们的工作效果直接影响到中、高年级教师的时间安排。如果注意观察第二阶段（四至八年级）和第三阶段（九至十年级）的教学过程，就可以得出一个结论：教师的很多时间都被没完没了、无意义的查缺补漏吞噬了。刚开始讲新教材，教师就已经发现，有一部分学生根本掌握不了新内容。此时，教师需要考虑的不是如何学习新内容，而是如何解决部分学生跟不上的问题（这部分学生的数量有时会很多，以至于教师不得不给全班同学一起补课）。这消耗掉了教师大量的工作和休息时间。

为何教学过程总要被这些看似无法回避的工作（挽救那些成绩落后的学生）拖累呢？

我想给低年级的老师提几点建议。

亲爱的同行们，请记住，中、高年级教师的时间安排完全取决于你们。你们是教书育人过程中创造精神的缔造者。小学低年级阶段有很多重要的任务，其中最重要的就是教会孩子学习。你们需要关注和协调孩子们应该掌握的知识量与实际能力、学习技巧之间的相互关系。

请记住，中、高年级的学生在学业上掉队，是因为他们不会学习，无法掌握所学内容。当然，你们也应该关注如何让孩子的综合能力达到较高的水平，但首先要教会孩子熟练地阅读和书写。如果学生不会流利地、有意识地、富有感染力地阅读及领会所阅读的文本，不会快速而准确地书写，就不能保证到了中、高年级能够顺利地学习。在此情况下，教师不得不没完没了地“催促”学业上落后的学生。教师应该教低年级的所有学生学会阅读，让他们在阅读的同时可以思考，在思考的同时又能阅读，使学生达到阅读自动化的程度。也就是说，让学生“用眼睛看”“用大脑思考”文本的能力远远超越“出声朗读”的能力。这种超越愈明显，学生思考的能力就会愈有深度。而这一点，一般来说，又是学业有成和智力提升的最重要的条件。我坚信，学生到了中、高年级能否顺利学习，首先取决于是否具备了阅读意识，即边阅读边思考、边思考边阅读。因此，低年级的教师应该认真研究一下如何培养学生的这种能力。三十年的执教经验让我坚信，学生的智力发展取决于他们是否具有良好的阅读能力。一个能边阅读边思考的学生和那些不会快速阅读的学生相比，做任何事情都会更快、更有成效。这种快速阅读的能力看似简单，实则不然。有良好阅读能力的人在读书时不会死记硬背，照本宣科。他在阅读教科书或其他书籍时，和那些不会边阅读边思考的人相比，阅读效果完全不同。他在阅读之后，既可以把握文本的整体和局部，又能厘清彼此之间相互依存、相互制约的关系。

能够将阅读和思考紧密结合的学生不可能在学业上落后。如果没有落后的学生，那教师的工作就会轻松很多。实践证明，如果阅读对于学生而言已经成为获取知识的最重要的窗口，就无须耗费过多时间给学生补课了，教师也有时间、精力和某些孩子单独交流。但这种交流并不是补课，而是给予一定的指导和建议，告诉他们如何独立地掌握知识，怎样才能避免不及格、掉队。

如果学生不清楚自己在哪方面落后，也不知道自己需要什么样的帮助，那么教师应该约他单独聊一聊。

学生在中、高年级能否顺利完成学业，还取决于他在低年级时是否掌握了快速、有意识地书写的能力，以及这种能力在随后发展得如何。和阅读一样，书写也是学生们用来获取知识的工具。对这个工具的运用情况，直接影响到学生的成绩以及他能否合理地使用时间。我建议低年级的教师们给自己设定一个目标：在四年级结束时，一定要让学生掌握快速、半自动化书写的能力。只有这样，学生才能顺利地学习，教师也不必总是惦记着落后的学生。要尽力让孩子们学会边书写边思考，字母、音节、单词的书写都不应该是学生关注的重点。教师们要给自己提出一个更具体的目标：在给学生们讲解的时候，要让他们一边听、一边思考，同时还能言简意赅地写下自己的想法。在三年级的时候就应该教会学生这些技能了。如果你已经做到，那我保证你的学生永远都不会成为掉队的、不及格的学生。他们学会了如何获取知识，同时也就节约了中、高年级教师的时间，保护了他们的健康。

8. 让学生牢记基础知识

三十年的执教经历让我发现了一个非常重要的秘密，也可以说是一条独特的教育规律：学生在中、高年级出现成绩差、学习落后的情况，主要是因为低年级时并没有把最根本的基础知识掌握牢固，并达到终生不忘的境界。不妨设想一下，我们正在建一栋漂亮的房子，却把地基建在了非常不结实的水泥上，灰浆、砖头时不时就脱落，人们每天忙于修修补补，但还是无法摆脱楼房要坍塌的危险。四到十年级的很多语文和数学老师就面临这种境况：他们在建造房子，可是房子的地基却已经松动。

小学教师们！你们最重要的任务就是把基础知识夯实牢固，牢固到足以让后面接替你的教师在工作时完全不用为基础知识操心。你们教一年级的时候，就应该看看四年级的教学大纲，首先是语文和数学的大纲。五年级的数学大纲也要看一下，还要找些有关历史、自然、地理的阅读材料以及这些课的四年级教学大纲。比较这些材料并思考，如果希望学生到了四、五年级的时候学习顺利，那么他们在三年级时应该提前掌握哪些知识。

首先要重视最基本的识字问题。俄语中有 2000 至 2500 条正字法[1]的规则，这些规则好比是知识体系的框架。经验证明，如果孩子们在小学阶段就牢牢记住了这些，那么他就会成为一个识字的人。但这里的意义不止于识字，小学阶段获得的识字能力会成为学生在中、高年级掌握知识的工具。

我在教低年级学生时，总是随身带着一张最基本的正字法规则表，可以说，这是一份独特的识字大纲。我会把这2500个规则统筹安排，每天让学生学习3个单词。学生把单词抄在笔记本上并背下来，这个任务只需要花几分钟的时间。童年时期的记忆力是非常灵活、敏锐的，如果你善于使用它，不过度消耗这种能力，那它就会成为你最得力的助手。孩子们在早期记住的东西通常都不会忘记。在此情况下，可以这样来训练记忆：早上到学校的时候（第一节课开始之前），我在黑板上写出今天要学的3个单词，例如"草原""温暖""沙沙声"。学生进入教室之后，马上把这3个单词写在自己要用三年的正字练习本上。孩子们思考这几个单词的意思，同时在旁边写出几个同根词，这项任务只需三四分钟就能完成，孩子们却渐渐将此养成了习惯。

后面的学习就如同做游戏，带有鲜明的自我训练、自我检查的成分。我对孩子们说："放学回家的路上，回忆一下我们今天写的3个单词，它们是怎么写的。回忆一下这几个单词的词形。第二天早晨起床之后，马上再想想这几个词的写法，并默写在笔记本（这是一个普通的练习本，就好比是二号正字练习本）上。"如果这种游戏从一年级就开始了，如果教师相信这么做一定有效果，如果教师喜欢学生，如果他在执教生涯中从

1　俄语正字法是现代俄语书写的规则，包括词语的正确拼写和标点符号的正确使用两部分。本书中，主要指不同俄文字母之间拼写和拼读的一些规律。*

来没有因为孩子们的一些行为感到厌烦，那么就不会有不喜欢这个游戏的孩子。

在课堂上，教师带着学生们进行各种各样的练习，让学生复习和使用学过的正字法规则。我认为记住 400 个修辞短语是一项非常重要的练习，我坚信，这些短语构成了语言修养最基本的框架。在低年级学习阶段，学生们要记住这些由于受日常用语影响而容易犯典型错误的修辞短语。

我想再强调一下，游戏在教学过程中发挥着重要的作用。我总结了 600 个“童话”词语，它们都是在童话故事中反复出现的。在小学四年的时间里，我和孩子们一起画了几十幅童话，孩子们在童话下面写上说明，所有用词都来自那 600 个词语。这是强化掌握最低限量正字法规则的一种非常有效的方式。

在低年级阶段，学生学数学时要记住一些基础的运算，这些运算因为使用频率高而形成一些常用的数学结论。如果每次做题都要费脑筋地去想，那就太浪费时间了。这里我指的不仅是乘法表，还包括经常使用的千以内的加减乘除运算，也包括一些典型的测量和换算。我的观点是：学生到了中、高年级的时候，不应该在单一运算上耗费力气，而应该把精力投入创造性劳动中。

当然，整个学习过程要以有意识地掌握学习材料为基础，但也要考虑到，并不是所有知识都需要跟学生解释清楚。我尽力将有意注意和记忆相结合，同时也将无意注意和记忆相结合。

9. “两套教学大纲”，培养学生思维

教师的时间总是不够用，首先是因为孩子们学习有困难。多年来我一直在思考，怎样才能减轻孩子们的学习负担。学生的实践能力作为获取知识的基础，仅仅是问题的开始，让学生记住知识，才是问题的继续。我给每位教师一个建议：请先分析一下所教的知识，明确地筛选出需要学生牢记不忘的内容。教师要善于准确地判断教学大纲中的重点知识，这一点很重要。因为学生的思维和智力的发展以及运用知识的能力，完全取决于他们对这些重点知识的掌握是否牢固。这里所说的重点，就是反映学科特点的重要结论、公式、规则、定理和定律。有经验的教师会让学生准备专门的笔记本，记录那些需要熟练掌握、牢记不忘的内容。

需要记忆的内容越复杂，要牢记的结论、规则越多，学习过程中的“知识背景”就应该越宽广。换句话说，学生若想牢固地掌握公式、规则、结论以及其他一些概括性内容，就需要阅读、思考许多并不需要记忆的材料。阅读应该和学习紧密地联系在一起。如果阅读能帮助我们深入思考各种有助于我们记忆的事实、现象和事物，那么对记忆而言就会大有裨益，此类阅读也可以称为给学习和记忆创造必要的“知识背景”的阅读。学生凭借兴趣、求知欲、思考欲而阅读的量越大，他在记忆那些要牢记不忘的重点知识时也就更容易。

考虑到这条非常重要的规律，我在现实工作中会准备两套教学大纲：第一套是必须掌握并牢记不忘的内容，第二套是课外阅读和一些其他的知识来源。

物理是最难记忆的一门科目，尤其是六至八年级的物理课。这一阶段的教学大纲包含很多概念。我教过六年的物理课，总是想方设法把每一个新学的概念和课外阅读结合在一起。在某个阶段，学到的概念越复杂，就越应该给孩子们推荐有趣、吸引人的课外书。在教电流定律时，我专门准备了一套课外读物供孩子们借阅。这套读物包含55本讲述自然现象的书，而这些自然现象都和物质的各种电学性能有关。

在我的调动下，学生们的思维积极性高涨。他们接二连三地向我发问：是什么？为什么？怎么样？在提出的这些问题中，大约有80%都是以“为什么”开始的。孩子们有很多困惑，而他们对周围世界抱有的困惑越多，求知欲就越迫切，接受知识时就越敏锐，我讲授的东西孩子们也能马上就听懂。当我第一次讲到电流是自由电子的定向移动这一科学概念时，我发现，孩子们之前提出的很多问题都和这个复杂的物理现象有关。孩子们借助于课外阅读和前期积累的知识基础，头脑中已经形成了该学科整体的知识图景，我对问题的回答只是帮他们填补了原有知识图景中的一点点空白而已。

我在高年级教过三年的生物课。这门课有很多晦涩难懂的理论概念，记起来很难，想牢记不忘更是难上加难。当学生们第一次遇到诸如生命、生物、遗传、新陈代谢、有机体等科学概念时，我会特意从一些学术性及科普性的杂志、书籍和小册子中给学生们挑选阅读材料。第二套教学大纲的内容就包括阅读这些小册子、书籍和文章。阅读激发了学生们对一系列科学问题的兴趣，并且吸引他们去阅读了更多的书籍。学生们在学习了生物学之后，对周围的自然现象，包括各种各样的新陈代谢问题，都产生了浓厚的兴趣。他们提出的问题越多，对知识的理解就越深刻。如果给他们的回答评分，也没有低于四分的时候。

我要给教师们提一个建议：为了让学生们掌握并牢记教学大纲的内容，一定要为他们创造知识背景。学生们只有在思考中学习，才能真正掌握所学内容。教师们要好好地思考一下如何把孩子们调动起来，去思考、分析、观察课堂上所学的内容。

10. 如何做好“后进生”的工作？

如何做好“后进生”的工作，是我们教育工作中“最难啃的硬骨头”之一。关于这一说法，应该不会有教师反对。这些“后进生”在对知识的理解及记忆方面，要比普通学生多花三五倍时间，刚学的内容，他们第二天就忘了。针对这样的学生，需要每隔两三周就进行一些巩固性的练习，以防遗忘，三四个月才巩固一次是不可行的。

三十多年的执教经验使我坚信，对于“后进生”而言，上面我们提到的“第二套教学大纲”意义重大。对这些学生而言，把学习任务局限于背诵那些必须要记住的东西毫无裨益，反而会让他们的思维更僵化，养成“死读书，读死书”的坏习惯。我曾尝试过很多方法来减轻这些学生的学习压力，最后得出了结论：扩大阅读范围是最有效的方法。是的，这些孩子必须加大阅读量。我在教三至四年级和五至八年级时，非常重视给每个“后进生”挑选适合他们阅读的文章和书籍，这些文章和书籍会用最鲜明、最有趣、最有吸引力的方式讲解各种概念、结论以及科学定义的内涵。应该引导这些孩子对周围世界的各种事物和现象提出尽可能多的问题，让他们带着问题来找我，这是对学习有困难的学生进行智力教育的非常重要的手段。

在“后进生”所阅读的书籍和他们在周围世界所遇见的东西中，应该时不时地出现一些让他们感到惊奇和诧异的事物。我在对“后进生”的培养和教育中，一直遵循这个要求，这也是我给所有教师的建议。惊奇、诧异这类情感可以治愈大脑皮层神经细胞的萎缩、懈怠、衰弱，就像体育锻炼可以治愈肌肉萎缩一样。当学生眼前出现了某些令他惊奇、诧异的事情时，他大脑中有哪些变化，现在还说不清楚。但是，无数次的观察可以得出一个结论：孩子们惊讶、诧异之时，会有某种强烈的刺激发挥作用，仿佛能唤醒大脑，督促他们努力工作。

有个小男孩叫费佳，我永远都不会忘记他。从三年级到七年级，我教过他 5 年的时间。他在学习上遇到的最大障碍是应用题和乘法表。我相信，他只是来不及记住应用题的条件。他对一些事物、现象完全没概念，而这恰恰又是应用题的必备条件：他想继续做题，却忘了上一步的条件是什么。费佳这样的学生在其他年级也有，但总体而言并不多。我专门为这些学生编了一套习题集，里面约有 200 道题，主要取材于民间教育故事。每道题都是一个有趣的小故事，大多数题不需要计算，但要动脑筋思考。下面就从这本《针对散漫、粗心、精神不集中的学生的习题集》中选取两个例子：

（1）炎炎夏日，三个牧羊人感到很疲惫，他们躺到树下休息，很快就睡着了。一个淘气的小牧童用黑色橡果把三个牧羊人的额头都涂黑了。他们醒来后互相看了一下，哈哈大笑起来，每个人都以为是另外两个人在互相嘲笑对方。突然，其中一个人不笑了，他已经猜到，自己的额头肯定也被涂黑了。他是怎么想出来的呢？

（2）很久很久以前，在乌克兰辽阔的大草原上，有两个相距不远的小村庄——真话村和假话村。真话村的村民总是说真话，假话村的村民总是撒谎。假设你们当中有个人突然穿越回当时，来到其中一个村庄。如果只允许你向遇到的第一个村民提一个问题，以此搞清楚这里是真话村还是假话村，那么你该提什么样的问题呢？

开始，我们只是把这些题当作有趣的小故事来读，它们有的是讲鸟兽的，有的是讲昆虫的，还有的是讲植物的。过了一段时间，费佳才明白，这些故事就是习题。小男孩认真思考并在我的提示下，解决了一道比较容易的题，解法之简单让他很惊讶。“那就是说，这里的每一道习题都是可以解的？”费佳问道。于是，他天天拿着习题集，每解出一道题都好像取得了巨大胜利。费佳把解出来的题抄到一个专用的笔记本上，还在旁边配上图，画出题中的鸟类和动植物。

我还给费佳准备了一套专门供他阅读的书籍，这其中包括近百本小书和小册子，费佳从三年级一直读到了七年级。后来，我又准备了另一套书（约200本），在两年的时间里，除了费佳之外，还有三个学生也使用过它们。有的书和课堂上学习过的内容有直接关联，有的书则没有。我认为，阅读这些书是一种脑力训练。

到五年级的时候，费佳的学习成绩就已经赶上来了。别的同学能做的题，他也同样可以解答出来。六年级的时候，他突然对物理产生了兴趣，成了少年设计小组的积极分子。创造性劳动对他的吸引力越大，他读书的欲望就越强烈。随后，费佳在学习上又遇到了一些困难，尤其是历史课和文学课，但每一次困难都是通过阅读克服的。

读完七年级之后，费佳考到了技术学校，后来成了一名技术专家——机床工程师。

对于费佳以及类似的学生，我从来没有仅仅为了教会他们课堂上没有学会的东西而给他们补课。我只是教他们阅读和思考，阅读能够启迪思想、唤醒活力。

还请记住，越是学习落后的学生，他在学习上遇到的看似无法克服的困难越多，他就越应该阅读。阅读能教会他思考，思考则刺激大脑觉醒。书籍和被书籍唤醒的思想，是避免死记硬背的最有力的手段。死记硬背是一件非常糟糕的事，只会让人更愚钝。学生越善于思考，他在周围世界中遇到的困惑和不解越多，他接受知识的能力就越强，你作为他的老师，工作起来就会越轻松。

11. 知识既是目的，也是手段

我坚信，孩子们之所以会在学习上遇到困难，一个很重要的原因在于，知识对他们而言往往成了积压的商品。积累知识似乎就是为了“储备”，而不是为了“流通”，不是为了应用（即便是应用，也是为了获取新的知识）。在教育教学实践中，“掌握”这个概念对于很多老师而言，就是会回答问题。这种观点会导致教师对学生的脑力劳动和能力做出片面评价：谁能牢记知识点，并按教师的要求立即“展示出来”，那他就会被认为是有知识、有能力的好学生。在现实中，这会产生什么样的结果呢？结果往往是学生学习的知识和他们的精神生活、学习兴趣完全脱钩。掌握知识对于学生来说成了一种负担，是一件让人厌恶的事，他们希望能尽快摆脱它。

首先，应该厘清“知识”和“掌握”这两个概念的本质，改变对它们的看法。掌握，就是会运用知识。知识只有在成为精神生活的一部分，能激发兴趣、捕捉思想时，才称得上是知识。知识的积极作用及旺盛的生命力是它自身不断发展和深化的先决条件。只有在不断发展和深化时，知识的存在才有意义。学生掌握的知识越多，他在学习上就越轻松。这条规律只有在知识不断发展的前提下才可能实现。现实情况却相反：学生的学习一年比一年费劲。

从这些道理中，我们可以获得哪些有现实意义的建议呢？

首先，不能让学生把获取知识当成最终目的，而要把知识当作手段。其次，不能让知识变成停滞的、僵死的学问，而应该让知识在学生的脑力劳动中活跃起来，让知识在集体的精神生活以及学生的相互关系中发挥作用，让知识在充满灵动的、持续不断的精神财富的交流中如鱼得水。没有了这种交流，也就谈不上智力、道德、情感和审美层面的进一步发展。

为此，现实中我们应该做些什么，又该怎么做呢？

在低年级刚开始学习的阶段，构成知识的最重要的成分是语言。更确切地说，是语言所表达出来的周围的现实世界——语言给孩子们展示了一个他在上学前所不了解的新世界。在我看来，孩子们通过语言认知世界，从而在攀登知识高峰的阶梯上迈出了重要而稳健的步伐。让语言在孩子们的意识中跳跃，成为孩子们掌握知识的工具，这是非常重要的！如果你不希望知识变成停滞的、僵死的学问，那就请把语言变成重要的创造性工具。

对于经验丰富的教师而言，他们在教育教学实践中的主导思想应当是：在学生的脑力劳动中，处在第一位的不应该是死记硬背，也不应该是重复别人的思想，而应该是让学生本人进行思考。思考是一种生动的创造，借助语言及语言自身细腻的情感色彩认识周围世界的事物和现象。

这是一个晴朗的初秋，风和日丽。我和孩子们一起去了果园。柔和的阳光照耀着温暖的大地和静谧的果林，苹果树、梨树、樱桃树仿佛都披着色彩斑斓的华服。我给孩子们讲述金色的秋天，讲述大自然中的生物，例如树木、归于泥土的种子、留下来过冬的鸟类和昆虫等是如何度过寒冷而漫长的冬季的。当我深信，孩子们已经感受到词和词组的丰富含义和情感色彩之后，就建议他们讲一讲自己的所见所闻及内心感受。我亲眼见证孩子们是如何用细腻而清晰的表达来描述大自然的："一群白色的天鹅渐渐消失在蔚蓝色的天空中""啄木鸟笃笃地啄着树皮，啄得树干也不断发出声响""路边有一株小雏菊在孤独地绽放""一只鹳鸟呆立在巢中，凝望着远方""一只小蝴蝶悠闲地在菊花上享受着温暖的阳光浴"……孩子们并没有重复我的表述，而是使用了自己的语言。思想在跳跃，在熠熠生辉。孩子们正在养成善于思考的习惯，思考给他们带来了无与伦比的快乐，让他们享受认知的愉悦，让他们觉得自己是个思想家。

你是否注意到（或从其他老师那里听说过），学生对老师的话经常是一副爱答不理、无动于衷的样子？你在给他讲一件有趣的事，可他却面无表情地坐着，你的话并没有触动他。你有绝对的理由感到不安：这种对于语言淡漠、无动于衷的态度是学习中的大忌。如果这种缺陷已经根深蒂固，那么人对待学习就会越来越冷淡。

为何会出现这种情况？它的根源何在？

如果语言不是作为一种创造性的手段活跃在孩子们的心灵深处，如果孩子们只是背诵别人的思想，而不是创造自己的思想并用语言表达出来，那么他就会对语言变得麻木、冷淡、无动于衷。一定要对学生们冷漠的态度以及麻木的神情给予足够的重视，要教会他们对语言满怀激情。

12. 关于知识的获取

人们经常探讨学生脑力劳动的积极性问题。积极性的表现形式是多种多样的。学生对于学过的或老师讲过的内容烂熟于心，能够对答如流，确实是一种积极性的表现。但这种积极性未必能促进学生智力的发展。教师应该努力提高学生思维层面的积极性，努力让知识在运用中得到进一步发展。

在教学中能够引导学生在已有知识的基础上获取新的知识，在我看来，是教师掌握高水平教学技巧的体现。我在听课和评课时，正是根据学生脑力劳动的特征来评价教师的教学能力的。

怎样才能让学习成为一种思维性的活动，从而获取知识呢？在此过程中，最重要的又是什么呢？

获取知识意味着发现真相，解决疑惑。你应该努力让学生们亲眼看到、亲身感受到、亲自触摸到他们不明白的事物，让他们有问题意识。如果你能做到这一点，那就事半功倍了。

要做到这一点并不容易。备课时要对教材内容仔细斟酌，要善于挖掘不易被发现的关键点，正是这些关键点中蕴含着因果关系，继而产生一系列的问题，而问题又能唤醒求知欲。

譬如，我在讲授“光合作用”这一课时，要给学生讲清楚植物的绿色叶片中究竟发生了哪些变化。这一切都可以讲得既符合科学的真实性，又符合教学法、教学理论的规律性，但激发学生脑力劳动的积极性这项任务却没有完成。我深入地研究了一下教材：蕴含因果关系的关键点在哪儿呢？找到了，在这里！最重要的关键点就是变无机物为有机物。这是一幅让人惊叹不已的神奇画面：植物从土壤和空气中获取无机物，在自身复杂的机体中将其转换为有机物。有机物到底是如何形成的呢？植物机体犹如一间复杂而神奇的实验室，在阳光的照耀下，把无生命的矿物肥转化为鲜美多汁的西红柿、芳香四溢的玫瑰花。这座实验室里，究竟发生了哪些变化呢？

我在讲解时，会注重引导学生意识到这个问题，让他们感到既兴奋又不安——一切就发生在我的眼前，为何我从来没有思考过这个问题呢？

怎样引导学生发现问题呢？

为此，我们需要明白哪些内容该讲，哪些不该讲。没有讲到的内容好比是学生思维的“导火索”。讲与不讲的具体方案不是固定不变的，一切都取决于教材的内容以及学生实际已掌握的知识。在这个班级中，这部分内容不需要讲，在另一个班级中不需要讲的内容则是另一部分（尽管两个班使用的教材相同）。

很快，学生的大脑中就产生了疑问。

紧接着，我会努力从学生之前在生物课上、在劳动及阅读时积累的知识储备中，提取出为解决现有问题所必需的知识。利用已有知识解决问题的过程，就是在获取新知识。在此过程中，不需要让学生一个接一个地回答问题，也不必为了从零散的回答中拼凑出完整答案而细听每个人都说了什么。这样的做法带动的积极性只是表面的，不一定能激发每个学生的思维积极性：有的学生在回忆知识点并积极回答问题，有些学生却只是听着。我希望所有的学生都能开动脑筋，紧张地进行思考。所以，通常我的处理方法是一面引导学生发现问题，一面自己讲解教材内容，而不会要求学生回答一些零散的（细小的）问题。

为了让学生在思考中获取知识，教师应该了解他们对知识掌握的情况。有的学生对学过的知识了如指掌，有的学生总是会遗忘一些。此时，我就要充当学生脑力劳动的指挥员，让学生们一边听我讲解，一边按自己的方式思考，从大脑的存储中提取保存的知识点。如果某处刚好是空白状态，某个学生的思路刚好中断，那我就要补充讲解，帮助学生填补知识点空白，解决思路中断的问题。但这要求教师具备较高的教学技艺。我努力地摸索，怎样重复讲解已经学过的内容，才能让最好的学生也有新的收获。如果学生的知识储备没有空白，也没有中断之处，那我就简略地讲一下。此时，表面上看，学生的积极性并未被调动，他们不用说话，不用回答问题，不用相互补充，实际上却正在获取知识。我认为，这种获取知识的方式是学生对以往知识的回顾，是对自身知识储备的“盘点”。

13. 怎样引导学生从认识现象过渡到掌握抽象原理？

大家一定经常遇到这种情况：学生对于规则、定律、公式、结论记得（背得）很熟，但却不会使用，有时候甚至不理解自己所背诵内容的实质是什么。这种弊端在语法、算术、代数、几何、物理、化学等科目的学习中表现得尤其明显。这些学科的内容通常都是概括性的知识体系，要掌握它们的内容，首先要善于在实际学习过程中对概括性的知识点加以运用。

在此情况下，人们通常会认为，学生是在没有理解的情况下硬背下来的。那学生为什么要死记硬背呢？要采取哪些措施才能防止这种情况的发生？

记忆（背熟）应该以理解为基础。对于大量的知识、事物和现象，要引导学生在认识及理解的基础上进行记忆。不要让学生去背那些尚未理解、没有完全弄懂的内容，在从思考知识、事物和现象过渡到弄懂抽象原理（规则、定律、公式、结论）的过程中，一定要进行实际操练，在完成各种练习之后，也就掌握了知识。

有经验的教师善于教学生一边理解一边记忆，即在深入思考知识、事物、现象的过程中进行记忆。例如，学生在学习俄语硬音符号的拼写规则时，教师通过对大量实例进行分析，拆解含有硬音符号的单词，讲解拼写方法，引导学生记住并有意识地使用这一拼写规则。就本质而言，这样做是让学生们通过越来越多的新的实例反复思考这个规则。学生们逐渐相信，他们正在学习的是具有概括性的规则，该规则对很多单词都适用，也就成了一条规律。这条规律历经无数次思考，就被熟记于心了。

一位有经验的教师不会让学生刻意地背诵规则和结论。因为，在理解众多实例的同时，也就逐渐记住了这些规则。理解和记忆结合得越紧密，学生的学习就会越自觉，学生把知识运用于实践的能力也会越强。这种能力完全取决于学生记忆知识的方式，如果他们在记忆知识的时候，没有经过思考，没有认真分析，那他们也就不会运用。

这条规律在教学过程中至关重要。多年的经验让我得出一个结论：如果学生在小学阶段就能通过对各种表象的思考来掌握抽象的知识，那他就具备了脑力劳动的一个重要特征，即善于思考和厘清各种事物、现象及事件之间的相互关系。换言之，他善于思考各种因果关系、从属关系及时间关系。身边无数的事例让我相信，学生能不能看懂应用题的条件（尤其是在四、五年级的时候），取决于他们掌握抽象思维的能力。没有经过足够的思考而仅仅是死记硬背抽象结论的学生，对题目理解不透，也不善于思考数量之间的相互关系。相反，学生从事脑力劳动时，如果他们对抽象原理的记忆是以深度思考知识为基础，而不是靠死记硬背，那么应用题对于他们而言，就不会是一堆乱七八糟的数字，而是数量之间彼此相互依存的关系。他们在阅读、思考题目时，会先抛开具体的数字，从整体上审题，而不是急于具体的运算。

无数事例以及学生的经历让我坚信，学生们在数学（随后是代数）上落后，主要是由于我们一直谈及的脑力劳动中有某些不易发现的不足之处。大家总是谈论学科之间的关联，每位教师都很清楚，应该寻找自己所教授的课程同其他课程在内容上有哪些关联的地方。但课程之间的关联不止于此。我坚信，学科之间最深刻的关联，与其说是在实际教授的内容上，不如说是在脑力劳动的特征上。如果学生的脑力劳动是建立在科学的基础之上，那么数学会帮助学生们理解历史，而历史也会促进学生数学才能的发展。

众所周知，很多低年级的教师以及语言文学专业的教师，都要面对如何教会学生自觉地掌握语法规则这一难题。相当一部分学生总是在单词的拼写上犯错误，这对学校而言是一件非常糟糕的事情。我遇到过这样的情况：学生在开始学习俄语前缀 раз–、без– 和 рас–、бес– 时，并没有牢固地掌握拼写规则，并因此犯了很多错误。教师力争解决这个问题，经常给学生布置一些相关的练习。他指导学生先好好地复习一下规则，再完成练习。这种练习似乎应该取得良好的效果，实则不然，十年级的学生仍然在作文试卷上犯错，写出 разцветает 和 расбежался [1] 这样的词。

这究竟是怎么回事？为何会出现这种奇怪的情况？多年的经验告诉我，学生能否灵活地运用知识，取决于对知识的掌握是否建立在理解的基础上。这种依存关系在语法学习中表现得尤其明显。在这里，学生初次学习抽象原理和规则（如语法规则）时掌握得如何，具有决定性的意义。应避免学生在初次学习时就错误不断，同时要求他们熟记规则并清晰地表述出来——这个要求看似简单，实则不然。

因此，有必要专门聊一聊初次学习新内容时的情况。

1　此处为前缀拼写错误的两个单词。*

14. 初次学习新内容

学生在初次学习新内容时没有掌握好，是他们在学业上落后、成绩不理想的根源之一。

初次学习新内容指的是什么？这样的表述是否合适？在我看来，这是完全合适的。因为知识在不断发展和更新，学习新内容也注定成为一种长期的行为。知识的每一次运用都将同时促进其自身的进一步发展和深化。初次学习新内容，是由不知到知，由懵懂到理解事物的本质、现象、性质和特征所迈出的第一步。

例如，学生们在很多课上都会用到乘法公式。经验证实，学生在课堂上初次学习公式时对其理解是否透彻，直接影响到后续的很多问题，首先就会影响学生是否善于随时使用公式去获取新知识。换言之，这会影响到后面出现的新概念、新原理的学习效果。还有一条重要的规律：在学生的大脑中，模糊不清的、流于表面的概念越少，学生所承担的可能会落后的压力就越小，在学习新内容时，思想上也会准备得更充分，课堂上的脑力劳动也会越有成效。

学习新内容的第一堂课应该有独特之处，也就是说，这堂课要进行得特别明确，学生独立进行脑力劳动的效果在课堂上也具有特别重要的意义。在初次学习新内容时，力求能观察到每一名学生的脑力劳动效果，尤其要观察那些在理解和领悟方面都有所欠缺的“困难生”独立完成任务的情况，为了让他们能够吃透所学内容，必须给他们提供更多的实例和思考的时间（提供给他们的实例往往也和给其他学生的有所不同）。

有经验的教师会在首次讲授新内容时，认真观察学生在课堂上是如何独立完成任务的。一定要让学生在此过程中学会思考，进而能够理解那些概括性的原理（主要针对自然科学类课程和语法课程）。

还有很重要的一点是，要让学生学会运用已有知识去理解新内容。此时，尤其要关注学习上有“困难”的学生。应该走近他们，了解每个人遇到的具体问题，针对不同的学生布置不同的任务。有时在课堂里就能看出哪些学生需要单独布置一些家庭作业，有经验的教师通常在当堂课上就会完成这项工作。成绩不理想的学生脑力劳动的效果如何，首先取决于他在初次学习新内容时，也就是当堂课上，是否能够有逻辑、有条理地进行学习。千万不能让他光顾着听其他同学准确流利的回答或是忙着抄写板书，一定要引导他独立思考，要耐心而有分寸地激励他，哪怕每节课上只有一点点进步。

我在教授语法课时，会努力让学生从学习新内容的当堂课开始，就避免在书面练习中出现错误。这听起来可能有些不合情理，但确是实实在在的道理：学生们只有在课堂上一个错误都不犯，才算是真正地掌握了语法。如果在课堂上不出错，那么在做家庭作业时也不会出错（或者说，很少出错）。造成语文教师工作难度大的一个主要原因是，学生在课堂上完成的书面练习中就频频出错，而教师的失策则在于没有把“课堂上不能出错”当作目标明确地提出来。

在现实中，怎样才能让学生书写无误，从而奠定扎实的知识基础呢？这取决于诸多因素，首先取决于学生是否掌握了阅读技巧。要想书写准确无误，就要先学会流利地阅读。当然，还有一些其他的因素，如课堂教学的安排以及教学方式和方法。我在准备语法课的时候，会预估一下学生们可能会在哪个知识点、哪个词上出错，甚至具体到哪个学生会出错。对于任何一个“可疑”的词，我都会提前解释清楚。

我建议：不能让学生在初次学习时，对知识、现象、规律的理解浮于表面；不能让学生在初次学习语法规则时就出错；不能让学生在初次学习数学定律时，就解错例题、习题；等等。

15．理解新内容是课堂教学的一个阶段

每位教师大概都遇到过这种情况：昨天上课时所有学生对规则（定义、定理、公式）都掌握得很好，不仅能很好地回答问题，还能举出实例；但到今天，你看吧，起码有一半学生对学过的内容印象不深，有的人干脆都忘了。原来，有些学生在完成家庭作业时遇到了一些问题，而这些问题在课堂上并没有暴露出来。

了解不等于掌握，明白也不意味着已获取知识。为了牢固地掌握知识，必须进行思考。

思考是什么？就是学生进一步推敲所学内容，检验自己理解得是否正确，努力将所学知识用于实践的过程。

举个例子。几何课上，学生们学习三角函数的初步概念，教师讲解正弦和余弦这两种函数的相互关系。学习的内容并没有多难，学生们似乎都明白了，但明白并不意味着牢固地掌握。在讲完新内容之后，教师会留出时间让大家思考。学生们打开练习本，画一些直角三角形，记录教师讲解的内容，复习正弦和余弦的定义，并自己举例说明其函数关系。在此过程中，复习和对知识的初步应用似乎相结合了。但问题是，经过这样的自查，很多学生发现自己无法复述教师的讲解过程。学生很确定，自己已经忘了教师讲的某个知识点，他会尽力地回忆，然后再去翻书求证。

对于学习上最“糟糕”的以及有困难的学生而言，专门留出时间对新内容进行思考是非常必要的。经验丰富的教师非常重视引导有困难的学生关注所学内容的要点，这些要点就本质而言是一种因果关系，也是知识的根基。多年的经验证明，学习上有困难的学生不能牢固掌握知识的根源在于，他们看不出或是理解不了知识、现象、真理及规律间相互交织的要点，而正是在这些要点上，派生出了各种因果关系、从属关系、时间关系等。应该引导学习困难的学生关注这些要点。

例如给学生讲解副动词短语。这里的难点在于，副动词似乎是作为处于第二位的次要谓语，附属于作为主要谓语的动词出现的。我给学生留出一些时间用来思考，并提醒有困难的学生在使用副动词短语造句时，可以设想有同一个主语在完成两个动作：一个动作是主导的、主要的；另一个动作是从属的、次要的。学生一边思考现实中的动作，一边造句。

不管课堂上所学内容的理论性有多强，总还是有机会可以提供一些实际的练习，让学生更好地掌握所学内容。在历史和文学课上，要想理解新内容，通常会要求学生针对刚刚学过的内容，找出其因果关联及内容上的联系。比如教师在讲解1861年俄国农民摆脱农奴制束缚这段历史时，为了让学生思考新的知识点，会提出一些问题（大概需要5～7分钟）：如果沙皇政府不解放农奴，俄国的农业经济会走上一条什么样的道路？1861年前，俄国工业资本主义和农业资本主义之间发展的关系如何？农奴解放后，这种关系又是如何体现的？1861年后，有哪些因素阻碍了俄国资本主义的继续发展？1861年改革后，俄国农业经济中的封建主义残余依然存在的原因是什么？这些问题都被记录在一张大纸上，教师讲完新课后，就会把这张纸挂上黑板。我深信，最紧张、最有趣的教学阶段正是由此开始的。学生回忆之前学过的各章节内容，然后再“翻阅”教科书求证（顺便提一句，在人文学科的课堂上，使用教科书首先是为了思考新内容）。在我看来，此时进行的是学习过程中最必要、最有意义的一件事——不用通读全文就可以复习之前学过的内容。这种复习方式很有效，因为就本质而言，这其实是一种思考。

因此，请不要犹豫，一定要在每节课上给学生留出一些时间来巩固新内容。你付出的时间会得到加倍的补偿。学习新知识时，学生脑力劳动的效率越高，他们完成家庭作业所需的时间就越少，下一次课上用来检查作业所花费的时间也会越少，因此，用来讲解新内容的时间就会越多。一定要搞清楚这些依存关系的本质，这样你就会冲破这种连环困境：学习新内容的时间不够，因为时间都耗在检查家庭作业上了；检查家庭作业耗时太多，因为新内容没学透。

16. 如何让检查功课成为有效的脑力劳动？

检查功课的环节总是不理想的情况让我很不安，因为时间白白浪费了。结果就会经常出现我们每位教师都熟悉的画面：被点到的学生刚开始回答问题，其他同学就都忙自己的事去了，只有预感到自己可能会被提问的同学还在思考。有个问题始终在困扰着我：怎样在检查功课时能够调动所有同学一起思考提出的问题，从而让教师对全班的作业完成情况都能检查到呢？

草稿本可以帮助解决这个问题。几何课开始了，全班都在准备让教师检查。教师给所有人布置任务：推导出圆的面积公式，自编一道求圆面积的习题并加以解答；简述全等三角形的特征。学生把题目记在演算本上，教师无须要求学生到黑板前，演算本代替了黑板。教师认真观察每个学生的做题过程。如果想了解某个学生对推导出的公式到底掌握得如何，就让学生讲一下自己具体是怎么做的，为什么要这么做等等，也不需要让学生起立回答。这样，每个学生在演算本上做题就和在黑板上做题是一样的。教师随时（在学生做习题的任何一个阶段）都可以让全班或部分同学停止练习。

以这样的方式检查功课的优势在于，学生不需要把已经掌握的知识再大声复述一遍，教师就能对学生的学习状况有大致的了解。同时，每位同学又都在独立地完成习题。此外，还有两点也很重要：第一，检查功课就是积极运用知识；第二，教师有机会观察学习上有困难的学生是如何做习题的，还可以照顾到他们的个人能力和特点。

我们学校针对三至十年级的学生检查功课时，会要求他们使用演算本。否则，很难想象检查功课的环节该如何进行。经验证实，这样的检查方式可以训练学生言简意赅地表达自己的想法，避免出现死记硬背的现象。那种习惯了死记硬背的学生，永远都不会简明扼要地回答问题，抓不住要点。我们的检查方法可以训练学生在阅读和记忆的过程中进行思考。

如果能通过大量新的实例对一些概括性的知识（规则、公式、定律、结论）进行重新思考并检验，那么就可以在检查功课时大大地提高学生脑力劳动的效率。我们学校的低年级，通常不会在刚上课的时候专门抽出时间来检查功课。我们会把检查融入知识的深化、发展和运用的过程中。例如，教师想检查学生对句子的主要成分和次要成分、主语和谓语、主要成分和次要成分之间的语法关系等内容是否掌握时，会让学生把演算本打开，给他们布置一道具体的题目：造六个句子，分别包含“道路”一词的第一格及其他各格的形式，并说明句中主要成分和次要成分间的语法关系。教师会给完成任务快的同学再多布置一道题目：造三个句子，分别带有一个、两个和三个同等谓语。学生在完成这类具体实践性任务时，既运用了所学知识，又加深了对知识的理解。

千万不要把评分作为检查学生功课的唯一目的。应该在知识评价体系中融入其他目的，首先就是要以对知识的进一步理解、发展和深化为目的。给每一次的回答、每一份书面作业都打分，是一种切不可取的非常极端的方式。这样做只会带来负面的影响。至于为何会如此，有待专门的解释。

17. 评分应该有分量

不应该把知识评价当作某种孤立的事物从教学过程中剥离出来。只有当师生间的关系建立在彼此关怀、彼此信任的基础上，评分才能成为一种推动力，促进学生进行积极的脑力劳动。可以说，评分是一种非常微妙的教育工具。通过学生对待教师评分的态度，可以准确地判断出其对教师的态度以及对教师的信任和尊重程度。有关评分问题，我想提几点建议。

第一，评分的次数不用多，但每一次的分数都要有分量、有意义。在我漫长的教学生涯中，中学教学大纲中的课程，我几乎都教过（绘图课除外），但我从来不会仅仅根据学生在一堂课上的回答（哪怕回答了两三个问题或更多）就给分。我会对学生在某一阶段的学习情况给予综合评价，评价内容包括好几个方面，如回答问题（可能是好几个问题）、补充回答其他同学的问题、书面作业（篇幅不大）、课外阅读、实践性作业等。我会定期观察学生的学习状况，学生也能感受到我的关注。过一段时间，我会告诉他："我要给你评分了。"紧接着，下一个学习周期就开始了，学生也知道，没有什么能逃过我的注意。也许，有的读者会有疑问，难道教师什么都能记住吗？可能有人会觉得掌握所有学生的学习状况是件很困难的事，但我始终觉得，这才是最重要的事情。如果忘记了最应该关注的事情，还怎么能做到教书和育人相结合呢？

第二，如果学生由于某些状况或条件的限制而无法掌握知识，我是不会给不及格分数的。对于学生而言，没有什么比意识到自己前途无望、一事无成更让人感到压抑的了。心灰意冷、愁眉苦脸这类情绪会严重影响学生的脑力劳动，让他的大脑处于近乎麻木的状态。只有愉悦的乐观主义精神才能成为潺潺流动的小溪，才能源源不断地滋养着思想的江河。苦闷和压抑会让掌管情绪控制和情绪色彩的大脑皮层中枢罢工，不仅不会唤醒脑力劳动，反而会起到禁锢的作用。我会竭尽所能，让学生相信自己的能力。如果学生想学习但不会学，那就应该帮助他进步，哪怕是小小的一步，而这一步将成为刺激其情感奔向快乐的源泉。

不要急于给出不及格的分数。请记住，成绩带来的愉悦是一股强大的精神力量，孩子想当一名好学生的愿望也正依靠着这股力量。请一定要关注，无论如何都不能让这种内在力量消失。倘若这股力量不复存在，那么任何教育技巧都是于事无补的。

第三，如果你发现学生学不明白，对正在学习的事物和现象搞不清楚，就不要给任何评分了。对于所教的每一个班级的学生，我都会细心观察其精神状态，一看眼神，就知道他是否听懂了我说的问题。如果他的眼神告诉我他还没有准备好回答，那我绝不会喊他，因为首先要保证的是他能获取知识。

第四，给学生提问的时候，问题的答案不能仅仅只是准确无误地重复教师讲解过的内容或是背诵书本上的内容。教学过程中有一个非常有趣的现象，我想将其称为知识的转化。它指的是思想逐步深入到知识领域，当学生每次回过头来看学过的内容时，都要能从各种知识、现象和规律中发现新事物，并能对其属性和特征进一步考察和分析。复习应该以知识的转化为基础。有关这一点，后面将单独提一条建议。

18. 学习之母不应该成为继母

民间教育学常说，复习是学习之母。可现实中往往是善良的母亲变成了狠毒的继母。学生被迫在一天或几天之内复习之前几个星期或几个月学过的内容，譬如，一下子要复习10节课、20节课甚至更多的内容。各种实例、结论一下子都压到学生肩膀上，让他们的脑子乱成一团。而他们需要复习的不只是一门课程，还有其他的！学生累得精疲力竭，无法进行正常的脑力劳动。

怎样从教学的角度出发合理安排复习呢？首先，我建议一定要考虑课程和具体传授内容的特点。比如，对于九年级，复习几节物理课和复习几节历史课的性质是截然不同的。

有经验的教师在复习物理、代数、几何、化学这类课程中的规则、定律、公式、结论时，会以布置一些实践性较强的任务为主，如做习题、绘图、制表等。教师需要特别关注的是，学生要想完成一项实践性的任务，必须掌握两项或更多的结论。学生在完成这类任务时，也同时完成了对其智力发展非常重要的知识迁移的过程。各种概括性的结论在相互依存的关联中获得重新解读。学生从自己之前不知道的、新的视角去认识这些事物和现象。例如，数学教师会布置一些习题用于复习，学生在解题时既复习了几何图形的体积，又复习了三角函数。多年的经验让我深信，如果一条理论性的结论能和另一条产生关联，那么在知识的迁移过程中似乎就会产生飞跃：两条结论都会得到更深的理解，学生可以从这些结论中发现之前忽视的东西，搞清其中一个结论，另一个也就清楚了。

针对代数、几何、物理这些学科，我建议采用综合复习法，这种方法是我校一些优秀教师在实际教学中经常使用的，形式多样且灵活。例如，安排学生制作几何图形模型，借助这个模型可以复习一系列重要的公式。或者让学生画一些几何图形示意图，可以直观说明好几个定理。

历史、文学等人文学科的复习则是另一种情形。复习七八节课所学的内容，意味着要读四五十页的书。此时当然不是用讲新内容时的方法进行复习。当复习内容的量很大时，应该撇开学习的材料，突出主要内容，忽略次要内容。如果学生在复习时，要把所有内容重新阅读一遍，那么学生的负担就会加重。最重要的是，所学内容的主旨会被忽视，教育作用也会被削弱。

应引导学生从所学内容中“解放”出来，无须关注细节，抓住要点即可。可以拿出几节课复习历史和文学的部分内容，给学生展示一下怎样可以不用通读就能达到复习的目的。学生的知识面越广，掌握的知识跟课堂复习（或家中复习）有关联的地方越多，对所学内容的理解也就越深刻。

要引导学生尤其是高年级的学生将注意力集中在主要内容上，不要在意次要的方面。这种分清主次的能力也是世界观形成的基础之一。

还有一种复习方法是我在教授数学、物理、化学和生物时经常用到的。我会向学生提出一个我认为很重要的要求：在所有科目的笔记本上留出专门的地方，用红笔记下必须要记住的内容。学生在翻阅课堂笔记时，就可以复习这些规则、公式、定律及其他结论（数学和物理每周复习一次，化学每两周复习一次，生物每三周复习一次）。

19. 如何对待作业的批改问题?

一位女教师在来信中说:“批改作业占用了我所有的空闲时间。”估计很多教师都会认同这一说法。面对着一摞摞待批改的作业本,没有哪位教师能做到内心平静吧。不仅是因为这项工作很耗时,更让人苦恼的是,它是一种单调的、缺乏创造性的劳动。

很多教师和教育工作者都迫切希望能够最大限度地缩短批改作业的时间,但却总是“毫无收获”。为什么呢?因为学生的作业中有大量错误。作业的批改问题是学校要解决的众多问题之一,其解决受很多条件和因素的限制,不可能只提出某条“如此这般做”的建议就大功告成了。但如果整个学校以及全体教师都能在工作中遵循一定的规则,那么就能把批改作业的时间缩短三分之二左右。

学校首先要培养学生具备较高的语言修养,营造一种对词语非常敏感的氛围:说错或写错某个词,不仅会让老师,同时也会让学生感到不和谐,就如同一个乐感超强的人听到走调的音符一样,很刺耳。应该向低年级的教师建议,一定要培养孩子们对于词语感情色彩的敏感性。要让学生在听到词语时就像听到音乐一样。形象地说,学生应该成为一名语言上的音乐家,应该重视词语的准确、纯粹和优美。要带孩子们走进大自然,让他们感受各种颜色、声音、动作间的细微差异,给他们展示人类创造性的劳动，所有这一切都可以通过词汇以及细腻的言语表达出来。

我们学校会有一些专门的课来讲解诸如霞光、傍晚、草原、田野、河流、潺潺、闪烁、轰鸣等词语。我们会和孩子们利用这些词一起写作文。词汇深入到孩子们的精神生活，他们也就学会了用这些词表达细腻的情感，表达对周围世界的态度。这门课程并不容易掌握，甚至可以说，是学校里最复杂的一门科学。而它的基础是在小学阶段奠定的，如果忽视，就无法弥补了。

要引导自己的学生从书本、思考转向实践，再由实践转回到思想和语言。实践应转化为学生自己的思想，并且能用语言表达出来。现实中可以采取这样的方法：让学生能尽可能多地思考、判断自己的实践活动，让他们叙述、讨论、汇报自己亲自参与完成的事情以及亲自观察到的现象。学生们出现用词混乱的现象，是因为这些词并没有和他们自己所做、所想、所思、所见的事物发生联系。应该给学生布置一些作业，让他们进行叙述、总结和汇报，让他们现有的知识得以投入使用，也就是说，让语言成为创造的工具。

为什么学生会犯那么多错误？为什么书写会文理不通？在我看来，问题的根源在于能力和知识之间的关系失调。在大多数课程，尤其是语法、文学阅读、数学这类课程的学习中，能力是落后于知识的。当原本应该服务于知识的能力有限，甚至“脆弱”之时，知识便成了一种力不从心的沉重负担。

减轻批改作业的负担和教学中的一系列根本问题息息相关。下面列举几条可以减负的前提条件：首先，在每堂语法课上抽出一部分时间，让学生书写和记忆易错词；其次，做家庭作业之前，要细致、周密地进行一些准备工作，防止在作业中出错；最后，可以说，凡是有经验的语言、文学、数学、物理教师，都有一套自己的批改作业的方法。经验表明，最合理的一种方法是定期抽查：教师每隔一段时间就抽查几个学生的作业。只有在测验的时候，才需要全部批改。

20. 教学中需要学生积极参与的环节

有经验的教师在开展教学之前，会把该门课程在整个教学阶段中（对于小学而言，则是整个小学阶段）需要学生积极参与实践的部分提前做好安排。其目的不仅是要培养学生在日常生活和劳动中的实践能力，而且是要让学生积极参与到学科的教学体系中，最重要的则是提高智育水平，发展其思维和语言能力。我们已经说过，学生的素养以及词语在学生精神生活中到底能发挥怎样的作用，和学生们积极参与实践活动的类型有很大的关系。

怎样组织学生积极参与实践活动，才能促进学生的智力发展，提升思维和语言能力，从而提高素养呢？

积极的实践活动就像是连接语言和思维的桥梁。我在小学授课时，一般会在课前预先设计一些实践活动，让所有学生都能参与。这些实践活动要能够鲜明地反映出知识、事物、现象、劳动过程之间的关系和联系，同时也要让学生对这些关联有深刻的理解。换言之，我希望学生的思想可以在实践活动中迸发出火花，而不仅仅只是让他们巩固课堂上所学的知识。在学习某门课程时，学生所从事的实践活动不应该只是对所学知识的说明（虽然这一点也很重要），还应成为新原理、新发现、新规律的源泉。例如，每个学生都在几年的学习期间内栽培一棵小树。在培育过程中，他不断有新的发现，一些新的想法让他激动不已，他把在劳动中发现的、有关事物种种关联的想法表达出来，词语则成为他表达思想的工具和手段。这样，词语就进入了他能掌握的词汇储备中，并促进情感和思维的进一步发展。

很多实例让我坚信，只要是对一些有趣的、不断揭示新的关系和联系的实践活动感兴趣的学生，他的思想就不可能混乱无序，语言也不可能发展缓慢。因为他不仅在劳动，同时也在思考和判断因果关系，规划未来的工作。一年又一年，我越来越坚信，能够鲜明反映出思想的实践活动可以提升学生的语言能力，提高其素养。应该说，劳动只有在进入小学之初就开始进行，且经过了合理的安排和组织时，才能够在促进学生智力发展方面发挥作用。

我们学校的中、高年级教师在备课时，都会规划好一些积极的实践活动，以培养学生的智力，丰富他们掌握的概念和规律。我深信，没有人与自然的相互作用，就谈不上智力的发展，就如同没有旋律就不会有音乐，没有词汇就不会有语言，没有书籍就不会有科学一样。在生物、物理、化学、数学等科目的教学体系中，劳动与思维的统一、实践与词汇的统一是学校作为思想发源地赖以生存的基石之一。有经验的教师在讲授这些课程之前一定会仔细斟酌，通过何种方式，开展什么样的活动，才能揭示学习过程中和学生思维发展息息相关的各种关系和联系。例如，在物理教学中，各种基本关系和相互联系大多体现在诸如物质、能、运动、能量转换、物态变化、现象的相互作用等概念中。物理教师会借机组织一次实践活动，以便让这些物理关系在实践中体现出来。例如：给一名学生布置一项作业，制作一种装置模型，通过模型可以演示机械能转换为电能，也可以演示电能转换为热能；让另一名学生制作另一个模型，演示机械作用如何引起物态变化。这种实践活动不仅仅是用实例阐释知识，而且可以说，其本身就是一种知识的灵活使用。

我向所有的教师们建议：如果你们希望自己的学生能够成为善于思考的人，希望他们能够清晰地表达出完整而明确的、有着较强逻辑性的思想，就要引导学生参与思想内容充实的实践活动，通过实践展示出知识体系间的关系和联系。请您记住，实践活动不仅意味着实际技能和技巧，而且更意味着智力的发展，意味着思维和语言的修养。

21. 教会学生观察与发现

可以说，有些学校并没有把观察当作一种积极的智力活动和发展智力的途径，只把它当作解释某些课题或部分知识点的一种方式。

观察在学生的智力发展过程中所占据的地位，很大程度上决定了教育的水平。在观察中不仅可以汲取知识，知识本身也会在观察中变得生动活泼。在观察的助力下，知识被盘活，仿佛是一种在劳动中得以运用的工具。如果说复习是学习之母，那么观察就是知识的领悟与记忆之母。善于观察的学生成绩不会差，更不会文理不通。如果教师善于指导学生运用已掌握的知识不断进行新的观察，那么就可以使得学生的知识愈“旧”愈牢固。

观察对于低年级学生而言，如同植物需要阳光、空气和水一样，是必不可少的。可以说，观察是智慧的源泉。学生需要理解和记忆的东西越多，就越需要去发现自然界和劳动中的各种关联。

在教小学生的时候，我经常引导他们在平常事物中发现独特之处，引导他们在回答“为什么”时，探寻和发现事物间的因果关系。

二月，正值寒冬，但恰巧艳阳高照。我们来到寂静的、被白雪覆盖的花园。“孩子们，仔细看看周围的事物，你们能发现有哪些迹象表明春天快要来了吗？即使你们中间最不细心的人也一定能发现两三种迹象；既会观察，又会思考的同学可以发现二十种迹象；而懂得欣赏大自然音乐的同学，则可以听出春天苏醒的第一首旋律。大家尽情地看一看，听一听，想一想吧！”我对学生们说。我看到学生们正仔细地观察挂满白雪的枝丫和树皮，正认真地倾听大自然的声音。每一个小发现都让他们欣喜万分，每个人都希望自己有新的发现。一周后，我们再次来到花园。每过一周，我们都会来一次。每一次，在孩子们好奇的目光下，都会有某种新事物不断呈现。学生们在低年级接受过观察力的训练之后，会明确地区分懂和不懂的东西，尤其难能可贵的是，他们能够对词语做出积极的反应。教师也会从接受过训练的学生那里听到一些意想不到且富有智慧的“哲理性”问题。

要引导学生观察和发现周围的世界。当自然界发生巨大变化时，要带领学生融入到大自然中去。此时，自然中的生命正在苏醒，生物的内在活力焕然一新，机体内蕴藏着的强大生命力也蓄势待发。

因此，早期的观察训练是智力发展的必要条件。

22. 怎样借助阅读拓展知识?

在学龄中期和后期阅读科普读物、科学书籍所起到的作用，和在学龄早期培养学生观察能力的作用是相同的。善于观察和发现的学生，对科学书籍的理解力较强。阅读科学书籍和科普读物越少，就越难以对知识产生兴趣。如果学生的学习仅局限于教科书中，那么他对知识也不会有持久的兴趣。

科学正在以前所未有的速度发展，但我们不可能将发展中不断出现的所有新概念和规律都及时地纳入中学教学大纲中。因此，阅读科学书籍就成了现代教学过程中最重要的组成部分之一。

教师应该善于激发学生阅读科学读物的兴趣。在讲解教学大纲所规定的课程内容时，应该用大纲以外的知识来阐明其中的某些问题。经验丰富的生物、物理、化学、数学教师在讲课时，会有意保留一些知识，并不完全讲透，就像是微微地打开通往浩瀚无垠的科学世界的窗口一样。因此，学生能发现必修课之外的世界，在浩瀚的知识海洋中遨游的愿望也会激励着他们——这正是促使他们阅读的动力，因为青少年都渴望获得知识。

在学校图书馆或私人藏书中，应该有一些书籍是供教师拓展教学大纲中的内容使用的。这类书籍中已经出版和正在出版的有很多。阅读有关现代科学前沿问题的书籍和科普读物尤为重要。阅读这类书籍有助于学生理解在学校所学的基础知识。

教学大纲中会有一些比较难的内容，只有理解了这些难点才能弄懂其他部分的内容。因此，阅读理解教学大纲中的难点就具有非常重要的意义。有经验的教师会在学生学习难点之前、之中或之后安排学生阅读科普读物。学生在尚未学习量子理论的基本概念时，就已经开始阅读此方面的书籍，虽然有很多不懂的地方，但也没什么好奇怪的。学生的问题越多，在课堂上或学习新内容的过程中所产生的求知欲就越浓厚。总之，在上课学习新内容之前，如何积累一些问题是教学法中非常有趣的研究方向。

23. 阅读是对“困难”学生进行智力教育的重要手段

所谓“困难”，是指学生在领会、理解、记忆所学内容时很艰难、很缓慢。一项内容还没有理解，就该学习下一项了；一项内容背熟了，另一项内容却又忘记了。有些教师认为，要最大限度缩小这类学生的脑力劳动范围，这样可以减轻他们的学习负担（例如，有时教师会告诉学习困难的学生只学课本就够了，不要分散精力去读其他的书）。这是一种完全错误的看法。学生学习越困难，在脑力劳动中就会遇到更多的问题，他也就越需要多阅读。就像低感光度的胶卷需要更长的曝光时间一样，成绩差的学生的智力也需要更明亮、更持久的科学之光来普照。不是补习，不是无休止的“鞭策”，而是阅读、阅读、再阅读。对于学习困难的学生而言，这一点在他们的脑力劳动中起着决定性的作用。

伊·古·特卡钦科是基洛夫州波格丹诺夫中学一位优秀的数学教师，同时也是乌克兰共和国的功勋教师，他教过的学生没有成绩特别差的。特卡钦科的教学活动有一个非常好的特点，就是合理地组织学生进行上面所提到的阅读，以此来发展他们的智力。在他所教的五至十年级中，每个年级都会有属于自己的奇妙图书馆，里面有上百本书籍。这些书籍内容欢快，引人入胜，它们给孩子们描述的内容，在特卡钦科看来，是世界上最有趣的一门科学——数学。如果没有这些书籍，有些学生可能永远都不会及格。在开始学习方程之前，学生们便会阅读相关书籍，首先阅读的就是一些有趣的小故事，讲述方程是如何以益智游戏的形式在民间故事中形成的。

我们要说的重点不仅在于阅读能够提高学生的成绩，也在于阅读可以提升学生的智力。对于“困难”学生来说，阅读量越大，思维就越清晰，才智的发挥也就越积极。

精心考虑、周密安排、积极引导成绩不佳的学生阅读科普读物，是教育者要关注的一件大事。实际上，这也是学校教学实践中对后进生因材施教的主要内容。

24. 不要让能力和知识不匹配

能力和知识的不匹配表现在：学生还没有具备将知识转化为工具的能力，教师就源源不断地塞给他新的知识，并告诉他快点掌握，不要忘了。这样的学生好似一个没有牙齿的人，被迫将整块食物狼吞虎咽地吃下去，起初只是感觉身体不适，随后就生病了，以至于什么都吃不下……

前面我已经谈到过，许多学生没能掌握知识是因为他不会快速且有意识地阅读，不会边读边思考。这是一种最可悲的能力和知识不匹配的现象。能够快速且有意识地阅读——既可以是朗读，也可以是默读——不仅是基本文化素养的体现，也是在课堂上或者独立看书时全面发展逻辑思维的最重要的条件之一。

不能快速且有意识阅读的人，不可能学好知识。快速且有意识地阅读是通过目视，用心地领会句子的一部分或整个较短的句子。眼睛离开书本，可以口述记住的内容，同时要进行思考。不仅仅是思考所读的内容，而且要思考与所读内容有关的某些情景、形象、认知、知识和现象。

在小学阶段，就应使阅读达到这种完善的程度，否则就谈不上有意识地掌握知识。不仅如此，如果想抛开快速阅读的技能，仅要求学生掌握知识，就会降低他们的智力发展，使其思维混乱、不连贯、不完整、不深刻。大概您也遇到过一些五、六年级的学生，用老话说，他们连一句完整的话都说不清楚。

我曾将这类学生的话逐字逐句地记下来并进行分析，这些话像是从上下文中脱离出来的独立的词，中间没有任何联系。这类学生根本无法将自己的观点用语言表达出来。正因如此，此类学生的言语含糊不清。面对这种糟糕的情况，我研究了很多年并得出一个结论：智力上的“口齿不清”（我这样描述这个缺点），是缺乏快速有意识的阅读，不会边读边思考造成的。有很多词语，学生们并没有深刻地理解，因为他们来不及好好地阅读并领会词的含义，更无法在头脑中将词语和有关概念联系起来。学生不会快速有意识地阅读，就来不及思考。而不动脑筋、没有思考的阅读，只能使儿童的头脑变得迟钝。

怎样让学生快速且有意识地阅读，让他们通过目视和思维去理解一整组意思连贯的词呢？要做到这一点，必须进行系统的练习。我在教小学生的时候，是用下面的方法来检查他们阅读的速度和有意识的程度的。学生（初次）阅读童话或故事，譬如一篇关于原始人生活的故事时，我会在学生面前的黑板上挂一幅色彩鲜明的、有关原始人生活的图画，画上有火堆、做饭、捕鱼的场景，有孩子们嬉戏、母亲织补衣服的场景。如果学生（这里指三年级学生）在朗读这篇故事时，眼睛离不开书本，直到故事快读完时也没能好好看一下那幅画，因而记不住故事中没有讲到的那些细节，那便表明他不会阅读。阅读过程中什么也无法领会的学生，本质上就是不会同时阅读和思考，而这恰恰不能称作有意识地阅读。

在某一个学习阶段，学生应当掌握快速书写的技能，以便能够边写边思考。如果缺乏这种技能，便会造成另一种关系不匹配。只有通过大量的练习，才能掌握这种书写速度。书写过程应达到一种自动化的程度：学生不需要思考怎样将字母连接成词以及他在写什么字母，而应将注意力放在所写的内容上。

只要进行大量的练习，在第四学年就可以达到这一目标。但是书写的自动化取决于阅读，阅读差的学生在书写上总是出错。

为了养成快速而有意识的书写技能，可借助下面的方法进行练习。教师在给学生们讲述某一自然现象、事件、劳动过程时，要明确地区分有逻辑联系的各个组成部分，每一部分都要有重点以及与重点相关的细节。讲述过程中，学生应按教师讲解的顺序记录重点内容。如果不能边听边简短地记下口述（讲座、解说）的内容，是不可能掌握知识的。许多情况下，学生学业落后的原因，正是由于他们缺乏这个最基本同时又很复杂的技能。

此技能并不仅限于实际应用中，它同时也是智力发展的必要条件。缺乏同时听、写和思考的技能（如同缺乏同时阅读和思考的技能一样），就不可能进一步拓展知识。

善于对知识进行选择、归纳和分析是一项非常重要的技能，它在很大程度上决定了学生能否成功地掌握知识。经验丰富的自然科学课和语法课的老师都在为不让学生的知识和技能出现不匹配的情况而努力。当学生的思维仅仅局限在教师所讲述（讲座、解说）的事例中时，就会出现知识和技能不匹配的现象。两者间的不匹配会使学生脑中的知识变成一堆僵死的、不再发展的东西。因为这些知识不能迁移，不能用新的知识加以充实，不能用来解释新的实例。这里发生的这种情况，我想把它称作知识的僵化。当知识处于这种状态时，会出现一些乍看起来十分奇怪的现象。例如，学生背会了物质有四种状态的概念，在生活中却没有大量关注相关实例，不会从新的角度利用这些实例解释这种概念。于是，在知识测验中，学生遇到物质由固态变为气态这一生活中经常会遇到的现象时，却茫然失措，无法理解和解释其本质。

为了能够有意识地将一些结论运用于现实生活中，学生必须独立地搜集大量实例，对它们进行了解、归纳、对比和分析。对实例的搜集和加工，本身就是知识的一种存在状态，即能动状态，这种状态是指从课堂上获得的知识体系中有意识地选择所需的规律、特性和定义。使知识进入这种状态是多么重要啊！多年的教学工作经验使我确信，对实例的搜集和加工是一种特殊技能，知识正是得益于这种技能才能不断发展，而这种发展是独特的：学生不仅在分析他周围发生的事物，而且也在分析自己独特的思维。学生在对各种实例进行搜集、加工的同时，也踏上了自我培育的道路。

某一学科体系中各类知识点的特征问题，在我看来，是教学法中一个极为重要的问题，同时也是教育学中普遍存在的问题。形象地说，各类知识犹如使思维展翅翱翔的空气。因此，应该从知识类别的角度分析教学大纲，考虑哪一部分知识点用于课堂讲授，哪一部分让学生去搜集、加工。还应针对搜集这一过程本身给学生提供一些方法，并且指导学生如何对知识进行思考。

25. 兴趣的奥秘何在?

每一位教师都希望课堂上的讲授能让学生感兴趣。怎样使课堂生动有趣?是否每节课都能有趣?兴趣的源泉又在哪里?

课上得有趣，意味着学生在学习和思考的时候情绪高涨，对于发现的原理不仅感到惊奇，甚至异常惊讶。学生能够感知到自身智慧的力量，体会到创造的乐趣，同时也为人类的智慧和伟大的意志而自豪。

认知本身是一种最了不起的、令人惊异且神奇的过程，它能激发持久而高涨的兴趣。事物的本质、事物间的相互关系、运动和变化、人的思想、人所创造的一切，所有这些都是取之不尽的兴趣源泉。有时候，这些源泉就像是潺潺流淌的小溪映入我们眼帘，走近一瞧，大自然奥秘的美妙图景便呈现在你面前；有时候，兴趣的源泉则隐藏在深处，要费力寻找和挖掘。探索和挖掘自然万物的本质及其因果关系这一过程本身，往往就是兴趣的主要源泉。

如果你只依赖那些表面看得见的事物来激发学生对学习、课堂的兴趣，那就永远培养不出学生对智力活动的真正热爱。应该努力引导学生亲自挖掘兴趣的源泉，让他们在挖掘中欣赏到自己的劳动与成果，这本身就是最重要的一个兴趣源泉。没有积极的脑力劳动的参与，也就谈不上什么兴趣和专注力。

对知识产生兴趣的首要源泉，就在于教师对课上所讲内容及所分析事物的态度。学生在思想上搞清楚了一些原理，是因为他们捕捉到了知识和现象之间的碰撞点，捋清了两者之间产生关联的线索。我备课时会重点思考、揣摩那些碰撞点和关联，只有抓住这些思想层面的共性，才能在认识周围世界的真理和规律中发现全新的、意想不到的东西。例如，下一节课将要学习植物的根系及其在生命过程中的作用。学生对于植物的根系已经屡见不鲜，教材中似乎也找不出什么吸引学生的内容，但是，能够激起兴趣点的就在于认识隐秘的、第一眼不被发现的东西。我给孩子们讲述纤细的根毛怎样在土壤中吸收所需的营养，把重点放在讲述内容的共同点上：生命运动时时刻刻都在土壤里进行着，无论严寒酷暑都没有停歇过；亿万个微生物好像在为若干根毛服务，没有这种复杂的生命运动，树木便无法存活。我对学生说："孩子们，让我们仔细思考一下这种土壤中复杂的生命运动，好好想一想，它是如何依靠周围环境中的物质存在的。如此一来，生物和非生物之间的相互关系便会呈现在你们面前。"非生物怎样为生物提供养分，是各种知识的交集之处。讲清楚了这一点，将学生的注意力吸引到了这一点上，就是为他们揭示出了某种新的东西，激发了他们对大自然奥秘的惊奇感。少年越是被这种惊奇所吸引，他们就越想知道、理解、掌握更多东西。

兴趣的源泉还在于对知识的运用，在于智慧能够凌驾于知识和现象之上的"权力感"。在人的心灵深处，有一种根深蒂固的需求——希望自己是发现者、研究者、探索者。在儿童的精神世界中，这种需求尤为强烈。但如果不给这种需求提供养分，即不积极地与知识、现象打交道，不感知乐趣，那么这种需求就会逐渐减弱，求知兴趣也随之消失。我认为，不断支持和激发学生想成为开拓者的愿望，并通过专业的教学手段实现这一愿望，是一项非常重要的教育工作。课堂上，通过直接观察使学生对土壤中隐秘的生命运动产生兴趣；下课后，我们便来到田野，专门考察土壤的剖面情况。学生们异常惊奇地发现，禾本植物的根系长达两米。这对于孩子们来说是一个真正的发现，但他们还只是刚刚踏上开拓者和发现者的道路。我把草地上的几种草根指给孩子们看。我们把这些草根（一根茎都没有）种下去，它们乍一看好像完全枯死了，可是最终竟活了，还长出了嫩芽，变成了青草。葡萄藤的根也发芽了。

这件事鼓舞了孩子们，他们的思想变得非常活跃，并且体验到了一种无可比拟的人类的自豪感：我们掌握了知识和现象，知识在我们手中变成了力量；我们感受到知识的力量，它让人变得高尚——很难找到比这更强烈的激发求知欲的刺激了。可见，在掌握知识的过程中不使学生感到疲惫，不把他弄得筋疲力尽，不让他对一切持冷漠态度，而是使他的整个身心都充满乐趣，是何等的重要啊！当然，如果学生亲自去研究发现某种东西，亲自去理解具体的知识和现象，便会产生最强烈的掌控知识的感觉。但是纯粹的思维活动，即用智慧进行概括和总结的活动，同样会给学生带来快乐。

对于阅读量较大的学生来说，课堂上所学的任何新概念、新定义，都融入了他通过阅读获取到的知识体系中。于是，课堂上所学的科学知识便具有了独特的魅力：它成为必不可少的助手，能够帮助学生厘清头脑中已有的知识。

26. 要吸引学生的思想和心灵

哪所学校有优秀的数学教师，数学就会成为这所学校最受学生欢迎、最让学生感兴趣的科目，很多学生卓越的数学才华也会因此显露。如果学校来了一位有才华的生物教师，你瞧吧，两年之后，生物课就会成为学校最受欢迎的科目，也会涌现出若干有天赋的少年生物学家——他们爱上了植物，痴迷地在学校的土地上进行试验和研究。

有些学校，不同学科的教学仿佛成了教师之间为赢得学生的思想和心灵而展开的良性竞争。在这样的学校里，学生的智力生活会变得生机勃勃。这种竞争是教师们进行创造性劳动的一个部分，表现为每位教师都在努力激发学生对自己课程的兴趣，让学生爱上这门学科。可以设想一下，一个刚刚步入四年级的学生，遇到了一个才华横溢的教师团队，其中的每一位教师都热爱自己的教学事业，他们认为自己所教授的课程是最有趣的，也很善于点燃学生对课程的爱恋之火。这样的环境会让每个孩子都发挥出自己的天赋，帮助他们明确爱好、培养能力、树立志向、发挥才干。

此时，我们探讨的是教育过程中一个非常重要的领域，在很多学校的现实工作中，该领域还是没有开垦过的处女地。我坚信，教学的育人功能，形象地说，首先表现在每名学生都能在基础科学这支和谐的乐队中，找到自己喜欢的乐器和旋律。

如果一名学生没有喜欢上某门具体的课程或是具体的学科领域，那他就不会有丰富的精神生活。

要让学生觉得你的课是最有意思的，让更多的学生如渴望幸福一般渴望在你的课堂上有所作为。能做到这些是你引以为荣的事情。要吸引学生的思想和心灵，去跟自己的同事也就是其他学科的教师展开良性竞争。譬如，你给八至十年级的两百多名学生讲物理课，这些孩子都是你的学生。但是在你的大脑中，对于“我的学生”的概念，还应该有另外的理解。你应该有十几个或更多个“自己专属的学生”（也有可能少一些，只有五六个，但这也没什么），他们全身心地投入物理学的研究中，立志将自己的一生都奉献给科学。此外，你还应该有十几个其他类型的学生，他们对物理的兴趣还处在所谓的萌芽阶段，其中有些学生会在将来爱上你的这门课，有的学生则可能会在其他知识领域找到自己的“金矿”。在实现理想的过程中，如何培养兴趣是最为复杂的一件事。你教这两百多名学生，让他们牢固地掌握校内物理课上最基础的知识，这只是你工作内容的一部分。还有一些学生酷爱物理这门科学，而课堂上所学的内容仅仅是一些入门级的知识。因此，切不可忘记，你还肩负着另一部分创造性的教学任务，即要帮助这些学生树立起在物理学方面（技术、机器、机械、科技知识等）的远大志向。在学校里，你应该有一个属于自己的“小天地”——物理爱好者之家。

具体该怎么实施，最重要的是什么，要从哪里开始入手呢？

学校里肯定有物理实验室，毫无疑问，你每天都会在那里工作一两个小时：或是看看书，或是“模拟”要做的实验，或是研究仪器的图纸和模型。如果我是你，我会怎么做呢？现在就来说说。我会邀请瓦尼亚、科利亚、根卡、斯拉夫卡、彼得和萨沙这些已经爱上物理的学生到实验室。一些八年级，甚至是七年级的学生也经常会来这里，虽然他们还没有爱上我教的这门课，但我发现，当我讲到反粒子和光子火箭时，他们的眼睛熠熠生辉，他们开始对有关核物理的读物感兴趣了。我的物理实验室里有个角落，我将其称为“思维角”。这个角落的墙上挂着法国雕刻家罗丹的版画《思想者》，还有一个小书柜，收藏了一些有关科技方面最前沿问题的书籍。它们犹如星星之火指引学生们跳出教学大纲的范畴，奔向未知的远方。我这里还有另一个角落，叫“疑难角”，里面有几幅设计思路极其复杂且与众不同的图纸，要想根据图纸制作金属或塑料模型，需要付出巨大的脑力劳动。懒于思考在这里是绝对行不通的，要思维跳跃、敢于想象，不能当瞠目结舌的旁观者，而要当一名创造者。这里还有我的一个小型教学试验台，也就是我备课的地方，我经常在这里摆弄新教具。和我一起工作的还有我的助手——高年级的学生们，他们会帮我做一些课前准备工作。

就这样，我为已经喜欢上了物理的学生或是尚未完全喜欢上，但对物理充满了浓厚兴趣的学生敞开了所有的大门。

我认为“希望角”有特别重要的意义。在这里，科学知识的熊熊烈火点燃了学生们投身科学的热情。学生们进一步意识到，思考是一项艰巨的劳动，它的过程并不轻松，很复杂，有时还会让人筋疲力尽，但却可能会带来无可比拟的快乐——来自认知的愉悦，以及发现自己能够驾驭知识的自豪感。学生们是从“思维角”开始接触科学知识的。这里有各种各样的书籍，有的适合刚刚开始去知识海洋里游泳的学生，有的适合那些已经决定要在科学技术领域或实验室工作的学生，还有的适合那些决定去工厂里操作复杂设备的学生。有些小男孩虽然头发乱蓬蓬的，但他们在听讲时，眼神里充满了好奇，总是要问一大堆的“为什么”。我会刻意地引导这些孩子来到“思维角”。

我了解他们每个人心中在想什么，便为他们在书架上摆几本相关的书籍。

有很多聪明的、有天赋的儿童和少年，他们只有在亲自参与创造性劳动时才会产生求知的欲望[1]。如果我发现某个儿童或少年喜欢摆弄机器、机械模型、仪器和各种设备，那么就一定会带他去"疑难角"。

还有一些学生一直都没表现出对某方面有特别的兴趣。如果学校没有展开教师之间为了吸引学生的思想和心灵而进行的竞争，那么很多学生的兴趣可能永远都不会被挖掘。学校里对学习和知识无动于衷、对任何事情都不感兴趣的学生越多，教师们就越不可能有"自己的学生"，不可能全心全意地传递求知的火种。在学生对待知识的态度上，最让人气愤和担忧的就是这种无动于衷的状态。学生在某门课程上落后或成绩差并不可怕，可怕的是对一切都态度冷漠。

要唤醒那些冷漠的、无动于衷的学生。一个人不可能对任何事情都不感兴趣。克服冷漠的最有效的途径就是思考。只有通过思考才能唤醒思维。对于那些对知识和脑力劳动漠不关心的学生，教师应该施展自己的十八般武艺。这里指的不是竞争，而是要把人从懒于思考的状态中拯救出来。我们的教学团队中有这样一条规矩：对于每一个对知识冷漠、无动于衷的学生，我们都会在心理委员会的会议上讨论其情况。我们会思考，怎样才能找出人与自然、人与知识相互影响的领域。在这里，可以用认知唤醒人的精神状态，重要的是，让人意识到自

1　瓦·阿·苏霍姆林斯基的此观点与卢梭的"尽量让爱弥儿的眼睛盯在手指头上"的观点相同。（参见卢梭：《爱弥儿或论教育》俄译本，莫斯科，1896 年，第 157 页。）

己是知识的驾驭者，体验到掌握真理和规律的愉悦感。通过认知鼓舞人的精神，也就是说，让思想和人的尊严融为一体。要想达到这种精神状态，就需要知识发挥效力，起到积极作用。我们发现，要想唤醒那些冷漠的学生，把他们从懒于动脑的状态中拯救出来，就要让他们在某件事上展现出自己的知识水平，在智力活动中表现自我、展示个人魅力。

我教过几年五至七年级的数学课。我们当时组建了两个数学小组，一个小组里是有才华、有天赋的学生，另一个小组里是对知识无动于衷的学生。如果要聊一聊如何唤醒后面这组学生的意识，那一定是一篇有关吸引他们的思想和心灵的有趣故事。我要让学生在小组里获取知识，以此改变组内的人际关系，树立个人成就感。一个人只有感受到自己是个“思想者”时，才能体验到作为一个人的自豪感。怎样才能使思想同人的自豪感融为一体呢？需要专门地谈一谈。

经验丰富的教师会努力做到对于学生喜爱的课程，要让他们掌握比教学大纲要求的多十倍、二十倍的内容。让学生体验到自己有能力驾驭自己所喜欢的课程，是促进其综合智力发展的最有力的因素之一。如果学生有自己喜欢的科目，即便他在其他各门科目上没有拿到五分，你也不用担心。应该担心的是，有些学生作为优等生，却没有一门喜欢的课程。多年的经验让我相信，这样的学生缺乏个性，无法体会到脑力劳动带来的快乐。

27. 怎样将思想与人的自尊融为一体？

这也是我们在教学中遇到的一个十分微妙的问题。如何才能使学生为自己认真学习的态度感到骄傲？如何让他们通过自己优异的成绩和所学的知识获得公民的自尊感？

我坚信，实现这一目标的途径，就在于要让知识和精神财富成为学生个性的自我表达。关于这方面的教育工作应当从低年级就开始进行。在教育低年级的孩子时，我尽力落实这样的原则：每个学生都要为集体的智力生活做出自己的贡献，应当将自己掌握的知识、思想、技能看作是一种荣誉和尊严。但如果只让班里的同学知道某个学生怎么学习、怎么听课、怎么回答问题，那这个原则就永远无法落实。我们开始引导一年级的小孩子们，让大家共同完成一本名为《朝霞》的画册。我们已经养成习惯，春夏两季早早起床，迎着朝霞走到园子里，在池塘边欣赏日出。每个孩子都会分到一张纸（要是想要的话，两三张也可以），在上面画一画喜爱的景色，再写一句话，用几个词描绘就可以。“但是这些词要像歌曲一样优美”——我们这样要求孩子们。当然，每个孩子都想要画或是写一点美好的东西。动人的画面，优美的语句——每个孩子都能从自己的创作中体会到一种光荣感。这本画册我一直收藏着。二年级时，我们会一起在冬日的黄昏中编故事和童话。每个人都在讲自己身上曾经发生过的事，或是说说那些他所期待的、幻想过的事情。我无法形容孩子们对这种创作有多么喜爱，在这个过程中，他们可以尽情想象、表达自我，并体会到这是一种道德尊严感。

学生们年复一年进行智慧与精神财富的交流，越发拉近了彼此之间的距离。在三、四年级时，我们开始举办“读书会”，孩子们在会上讲述自己在书中所看到的内容，大声地朗读、背诵诗歌和文艺作品中的片段。这可以看作是一种独特的智力与能力的竞赛。

五年级时，学生们就成为那些学龄前和一、二年级儿童的小老师，并能积极地对他们进行教育。有12名五年级的学生分管几个诗歌创作小组，每小组有5到7个小孩子。五年级的学生教他们写一些关于自然的小短文，给他们读自己写的作文和诗歌。这帮助五年级的孩子确立了自尊感。

六、七年级的几个学生开始管理一至三年级的“小小数学家”小组。孩子们解答并自己编写一些可以测试理解力的题目。五至八年级期间，学生们还可以去管理一些外语学习小组，比如教一、二年级的孩子说法语、读法语。

七至十年级的每个学生都要在科技晚会上做报告。我们的每个小少年都把尽最大努力做好报告或汇报当作是一件十分光荣的事。

所有的这些工作都是为了让学生们感受到，知识与精神生活是能够给他们带来道德自尊感的事情。教师应该通过对学生的教育，使他们认识到不学无术、对书籍毫无兴趣，是一件不道德的事情。

28. 传播知识与参与社会生活

在农村地区，学校是传播文化与知识的主要源头。我们认为，将知识的发展与深化过程融入农村社会生活中去，是一项十分重要的教学任务。素质教育最为明显的特征之一，就是培养学生参加教育工作。我们高年级的任课教师经常培养自己的学生参加这项有益的社会活动。村子里大约有2000户人家，他们被划分到180个文化基地。基地的中心是一个庄员的农舍，时不时会有庄员与工人们在这里聚会。三四个高年级学生也会来到这里，同他们一起举办列宁读书会、自然科学知识晚会和文艺作品晚会。

学生团员给人们带去知识，这个过程更像是向长辈展示自身所学。他们不光要阐述自己的知识，还要对群众进行说服教育，并时常与反科学言论进行斗争。当身边有一些关于某事物或现象的错误观念，抑或是遇到迷信、无知的人时，团员们不会只是简单地否认："不，不应该是这样的。"我们教导自己的学生，要说服、劝导这类人，用科学的光芒驱散宗教的、反科学的偏见，在违背真理的事物前绝不能有丝毫退让。但要记住，一些反科学的观点和信念在个别人的意识中根深蒂固，要想将它们拔除，需要有丰富的学识与很强的能力，并且自己本身要有坚定的信仰。绝大多数情况下，我们的学生都能很好地完成自己身为启蒙者的重任，偶有失败反而更坚定了他们学习科学的决心，加深了他们对于知识的诉求。

在给别人传授知识的过程中，学生自己也能弄清楚很多东西，并产生许多疑问。他们努力厘清思想中最为细微的转变，挖掘出隐蔽的因果关系。在社会教育工作中使用知识，是一种最为积极的利用、发展知识的方式。在肯定、捍卫、保护真理的过程中，年轻人自己也对真理坚信不疑，并产生了进一步拓宽与加深知识的诉求。要怎么做才能使年轻人渴望学习呢？如果知识对于学生来说只是一种自身的价值，而缺少了道德色彩，那知识将无法让人体会到愉快、光荣、财富与尊严这些情感，使年轻人渴望学习的目标也将永远无法实现。

29. 如何按季节安排学习？

如何按季节安排学生的学习是一个非常重要的问题，这关系到学生的身心健康及各方面的发展。一年分为四个季节，每个人在不同的季节，身体机能特征都有所不同。例如，大家都知道，春天的时候，身体的抵抗力较弱，秋天则强一些。对于学校来说，考虑到这种周期性的变化十分重要，因为我们与之打交道的，是正在发育的身体，是逐渐成熟的大脑（外部环境对人的大脑发展起着非常重要的作用）。尤其是在低年级阶段，春天的学习和脑力劳动与秋天相比迥然不同。

我建议，可以这样安排低年级学生的脑力劳动：大约到第三学季[1]中期时（也就是二月末），应基本结束重要语法和算术理论的综合学习。最后一个学季正值春天，脑力劳动应主要包括知识的扩充、加深及归纳、分析。我还认为，春天应培养学生掌握一些必要的能力，以便下一学年能继续顺利学习。春天，似乎是专门进行细致观察的季节。应该在春天的时候，为新学年将要学习的理论性内容积累知识。上面谈到的能力与知识间的关系比例失调的问题，正是春天时也硬像秋天一样给学

1 学季：学校教学年度的分期单位。将一学年分为四个学期的制度，称为学季制，每一学期即为一学季。苏联的普通学校曾实行学季制，美国一些高等学校也采用过。*

生灌输复杂的理论知识所致。

对中、高年级学生而言，春天的时候，应利用一切机会最大限度地减少脑力劳动。应考虑到，春天的时候维生素流失严重，对青少年而言尤其如此。此时，视力最易下降，并容易产生眼部疾病，而眼睛在脑力活动中具有特别重要的作用。千万不能像很多学校经常做的那样，在教学实践中以复习为目的，在第四学季安排学生阅读大部头的文学作品，反复复习历史教科书和文学课本。尤其不能采取机械复习的方式，与初学新内容时毫无区别。形象地说，春天应采用新的教学方法。在准备第四学季的课程时，教学重点应该是将已有的知识迁移到积极的实践活动中。学生在根据教师提出的问题概括不同章节的知识点时，没必要一直抱着书看。在概述性地复习教学大纲中的一系列问题时，要让知识被灵活地运用起来。考虑到高年级学生的疲劳状况，教师应采取一些措施减轻他们的复习任务。

我已经连续许多年给八、九年级的孩子布置如下暑期作业：阅读下一年将要学习的文学作品。这大大减轻了他们的脑力劳动，同时减轻了学业负担，使第四学季不至于过度紧张。

你可能会有这样的疑问：究竟怎样才能切实减轻学生第四学季的脑力劳动负担呢？许多学校的学生都因大量的作业而“痛苦呻吟”。如果前三个学季把脑力活动安排得更紧张些，情况会如何呢？

对，这是我们教学任务中最尖锐、最困难的问题之一。冒昧地说，普通中学大纲中不存在负担过重的问题。亲爱的同行们，学生负担过重是因为我们的教学工作和教学方法出现了问题。如果本着科学的原则来安排教学工作，充分挖掘儿童、青少年时期的一切潜力（特别是在儿童时期），那么在普通中小学里不但能学好一门外语，甚至能学好两门，并在低年级就能达到掌握外语的水平。

究竟怎样做才能让教学中的负担不至于过重呢？回答这个问题如此之难，就像是回答“怎样才能避免培养出学习成绩差、不懂礼貌、文化水平低的学生”这类问题一样。防止负担过重意味着：第一，从孩子3到5岁起，就要关注他在文化背景知识方面的培养，在此过程中，孩子的智力也会得到发展，因此应不断提高父母的教育修养。第二，不要让能力与知识的关系失调，要保证学生学习知识和提高学习能力的过程，因为这两者是学生从事脑力劳动的最重要的手段。第三，应在教学实践中贯彻教育心理学的理论，这也是教学法中最重要的原理，即没有抽象的学生，要将知识讲解得深刻，意味着要观察每个儿童的脑力劳动。第四，应关注知识的可持续发展，让知识“流通起来”，不要让知识停留在脑子里，进而变得僵化。第五，不可将学习变成无休止地补习落下的功课，不要没完没了地“还债”。总之，不给学生的学习造成负担，就意味着要做到上面所提到的一切。但还有两个十分重要的条件，正如我们之前谈过的很多问题一样，它们与学校的很多工作都有着直接的联系。关于这两个防止学生学习负担过重的条件，我随后会给出专门的建议。

30. 学生的智力生活

这个问题与学校的所有工作都密切相关。如果教师只考虑怎样使学生学习课本知识，怎样将他们的注意力从其他事情上转移回来，那学生负担过重就是无法避免的。如果一个学生只关心课堂、教科书、家庭作业、分数，除此之外什么都不考虑，那他的成长过程也没有什么好羡慕的。不要让你的学生满身学究气，除了日常的学校活动、表演、兴趣爱好之外，学生应当有丰富多彩的智力生活。这里指的是学生的课外阅读，尤其是少年时期的课外阅读。

如果你被任命为班主任或五年级的辅导员，应把培养学生的这种精神诉求当作主要任务之一。要列出一个学生在中学时期应读的书籍清单，并设法让班级的藏书中涵盖这些书籍。

如果青少年没有自己喜欢的书籍和喜爱的作家，很难想象他们能得到全方位的发展。我在培养学生、塑造其个性时，总是努力地让学生在小学阶段就有自己的小藏书室。到了中、高年级，他们的藏书量已十分可观，起码有100到150本。就像音乐家手上没有自己喜爱的乐器便无法生活一样，善于思考的人若不反复阅读喜爱的书籍便也无法好好生活。

能否把每个学生带入书籍的世界，培养他们对书的热爱，使书籍成为智力生活的指路明灯，取决于教师，取决于书籍在教师个人的精神生活中占据何种地位。要使课外阅读成为学生的精神诉求，要让他们感受到教师的思想是不断丰富的，确保教师今天没有重复昨天所说的内容。

如果教师的智力生活出现停滞、贫乏的情况，身上还表现出一种“不尊重思想”的特征，那一定会对教学产生严重的影响。我认识一位教师，他“厌恶一切事物”，正如他所言，他不想总是重复同样的内容。学生们从他的话语中感受到，他的思想处于停滞、僵化的状态。由于他对思想的不尊重，学生们也不尊重他。但最危险的是，学生们和教师一样，也不愿意思考了。

不要认为个人的智力生活是狭窄封闭的私人圈子。一个人在丰富集体智力生活的同时，也在享有集体的精神财富。我们努力地在学校里建立智力生活蓬勃发展的集体。首先是成立专门的科学小组，如数学科学小组、科学技术小组、化学科学小组、生物科学小组、文学科学小组、哲学小组等。也许“科学”这个词有些夸张，但它反映了一个事实，即青少年正在踏上科学思维形成的道路。无论如何，都不能将这些科学小组视作其他课程的附属品或预防成绩落后的手段。这些小组是智力生活的发源地，小组中充满了求知的精神。当然，课堂上，这些小组的同学会讲述他们所读的内容（例如做报告、汇报等），给思想赋予了创造性的特征：学生非常重视自己所讲述的真理和规律，将它们视作自己努力得来的财富，同时也将关于劳动、创造以及未来的想法与这些财富联系在一起。

学习困难的学生也会参加科学小组的学习和活动。对他们而言，学习负担过重是非常危险的。浓厚的研究氛围激励他们阅读，对于他们来说，阅读是保证学习顺利进行的非常重要的补救措施。

31. 若想减负，须有自由时间

对于学生而言，只有不把全部时间用于学习，而是留出大量自由时间，才能学习得好。这一提法看似荒谬，实则不然，它是教育过程的客观规律。学生在校的日常课程占用时间越多，留给学生思考某些与学习无直接关联问题的时间就越少，也越容易导致其负担过重，成绩落后。

自由时间的问题不仅是教学环节，更是智力培养和全面发展过程中最应该重视的问题之一。就像健康需要空气一样，空闲时间对学生来说也是必不可少的。它存在的意义在于能够保证学生顺利地学习，不会经常感到落后的危险（现实情况往往是学生只生了几天病，就会落后很多）。拥有可自由支配的时间，是学生的精神生活得以丰富的首要条件。想让学生的生活不完全被学业占据，并使学习更富成效，自由时间是不可或缺的。

聪明睿智的教师能够在课堂上为学生创造出自由时间。当然，学生本人是赢得这种自由时间的首要助力，因为知识是处于能动的积极状态还是停滞状态，在很大程度上取决于学生自己。还有一个条件也能决定学生是否能拥有自由时间，这就是作息制度。

首先，基于多年的经验，我想指出一些按脑力劳动的规律断不可取的做法：刚上完课就立刻让学生花上三四个，甚至五六个小时来看书、做习题，这是绝对不允许的。但这种情况在高年级并不罕见，学生常在下午的时候还从事着和课上一样高强度的脑力劳动。为了能够回答出老师的问题，学生们每天要坐在书本前长达10到12个小时，来听讲、思考、记忆、回想和复习。这是一种他们无法承担的繁重劳动，最终将会摧残他们的体力和智力，并导致厌学心态的产生。更有甚者，会使人只知道学习，却丧失了精神生活。

经验表明，可以这样安排学生的脑力劳动：将他们下午的时间从书本中解脱出来，用于自由活动。学生可以利用这段时间进行阅读，参加科学课题小组，在野外干活，观察自然现象和人们如何劳动。

换言之，下午应当从事的脑力劳动是知识的扩展与转化。请注意，这并非是无所事事，而是学生对知识的拓展。我们努力让学生在工作日的下午能够做一些有助于智力发展和学习的事情，但这种想法能否实现取决于教学水平。尤为重要的是，要让学生在下午进行阅读。这种阅读源自兴趣和求知欲，而不是为了迫不得已的背诵和记忆。

尊敬的各位同仁，你们可能会问：那孩子什么时候做家庭作业呢？

早睡早起，用晨起上学前的一段时间完成作业，是我们绝大部分学生需要遵守的作息制度的基本准则。多年以来，我们一直向家长们解释：科学证明，让孩子早睡早起，并将紧张的脑力劳动安排在睡醒后的8到10小时内，对孩子是有好处的。新一代的父母成长起来了，我们曾在家长学校向他们传授教育知识。首先讲到的就是孩子脑力劳动的培养和个人卫生问题。我们顺利地让90%的儿童和青少年遵守如下作息制度：低年级学生晚上9点睡觉，中、高年级延后一小时；相对应地，前者早上6点起床（保证9小时睡眠），后者则5点30分起床（保证7.5

小时睡眠）。在这条简短的建议中，无法充分、科学地论证这一作息制度的合理性，但需要说明的是，在一天结束（即深夜12点）前睡眠持续的时间越长，越可解除疲劳，人也越容易清醒，从而能更迅速地投入脑力劳动中。对学生来说，早上从起床到出发上学，这中间有2到2.5个小时可用于做课前准备，这是我们作息制度的核心环节，但却只是整个教育体系的一个组成部分。多年的经验使我们教师群体坚信，对于高年级学生来说，完成作业所需时间不会超过2到2.5个小时（中、低年级则更少）。但有个前提条件：学习必须是在精神生活丰富多彩这一大背景下进行的。在此情况下，知识在各种脑力活动中不断获得发展，而掌握知识的过程，形象地说，是靠“一整套工具”（即技能）加以保证的。学生自身的能量、禀赋和才能也会在自己喜爱的科目中得以展现——毕竟它们之间是彼此关联的。若缺少这一前提，那么就无法借鉴我上面谈到的经验。若不具备上述条件，却依然强迫学生早起、上学前完成作业，那么也将一无所获（校园生活中的大量实例使我相信，即使是再宝贵的经验，也无法在不适合的情况下使用。就像孩子们还不会很好地阅读时，教师就因为没有注意这一点而开始教他们写作一样，这将毫无效果）。

完成作业后，学生出发去上学，步行的这段路就是休息。接着就开始了最为紧张的脑力劳动时间——上课。应当尽量在这种要求高强度脑力活动的课程中间穿插一小时，可能的话，最好有两小时其他活动形式的课程（类似体育、美术、音乐和劳动等），让学生能够得到休息。

晨起后两到两个半小时脑力劳动的效果，远比下课后坐在书本前的四五个小时要更好。但问题不仅在于效率上，还要考虑到孩子们的健康，考虑到全天脑力劳动安排的“平衡”。如果一天中的部分时间用于从事紧张的脑力劳动，那就要将剩余的时间从这种劳动中解放出来。下午是学生的自由活动时间，此时应该安排一些考虑到儿童趣味特征的脑力劳动。至于这些特征是什么、该如何考虑，会在下面的建议中提到。

32. 教会孩子利用空闲时间

孩子们对时间流逝的感觉与成年人截然不同，任何时候都不能忘记这一点。谁不考虑儿童的这一特点，谁就无法理解他们的心灵，并且会时常碰壁。在森林中度过一个阳光明媚的夏日，对孩子来说仿佛过了一整年；在夏令营里待一个月，孩子们会觉得好像是一辈子。不要用强制的计划和规定来束缚孩子，既要让他们仔细地观察，也要让他们看得足够多。或许还要拿出整整一小时的时间让孩子做各自的事情。这是他们的天性使然，不这样做就无法培养儿童的认知和思维。

请记住，孩子每迈出一步，都会遇见某些新鲜的、未知的、能够吸引他们的事情。这些事情会占据他们的心神，使他们无心顾及其他，甚至感受不到时间的流逝。沉浸在童年这条缓慢流淌却不可阻挡的河流中，孩子们会忘记，并且是很彻底地忘记诸如今天还应该做家庭作业之类的事。请不要惊讶，我亲爱的同事们，当你们带着疑惑询问起作业的时候，孩子们时常会坦诚地对你说："我忘了。"他们这样回答时并不觉得自己有错，好像忘记做作业对于他们来说并不是一件奇怪且无法理解的、让人惊讶的事。当孩子入迷地看着映在班级墙上的树影在太阳光圈里摇曳时，是听不到你在课上讲了什么的。此时，你也不要感到惊诧。没错，事实上确实听不到——他被童年之河席卷着前行，对时间的感知和成年人完全不同。别对他大喊大叫，也不要让他在全班同学心中留下不听话、调皮好动的坏印象，这是完全没必要的。应当悄悄地走到他面前，拉起他的手，将他从奇妙的童年的独木舟中引领到全班共同乘坐的知识快艇上来。有时，也不妨跟着孩子一起乘坐他的童年小舟，陪他待一会儿，试着从他的视角来看待这个世界。请相信，如果你真的学会了这么做，那么将会避免许多时常发生在校园生活中，因为互不理解造成的矛盾与争吵。比如教师不理解孩子们在做什么、为什么要这么做，而孩子也想不通，教师究竟希望自己做什么。

作为一个成年人，我也会被一些有趣的事物所吸引，并且很难放下这件使我着迷并带来愉悦感的事情。但潜意识的深处有种念头使我不得安宁，那就是没有人会替我完成工作。这种潜意识发出的信号会帮助我们合理地控制时间。而孩子们缺乏这种控制力，因此他们会忘记时间。这就需要教会他们如何利用好空闲时间。

可是该如何教呢？要求他们自己想着时间，或者直接指出当他们沉迷于某事就会忘记学习，不让他们接触有趣的事物吗？

这样做是万万不行的，不能违背儿童的天性。教会他们利用空闲时间，意味着要努力使那些儿童感兴趣的、令他们惊奇的事物同时成为他们培育智力、陶冶情操以及全面发展必不可少的东西。换句话说，孩子们应当花时间做一些有趣的事，这些事要有助于培养他们的思维，丰富他们的知识和技能，同时还不能破坏童年的趣味。给孩子创造自由时间，不意味着让他们想做什么就做什么。放任自流会使他们养成无所事事、疏忽懈怠的坏毛病。

不需要靠解释来教儿童利用自由时间（年龄小的孩子也不懂这些解释），而是要靠组织活动、示范和集体劳动来进行教育。

33. 引领每个学生到兴趣的源头

请认真想一想，你的每个学生是在何处、如何利用他们的自由时间的（注意并不是度过，而是利用），并且是要合理地利用。

这里我又要提到书籍了。阅读应当是兴趣最重要的源头，学校也应该成为书籍的王国。或许你在偏远的小地方工作，所在的村落与文化中心有千里之隔，学校里也有许多不足之处。但如果你身处之地有大量书籍，那么你的教育水平、所取得的成果，就可以与文化中心别无二致。不要担心孩子对书的留恋会影响他学习知识。

一至三年级必须要分别设置图书角，并在那里摆放上对孩子来说内容具有一定深度，但又富于趣味性的读物。让每个学生都能常来他人生中第一次接触到的小图书馆吧。我并不建议一到三年级，或者至少是二年级以下的孩子去学校的图书馆借阅，因为没人比教师更清楚自己的学生该读什么样的书。有时应该让学生读他当下最需要的一本书，至于具体是什么样的书，只有教师最清楚。

请记住，不管是什么兴趣爱好，如果不能够触及人的思维、精神与心灵，那么它将不会带来任何益处。我想强调一下，人生中的第一个爱好就应该是读书，并且这种爱好应持续终身。不管你教什么科目，文学还是历史，物理还是美术，生物还是数学，只要你想成为学生真正的教育者，书籍就应当是你引领他们最先去探索的兴趣发源地。

书籍也是一所学校。应当教会学生在书的海洋中徜徉。这就是为什么我建议学生要先从年级分设的小图书馆开始阅读，再逐渐利用校图书馆学习。在这件事情上绝不能放任自流。可以和孩子们一起去校图书馆，向他们介绍那里的书籍，并对学生可以借阅哪些书提出建议，再将推荐阅读书目交给图书管理员（当然，清单上的书籍应该是图书馆里已有的）。

应当引导学生去探索的第二个兴趣发源地，就是对于某一学科的喜爱。而对一门学科的热爱和智力的活跃发展，只有在拥有学生时代最宝贵的财富——可自由支配时间的情况下，才能实现。教师应该深入思考，如何在校园里利用下午的时间来“点亮”更多的发源地，从而引导学生对不同的科学领域进行更深入的探索。这里不仅指上面提过的科学小组，还包括另一种积极的活动。在这种活动中，理论知识成为创造及解决某些脑力与体力问题的主要动力。我们学校里有两个成了学生兴趣发源地的“难题室”，其中一个是关于物理和技术方面的，另外一个则涉及生物和农业技术。这里的一切工作都是学生独立完成的。高年级的学生负责管理“难题室”，它对一至十年级所有的学生都是开放的。在这里可以解决各种技术及生物方面的问题。比如，建议学生制作某种仪器的运转模型，零部件可以自由更替，做好的模型能适用于很多设备。在生物方面提出的课题则是，两年之内使贫瘠的荒地变为肥沃的土壤，在上面播种和收获，并为有益微生物的存活创造条件。

学生如何利用自由时间可以决定很多事情。请培养自己的学生拥有良好的兴趣爱好。

34. 让劳动教育学生

数十年在校工作的经验使我坚信，劳动对学生的智力发育起到至关重要的作用。学生只有亲自动手去做，才能促进自身智力的发展。

这一教学观点源自我的观察：有双巧手并热爱劳动的孩子，往往都具有思维清晰、求知欲旺盛的头脑。当然，这里指的并不是所有劳动，而是那些复杂的、有创造性的劳动，这种劳动汇聚着人的思想、精湛的技艺与本领。逐年累积的经验越发有力地证明：儿童、青少年从小到大的动手能力越强，他们就越聪明，深入分析知识、现象、因果关系及规律性的能力也就表现得越突出——这一切都有直接的联系。

我曾试着厘清这种依存关系的科学依据，为此拜读了许多学者的著作，同时还研究了教育教学过程中的各个方面以及各种不同的现象。我们尝试用劳动实践对学习有困难的学生进行智育，引导他们参加一些需要复杂实践技能与技巧的活动。这种劳动的显著特征在于，它的每个步骤与操作之间都存在着一定的关联，因此需要学生高度集中精神、专心致志、周密思考。动手操作与动脑思考之间存在着固定的联系："思考"可以检查、改正并完善劳动的过程，双手则向"思考"反馈该过程的详细情况。劳动使人的智慧得到发展，教人合乎逻辑地思考，让人能够深入了解事实与现象之间无法通过简单观察就能知晓的依存关系。

让思维缓慢且有些混乱的学生参加复杂的脑力劳动，并对他们的劳动进行长期的观察，帮助我更好地了解了思维形成的途径。我明白了，如果人在学习中遇到了困难，那么造成这个困难最主要的原因就是他们看不到事物之间的相互关系，即不擅长借助知识进行思考。劳动是能最快发现这种关联的活动，它们在劳动中能够直观地呈现出来。

经验表明，为了学生的智力发展，应当选择下述类型的劳动：

（1）设计并组装各种设备、装置及仪器的实用模型。在我们学校里，所有学习有困难的学生都去过校工厂，并在那里参加精密机器、装置、仪器和设备等模型的制作。在这里，思维发展的源泉和动力就是对事物之间相互关系的认知。有一个青年模型设计师小组，用两年的时间成功制造出了一台用于木材加工的万能机床。这个小组里共有15名学生，其中3名都是学习成绩较差的。这项劳动能够激活并发展智力，最大的特点就是可以让构想不断成熟。关于这台机床的未来构想好像总是浮现在学生眼前。组员们尝试观察在不同的设计方案中，各种零部件是如何相互作用的，以此来检验自己的构想是否正确与合理。在某种条件下将会发生什么，以前在该条件下又发生过什么——对这类问题的思考促使学生回忆过往，考虑未来，并同时对这两种情况进行分析和对比。

我认为，了解劳动过程中事物间的相互作用，是一种绝佳的、无可替代的方法，可促进思维中最为重要的、涉及因果关系、功能关系和时间关系的某些领域积极发展。这种对相互关系的思考带来的最大的价值就在于，它能够使人的思维时刻处于活跃的探索状态，并让一些与概括性思维有关的直观概念出现在人的思维视野中。这里就产生了由具体到概括的过渡，缺少这种过渡就谈不上思维。而这正是学习有困难的学生所欠缺的。

（2）选择能量与运动的传输、转换方式。这里所指的是在模型、机械、装置、仪器、机器设备等的设计与安装过程中，电能转化为机械能或热能，直线运动变为曲线或反向运动的现象。此时，思维就好像从抽象、概况的状态转移到了具体的事物——比如表象、形象和图景上来。可是怎样使概括性的思想体现在具体的实际行动中呢？深入思考这个问题能够激发学生思维的力量，促使他们在已知的事物中探索具有建设性的方案。（能量与运动的）传输、转换方式的选择，培养了观察力与求知精神（不擅长学习的学生正是缺少这一点）：学生仔细观察一件完整事物的细枝末节与各个组成部分，寻找具体事物的共通点，并学习将这种共通思想从某一具体事例带入另外一件事例中。这些都应当在手工操作与技能中展现出来。我们努力地使旨在发展智力的劳动对象处于一种能动的、变化的状态，使人能够同时成为构思者和实现这种构思的实践者。尽可能多地进行各种实验，尽可能多地动手操作，是劳动过程中培育智力的原则之一。

（3）选择材料的加工方式，选择加工所需的工具、机械及技术方法。我们努力尝试让工具与双手融为一体，并成为手的一部分。无法想象，人如果没有学会用自己的双手和思想来对劳动对象施加精密的影响，何谈培养自己灵敏的创造性思维？施加影响的过程体现了思想与手工劳动的真正结合。当人借助手工或者机械工具亲自动手对某个物件进行加工时，就会出现一种极其复杂的现象：手脑之间时刻都在进行着信号传递，大脑教手如何操作，而手的操作不断变化，又能反过来促进大脑进一步思考。在这一过程中，人的构思得到了实现，并且在逐步发展、深入、变化。此时，思路是不能被打断的。用手工工具或者最简单的机械工具对材料进行加工，是一种能够“治愈”学习有障碍的学生的良药，因为他们无法通过思考去理解这个需要耗费很长时间的劳动过程。

（4）为动植物正常的生长过程创造必需的环境，并管理这种环境。学生在这项劳动中应当做一些与农业试验相关的事情（如植物栽培、动物饲养）。这是一种让学生从具体表象过渡到概括性结论，又从概括性结论过渡到实践中去的好方法。这种劳动式教育的特点在于，人能够从思想上理解那些在不断变化的条件下长时间进行的劳动过程，并有意识地影响、改变这些条件。在我看来，农业劳动是最能启迪智慧的活动之一。在我们的青年植物学家、育种家、生物化学家、农业技术员小组中，有许多平常学习中存在很大困难的学生。他们似乎在求学的道路上遇到了无法克服的困难，但蕴含着智慧的农业生产教会了他们思考。

有一个少年实验家小组，已经连续15年以上的时间吸收学习困难的儿童和青少年在这里进行创造性劳动。他们在研究这样两个课题：通过环境条件干预种子的发芽能力和植物生长初期的生命力，通过土壤和外部条件干预结果率。

为了使双手的劳动能够培养智力，必须要经常进行阅读。因为书籍不仅能使人拥有智慧的头脑，还能让人拥有灵活的双手。

35. 如何培养学生的专注力？

我带着27名儿童来到草地上，要向他们展示不同的植物是如何传播种子的。我们要观察的那些植物生长在这片草地的尽头，为了让大家都能围拢过来仔细观察，我就要用注意力这根无形的细线拴住孩子们。植物周围还有许多各式各样的有趣事物，要是某个孩子被其中任意一件吸引住了眼球，那么这根细线就会断掉。这样一来，我所说的、所展示的，他都会充耳不闻、视而不见，因为他的思绪早已飘到了远方。比如，这边有一只色彩斑斓的蝴蝶在翩翩起舞，万尼亚、柯利亚、尼娜、娜塔洛奇卡向它投去了好奇的目光——这样一来，就有四条线断开了。要是在谁的脚下蹦出来了一只小青蛙，又会有更多的线要断了……

这种情况在课堂上也时有发生。该怎么把这群坐不住的、充满好奇心的、时刻都准备去捉蝴蝶的孩子们吸引到自己身边来呢？当你开始给学生们讲枯燥乏味的知识时，他们的脑海里已经在想一些有趣的、动人心弦的事情，这种情况下，又该怎么吸引他们的注意力呢？

对学生专注力的管理，是教学中极为微妙的，且少有人研究的领域之一。为了实现这一目标，需要深入了解儿童的心理和他们的年龄特征。多年在校工作的经验使我坚信，我们要营造、确立并保持住孩子们的一种内心状态，即高涨的情绪和振奋的精神，让孩子们感受到自己在追求真理，从而产生一种自豪感。只有这样才能吸引住孩子们的注意力。

应当用整套智育体系来营造这种状态。刚才我所提到的情绪高涨的状态，并不是仅仅通过在课堂上采用某些专业的方法，譬如挑选出直观教具，就能创造出来的。这一状态取决于很多因素，比如学生的思想水平和情感，还有他们的眼界。

对学生专注力的管理，也是教师施加在学生思想上的一种非常细微且精妙的影响。例如，我知道学生将要学习一整年的动物学，那其中不乏一些枯燥的知识，比如蠕虫的身体结构、它们的生命活动等等。如果孩子们的意识中，没有能与这些资料“挂上钩”的念头，那么无论如何都是无法吸引他们的注意力的。在这种情况下，学生的专注力受到一些常识的制约。若是以常识为背景给他们讲课，那么即便是枯燥的知识，在他们眼中也是有趣的。以学习蠕虫相关的知识为例，这些常识应当包括：有益的蠕虫（如蚯蚓）对土壤构造、植物生命活动的作用，自然界中各种现象之间的普遍平衡，以及这些现象之间隐蔽的依存关系等等。

为了让学生拿出积极的精神状态，以便他们能够在课堂上聚精会神地听我讲关于蠕虫的知识，我会让他们读一些关于自然和土壤的书。我讲解的那些一眼看上去枯燥无味的内容，实际上都是针对孩子们的思想的。我仿佛能够触碰到他们的思想，讲授的东西也能引起他们的兴趣。而这种兴趣首先是由内部的诱因与动机激发的：学生在曾经的阅读中存留于脑海里的某些想法，此刻好像被激活、更新了，并逐步向我的思想靠拢。这时，学生不再是单纯地听课、吸收新知识，而是将某些知识与现象从意识深处翻找出来，并对其进行思考。

无意注意应当与有意注意结合起来，这种结合只有当学生边听边思考的时候才会出现。实现这种结合还需要一个前提条件，那就是学生的意识中要存在着“思维的引线”，即讲授的课程中要有一些他们已知的东西。思维在理解教材的过程中越活跃，学生学得就越轻松。通过阅读培养出来的专注力是减轻脑力劳动负担的最主要的条件之一。若是学生在课堂上能够将无意注意与有意注意结合起来，那么就不会感到疲惫不堪。

如果教师不去设法让学生形成情绪高涨、精神振奋的内在状态，那么知识就无法在他们的心中激起任何涟漪，而不带情感的脑力劳动也只能给人以疲惫感。即便是最勤奋的学生，即便他有意地集中注意力来识记内容，也很快就会脱离常轨，即失去思考因果关系的能力。更有甚者，他越是拼尽全力，就越难保持住思考的状态。那些除了课本之外什么书都不读的学生，只能浅显地掌握书本上的知识，他们把这一切都归咎于家庭作业负担过重，过多的作业让他们没有时间阅读科学文献和杂志。这样就形成了一个难以破解的“恶性循环”。

众所周知，直观教具能够提高学生对课程的喜爱程度，增强他们的专注力。但直观性作为教学原则之一，具有更加广泛的意义。如果仅仅将直观教具看作是吸引学生注意力的手段，那么对于教学，尤其是对于智力培养，都是十分有害的。

36. 直观性是求知之路，亦是指路明灯

对思维施加影响，是培养专注力的唯一方法。只有当直观性对思维过程起到刺激作用时，才有助于进一步发展与增强专注力。物体本身的直观形象能够在较长一段时间内吸引人的专注力，但遵循直观性的目的绝不在于使学生整堂课都能保持高度集中，而是希望当知识掌握到某种程度时，学生能够脱离表象，在思维上由直观现象过渡到普遍真理与规律当中去。现实生活中往往会有一些无法预料的状况发生，例如直观教具的某个零部件吸引了孩子们的注意力，在这种情况下，它不仅没起到帮助的作用，反而妨碍了孩子思考教师想要引导其理解的抽象真理。有一次，我给孩子们带去了水轮机的实用模型。水流推动着叶轮转动，四溅的水花形成了一层薄薄的雾气，太阳光在这层水雾中折射出彩虹。我并没有注意到这个现象，但它却没有逃过学生的眼睛，这就导致他们的注意力完全不在我想引导他们得到的概括性结论上，而是转移到了这个有趣的自然现象上去。这堂课的效果因此大打折扣。

采用直观教学法，要求教师具有很高的科学教育水准，深谙不同年龄阶段学生的心理，并了解其掌握知识的全过程。

首先应当牢记，直观性是低龄学童进行脑力劳动的普遍原则。康·德·乌申斯基认为，儿童借助形状、声音、色彩和感觉

进行思考[1]。这一年龄规律要求幼童的思维发展应该在自然环境中进行，要保证他们能够边听边看，边感受边思考。直观性具有一种能够培养专注力和思维的力量，它赋予了知识一定的情感色彩。在视觉、听觉、知觉和思维的同时作用下，孩子的意识中形成了一种心理学上称作“情感记忆”的东西。与存留在儿童记忆中的每个观念和概念相关的不仅是思维，还有情感和体验。只有形成了发达的、丰富的情感记忆，才可能使孩子的智力在童年时期得到充分的发展。我想给低年级教师提出这样的建议：教会孩子从思维的源头，即在自然和劳动中思考问题。要让那些进入儿童意识中的词汇具有鲜明的情感色彩。直观性不仅应当贯穿课堂始终，还要应用于教育教学过程的其他方面以及学习的整个阶段。

第二，采用直观教学法，应该考虑如何将具体事物向抽象思维过渡，考虑在课堂的哪一环节就已经无须使用直观教具，学生也不应再去注意它。只在激活思维这个阶段才有必要用到直观教具，这是智育中非常关键的一点。

第三，应当先由直观的实物逐渐过渡到直观的图像，之后再过渡到物体与现象的象征性图形。到一、二年级的时候，就应该让学生逐渐摆脱直观实物法，但这绝不意味着要让学生完全摈弃直观性原则。有经验的教师会将直观性原则应用到所有年级的教学中，将其呈现在日渐复杂的工作方式与方法中。即便是十年级的学生，教师也会领着他们去森林里，到河畔边，到春花烂漫的公园中。在这些地方，学生可以细细推敲词汇的

1　康·德·乌申斯基在写给学生的《母语》一书中指出：“小不点们，如果可以这样说的话，是靠形状、色彩、声音和感觉来思考的，如果有人想强迫他们用其他方式思考，那是徒劳无意义的，会违背儿童的天性，有害无益。”（《康·德·乌申斯基文集》，莫斯科，俄罗斯联邦教育科学出版社，1949 年，第六卷，第 266 页。）

情感色彩，并进一步加深与发展情感记忆。

向直观图像的过渡是一个长期过程，不能理解为就是教师在课堂上用一只小猫的画像来代替活猫这么简单。即便图像直观法可以准确还原实物的形状、颜色等特征，但它总归还是一种抽象的概括。教师的任务在于，使用图像直观法时，要引导学生逐渐过渡到更为复杂的概括性结论中去。教孩子理解象征性的图形，比如简图和表格，是尤为重要的。它们对于发展抽象思维有着重要的意义。借此我想谈谈关于黑板的使用方法问题。

黑板并不仅仅是为写字而存在的，它还可以供教师在叙述、阐释、讲课的过程中，在上面画一些简图、表格或者平面图。不管是上历史课、动植物学课、物理课、地理课还是数学课（大约80%的历史课，90%的动植物学课和地理课，100%的物理课和数学课），我几乎都用彩色粉笔在黑板上画过图。我认为，不这样做就无法呈现抽象思维的发展过程。直观图像在我看来不仅是让表象和概念具体化的手段，也是从表象世界进入抽象思维世界的方法。

直观图像法也是一种进行自我智力培育的方法。我教的二、三年级的学生们总是把算术练习本分为两部分：左半边用于解题，右半边用于画这道题目的简图。学生在解题之前先要画出图解。教会学生画图，就意味着保证他的思维能够顺利地由具体过渡到抽象。孩子们从画物体开始（比如苹果、篮子、树、小鸟等），然后过渡到画简图，即用一些方块和圆圈来表示这些实物。我十分关注学习较为困难的学生如何去画图解，因为要是不用这种教学方法，他们很难学会解答习题、思考题目中所给的条件。要是孩子们学会了画图，我就有信心，他们一定能够解答出这些题目。个别学生无法在几个月的时间内学会用图像表示题目中的条件，这意味着他们不仅缺少抽象思维，也不会通过形状、声音、色彩和感觉来进行思考。这时应该先教给他们形象的思考，再慢慢过渡到抽象的思考。

如果您教的低年级学生中有学不好数学的，试着教他用画图的方法解题吧。应当引导孩子们从清晰的形象过渡到它们的象征性图形，再去理解事物之间的关系与依存性。

第四，由直观图像逐渐过渡到词汇的直观形象。用词语表示形象是由用形状、声音、色彩和感觉进行思考，过渡到用概念思考的一个阶段。经验丰富的、小学低年级教师可以用词汇创造出无法直接展示给学生的东西（比如北极冰群、火山爆发等等），还能够用词汇创造出能够在大自然和我们周围的人类劳动中观察到的事物。这种词汇的形象对于形成情感记忆、丰富心理学上所说的内部语言，具有十分重要的意义。

这里，还要再次谈到对学习有困难的学生的教育问题。经验表明，他们的智力发展很大程度上取决于由形象思维过渡到概念思维需要花费多长时间，经历怎样的步骤。个别落后的学生始终停留在一种似乎毫无希望的状态上，教师不知道该对他们做什么，也不知道该如何唤醒他们的思维。产生这种现象的主要原因是，这些学生没有经过长时间的形象思维的锻炼，教师就催促他们尽快过渡到抽象思维，而学生们完全没有做好这种准备。因为这类学生无法将自己的例子与费了很大力气才背会的规则联系起来，而这就是形象思维与概念思维脱节的后果之一，也是教师操之过急所带来的坏处。

第五，直观方法应该能使学生的注意力集中在最主要、最本质的事物上。

再重复一遍：直观性原则的使用要求极高的技巧，并需了解学生的内心与思维。

37. 给新入职教师的建议

我还记得，刚来学校工作的头十年，感觉时间过得特别慢，后来就快多了。现在则觉得，新学年刚刚开始，就好像要结束了。我说出这点私人体验是为了告诉新入职的老师一个重要的道理：年轻时，不管工作多么紧张、繁忙，总要腾出一些时间逐步积累我们的精神财富——教育的智慧。要记住，你从教生涯的第二十个年头会不知不觉地到来，人生也会进入第五个十年。到那时你就会觉得时间不够用，然后只能辛酸地抱怨："唉，早知今日，年轻时就该这么做，老了工作也能轻松点。这活还要再干二十年呢！"

年轻时都要做哪些事，到暮年才能不会后悔呢？

要做的事情有很多。首先，要一点一滴地积累身为教育者应当具备的精神财富和教学智慧。你面前有一条漫漫人生路，在这条路上会遇到种种令人意想不到的命运。有好奇心的年轻人会将目光投向你，向你寻求这些问题的答案：该怎样生活？幸福要去哪里寻找？真理在何方？为了回答这些问题，就需要了解人类追寻真理、渴望人类理想能够顺利实现的辩证发展过程。还需要用心去理解、感受共产主义理想及其在生活中的体现，因为共产主义是人类为了争取美好明天而奋斗的最高目标。

为了成为一个真正的教育者，要用全部生命去理解科学共产主义理论，用马克思列宁主义世界观的精神进行自我培养。请记住，要让自己学会用共产主义的眼光看待这个世界，看待群众，需要花费很多年的时间。在你的私人藏书中，应该有马克思、恩格斯和列宁的有关社会、革命和教育的重要著作。用共产主义世界观来培养自己，不是背会马列主义经典著作中的句子那么简单。我再强调一遍，这首先意味着，要学会用共产主义的眼光看待世界和人。

年轻朋友们，我想和你们分享一下，从过去到现在，我是如何从马克思、恩格斯和列宁的著作中寻找到解决实际工作中最为复杂问题的答案的。每个人都有自己独一无二的个人世界，这些人的命运在我面前不断地展现着。我认为自己最重要的教育任务就在于，要在每个人的世界中实现共产主义理想，并把其独特的、个性的特征展现出来。每一次，当我发现某个独一无二的命运中出现了极其细微的变化时，就会深刻感受到，有必要反复思考共产主义者的标准是什么、理想形象是什么，要知道马克思、恩格斯和列宁正是以共产主义者之名生存、奋斗的。形象地说，要是没有一遍遍探索马列主义奠基人关于人的睿智思想的海洋，我就无法深入思考具体的人生命运。他们的著作就是共产主义人类学的百科全书。这种睿智思想帮助我们理解共产主义理想发展的逻辑，比如关于个性全面发展的概念。马克思、恩格斯和列宁的著作能使我看清那些培养个人兴趣与才能需要依赖的种种错综复杂的条件。因此，虽然在图书馆里可以很容易地借到任何书，但我还是建议你要有自己的藏书。私人藏书是我最好的老师。每天我都要向它请教：真理在何处？我该如何认识真理？如何将人类创造、积累和收获的道德财富，从老一辈人的精神与心灵中传递给正在成长的年青一代？书籍就是我的人生导师，我还会每天询问它：

该如何生活？如何才能成为学生的榜样？怎样才能让理想的光辉照亮他们的心灵？

年轻朋友们，我建议你们每个月都要买三类书：第一类是关于你所教授学科的基本科学问题的；第二类是写青少年楷模人物的生平与奋斗史的；第三类则是关于人——尤其是儿童、青少年——的心灵的书籍。

你的私人藏书中应该有这三类书籍，你也应该逐年丰富自己的学识。在执教的第一个十年马上就要临近尾声时，如果你感觉到，此时此刻，教科书就像识字课本那样简单，那么可以说，你已经做足了为上好每一堂课而奋斗终生的准备。

只有每天不断充实自己的知识，才能在授课过程中看到学生脑力劳动的变化：这时你关注的应该不再是书本上的内容，而是对学生思维的思考。这是教师教学的最高造诣，你要朝这个目标努力。

请去找找像宝石一样珍贵的，关于杰出人物生平与奋斗史的书，比如费利克斯·捷尔任斯基和谢尔盖·拉佐、伊万·巴布什金和雅科夫·斯维尔德洛夫、尤利乌斯·伏契科和尼科斯·别洛扬尼斯等。请把这些书放在你的私人藏书中最显眼的位置。要记住，你不仅是一名普通的老师，更是一个教育者，是学生的人生导师，也是道德的引路人。

还要用心理学方面的作品来丰富自己的私人藏书。教育者应当是受教育者的知心朋友。每当我听到或读到“因材施教”这个说法时，它总会在我的意识中与“思考”这个概念联系起来。教育，首先要有活跃的、充满好奇并乐于探索的思维。缺少这种思维就不会有新的发现，哪怕是极其微不足道的发现。而要是没有发现，就谈不上教学的创造性。要记住，众多心理学规律中的每一条都能够在无数人的命运中得以体现。我深信，师范院校的毕业生要是想成为真正的教学能手，就必须要在自己的整个教育生涯中钻研并不断丰富心理学方面的知识。

在你的整个教育生涯中，你应该一直都是一位教育者。而教育需要美与艺术相辅。如果你会演奏某种乐器，那么身为教育者你就拥有很多优势；要是再稍有一些音乐天赋，你就可以成为教育过程中的主宰者。因为音乐可以拉近人与人心灵的距离，能够让学生在教育者面前展现自己内心深处最隐秘的角落。要是你并不会演奏乐器，那就应该掌握另外一种更为强大的能影响人心灵的武器——文学作品。请用这些作品来创造并丰富自己的私人藏书吧。根据你所教学生的年龄，每年买几十本书，它们可以帮助你更好地靠近学生的心灵。别忘了，你的学生读过，并用他们求知的智慧与敏感的心灵所感知的这些文艺作品，每一个都能够成为道德天平上的一个小砝码。你只要在其中一端加上它，就能使这个天平向你需要的方向倾斜。而这单靠教师往往是无法做到的。在充实自己的藏书时，你应该记住一件最主要的事：那些你想要给孩子读的书里面，要蕴含着教他们如何生活的道理。书中的人物要能吸引并鼓舞你的学生，使他心中坚信人是伟岸而强大的，共产主义思想是正义与真理的最高理想。每当我去书店挑选、丰富自己的教育藏书时，我都会考虑到哪本书适合哪个学生阅读。

请记住，教育首先要小心翼翼、思虑周全且谨慎地触碰年轻的心灵。为了使这一过程能够富于艺术感，教师就应当多读多思。每本读过的书都应成为你精进教学技巧的一件新工具。

教师还需要有十分细腻的美感。你要热爱美、创造美，并保护自然界和孩子心灵中的美。要知道，如果你喜欢种植、栽培树木，能满心欢喜地到蜂箱前面去，想听到蜜蜂在你亲手种的枝繁叶茂的树木中嗡嗡叫，就意味着你可以走上通往心灵的捷径——在创造美的劳动中进行心灵交流。

你在学校工作的每一年，都要不断丰富自己的教学实验室。教师应当有充足的题库与例题，其中既包括针对全班同学的，也包括针对个人的习题。这些题目应该逐年收集，并根据大纲的各专题整编成册。我知道一些有经验的数学教师，用15年的时间编成了独一无二的成套的代数与几何习题。这些习题在对学生进行个人指导时是非常适用的。

38. 给一年级准教师的建议

假设你现在正在小学里教三年级，不久就会去教一年级的学生了。此时那些学生的年龄都在5岁半到6岁之间，正在接受来自家庭和幼儿园的教育。当然，也有一部分孩子在学前仅仅接受过来自父母的教育。在这段离上学还有一到两年的时间里，学龄前儿童受到的教育如何，会决定今后的许多事情。你应该清楚地了解自己未来的每一个学生。

怎么才算是了解儿童呢？

首先要对他们的健康状况有一定的了解。在入学的一年半前，我就已经有未来学生的名单了。我清楚地了解他们家长的情况，能够借此推测出哪些疾病可能通过父母遗传给孩子。当然，要由医生来检查这种推测的准确性。这样一来，我就掌握了这批学生最重要的身体状况，其中包括神经、呼吸、心脏、消化和视听几大系统。

不了解学生的健康状况就无法进行正确的教育。三十年的执教经验使我确信，要根据健康状况的不同，对每个学生采用区别对待的态度，还要采取一整套的保护措施，来爱护、增强孩子的健康。除此之外，教育应当能够帮助人们治愈那些往往在童年时期就产生了的疾病。对有心血管疾病的儿童需要采取特殊的教育方法，也需要专门的医疗教育。

我认为，良好的家庭关系有助于预防儿童疾病，如果儿童出于各种原因已经生病了，那这对于他的治疗康复也是有好处的。了解这点非常重要。家庭对孩子的神经系统和心脏状况影响特别大。对那些在充斥着叫喊、责备、凶狠、不信任和辱骂等环境中长大的孩子，很难进行教育。他们的神经系统往往处于过分紧绷的状态，并很容易感到疲劳。有这种神经机能疾病的孩子需要得到细致的照顾，要经常关心他们。给他们上课、教育他们，都需要采用专门的医疗教育法，预防不良刺激，防止他们从一种情感状态急剧地转移到另外一种情感状态上。

我建议准备在一年级任教的老师们在孩子正式入学前一年半（有可能的话，两年更好），就将家长们集合起来（并且强调父母都要到场），同他们谈一谈家庭关系的问题。因为良好的家庭关系能帮助孩子形成健康的神经系统，从而形成积极的、充满阳光的道德和心理品质。

家庭的学习氛围对孩子的成长有至关重要的作用。孩子的综合发展与记忆力在很大程度上取决于家庭成员有哪些蕴含智慧的兴趣爱好，他们读什么书，思考哪些问题，在孩子的思想中留下了哪些痕迹等等。请告诉你学生的父母，孩子的智慧取决于他们的兴趣爱好，取决于书籍在家庭精神生活中占据着什么样的位置。

我深信，至少要花一年的时间来研究每个孩子的思维，只有这样才能上好一年级学生的课。

39. 怎样研究学龄前儿童的思维?

人有两种基本的思维类型：一是逻辑分析思维，亦可称作数学思维；二是艺术思维，即形象思维。伟大的生理学家伊·彼·巴甫洛夫提出的这种思维分类，对于解决儿童的智育问题、培养他们的个人爱好与才能具有重要意义。九月，挑个晴朗的日子，带着刚上学的孩子们一起去探索秋天的森林吧，你很快就会发现，这两种思维类型是如何在孩子们身上得到鲜明体现的。初秋的森林总是能吸引住孩子们的目光，他们对这里十分痴迷。当孩子产生了诸如激动、震撼、惊讶等情绪时，证明他们正在对周围的世界进行逻辑与情感的认识，也可理解为理性认识与感性认识。天空湛蓝悠远，树木纷繁多彩，森林边缘与密林深处都染上了初秋的绚烂——这一切都在吸引着孩子们的注意。但是他们看待周围世界的角度却不尽相同。仔细观察，你会发现，看待事物的两种方式就是这两种思维类型的体现。一部分孩子会被自然的和谐之美深深吸引，他们被这种美所震撼，并将周围事物作为一个有机整体来看待。他们观察日出，欣赏被绚丽的秋日色彩所装点的树木，探索披着神秘面纱的密林。但这一切对孩子来说，就像是多种乐器演奏出的复杂和弦，他们不会去仔细分辨其中的某一音色，正如他们不会从周围世界里区分出某个细节一样。当孩子们被一种事物或现象吸引时，就会有一种仿佛所有自然的和谐之美都集中在此的感觉。比如，当他们注意到了一片蔷薇花丛，其中缀满了琥珀色浆果，挂着银光闪闪的露珠，那么此时，在他们眼中除了这片花丛，再也没有其他什么了，好像整个世界的美好都集中在了这个造物主的杰作上。

这就是对周围世界的艺术认知或形象认知的最为典型的特征。具备这种认知的儿童会兴致勃勃地讲述他们所见到的东西，在他们的讲述中，事物都具有十分鲜明的形象。这类儿童通过画面和形象，即色彩、声音与动作进行思考。他们对周遭环境中悦耳的声音十分敏感，或者通常来说，他们善于感知自然中的一切美好。在他们的认知中仿佛存在着情感元素，比起靠理性认识世界，他们更倾向于用心灵了解世界。请注意，这会对孩子学习过程中的脑力劳动产生一定影响。体现出明显的艺术思维倾向的孩子们，往往对文学有浓厚的兴趣，热爱阅读，会被诗歌作品所吸引。但在数学方面他们通常并不擅长，无法取得好成绩。

对于另外一类孩子来说，仿佛不存在什么自然和谐之美。可以想象一下，在暖意融融的秋日里，夕阳渐渐消失在松林边缘的画面：天边燃烧着深红色的晚霞，钢铁般坚硬的树木静静伫立，斑斓的色彩在池塘平静无波的水面上嬉戏……但在学龄前儿童这个群体中，总会有无法感受到这种美的孩子。他会问：为什么太阳落山时会变成红色的？晚上它藏在哪儿？为什么有的叶子到了秋天会变成红色，有的变成橙色，还有的变成了黄色？为什么橡树叶子直到初冬前都能常青？他首先是从逻辑、因果关系，而不是从形象方面来看待这个世界的。这就是逻辑分析或数学思维的体现。具备这种思维的孩子，很容易找出事物或现象之间的因果关系及相互依存性，也能从思维上理解由于种种关系纠缠在一起的事物及现象。他们可以轻松掌握一些抽象的概念，并对钻研数学以及其他精密学科有浓厚的兴趣。这类孩子认为对抽象概念的逻辑分析是十分有趣的，就像具有艺术思维的孩子对鲜明的形象感兴趣一样。

这两种思维类型都是客观存在的，教师应该弄清楚，在每个学生身上，哪一种类型占优势。这在对孩子的脑力劳动进行教学指导时具有重要的意义。教会孩子思考，发展他们的思维，就意味着既要培养他们的形象思维领域，也要发展其逻辑分析思维领域，不能有片面性。与此同时，教师也要尽量使每个学生的智力发展方向能够最大程度地符合他的天资。

儿童的思维在速度方面也有所差异，也许可称之为思考的快慢程度。

一部分孩子的思维非常活跃。他刚开始想蜜蜂是如何从花朵中采蜜的，教师就介绍了花的复杂结构，于是他的思维就很快转移到了别的事物上。或以做算术题时的思维为例，这类孩子能够很快地在思维上掌握题目中所给的一切条件：篮子、苹果、园子里的树……而另一类孩子的思维模式则完全不同，我想称这种模式为“稳定集中型思维”，即如果注意力放在了某件事物上，就很难转移到另外一件上。当他们深入思考一个问题时，就会忘了其他的问题。比如思考每公斤苹果多少钱时，他就会忘记考虑每个篮子里有多少斤苹果，一共有几个篮子。教师有时会错误地认为，这种思维特点是智力发展的反常现象。事实上，无论是具有形象思维，还是具有明显逻辑分析思维的孩子，都会在脑力劳动过程中出现思维迟缓这种现象。教师有时还没搞清楚状况，就对孩子的智力发展做出完全错误的草率判断。尤其令人难过的是，教师常对思维过程有明显迟缓的孩子有误解。他们往往聪慧且灵敏，但由于思维较为缓慢，就引起了教师的不满。孩子因此变得焦躁，思维也仿佛麻木了，让他完全无法继续思考。

在进行教学前，教师就应当看到并了解这些知识，而且这个时候研究儿童的思维特点是更为容易的。我建议在一年级任教的老师们，在第一学年最好组织 20 到 30 次这样的活动——带领学生们到思维的源头，即大自然中去。让他们在自然环境里观察种种鲜明的形象并看到现象之间的因果关系。在孩子们被美景震撼的同时，也会进行思考、分析。

40. 如何发展儿童的思维与智力？

如何培养学生的头脑，发展他们的智力，在我看来，是十分尖锐且少有人研究的教育问题之一。传授给学生知识只是智育的一方面，不能将它与智育的另一方面，即智力的形成与发展分离开来研究。发展思维与智力，就是发展形象思维与逻辑分析能力，这也是影响思维灵活性和消除思维迟缓的过程。

多年经验表明，专门的思维训练课是必需的。学生在上学前应该常去上这种课。从一年级开学起，思维课就应当成为智育的一部分。这门课程教学生生动、直接地理解周围世界中的形象、图画、现象和物体，也教他们分析逻辑、获取知识、锻炼思维、探寻因果。

如果你想教会头脑较为迟钝的学生思考，就要将他们引领至思维的源头，让他们观察一系列因果相连的现象。在从思想上理解这条因果链，并努力记住一些知识、事物以及它们之间关系的过程中，思维缓慢的儿童正进行着无可替代的思维锻炼。这一系列现象中接连不断的发现，仿佛在孩子面前点燃了思想的火花，促进着思维运动的过程。火花一经点燃，孩子们就会想知道得更多，想从思想上深入研究新的现象，这种想法和愿望也会成为助力，加速推动思维的过程。

41. 如何培养记忆力？

记忆力的培养，也是教育实践中一个尖锐的问题。或许，我们每个人都会对健忘的孩子无可奈何：他今天记住的事，明天就忘了。在此，我想凭借实验数据和经验，提出一些关于培养记忆力的建议与方法。

学生靠自身努力和顽强的意志力获取的知识越多，逻辑认识越深入地触及情感领域，他的记忆力就会越强，新知识在头脑中就越有序，根也扎得越牢固。

在开始记忆以前，学生应该先进行我曾提到过的思维训练。需要记忆的任务越复杂艰难，对思维、思想和智力的培养就越需要细致耐心。如果孩子只能看到事物及现象显而易见的表面，在深入研究事物的本质时，也没有任何发现，那么即便他们发现事物之间有出人意料的相互关联，也不会觉得惊奇。这样的孩子往往很难有好的记忆力。

我坚信，在孩子还未能在课堂及生活中做到熟背、熟记前，需要尤其关注对他记忆力的培养。学龄前阶段和小学时期是为牢固的记忆力打基础的好时机。这期间应该关注的是让孩子不用通过刻意背诵或记忆，就可以掌握周围世界中各种现象及规律的重要原理，也就是在直观的观察过程中逐渐掌握。

为什么孩子上小学的时候成绩不错，之后就一路下滑呢？我们每个人遇到这种奇怪的现象时都可能会感到束手无策。为什么会出现这种情况呢？原因之一就在于孩子小学时期，缺少以发展思维、培养智力、为记忆力打基础为目的的针对性工作。这一阶段应该为孩子的记忆力打好基础，这个基础就是在教师的指导下，让孩子通过对周围世界的直观认识来获得、掌握知识。

42. 请保护并发展青少年的记忆力

死记硬背无论何时都是有害的，这种做法在青少年时期尤不可取。在此阶段，死记硬背的方法是十分幼稚的，会让成年人停留在孩子气的状态，并使他头脑迟钝，无法形成个人才能和爱好。死记硬背的不良产物之一，就是书呆子气。实际上，这是把教小孩子的方法，用在了对青少年的教育中。这导致了青少年试图用幼稚的思想去掌握一些严谨的科学知识，并造成了知识与生活实践脱节、精神生活和社会生活领域受限的不良后果。

造成这个后果的主要原因之一，就在于青少年用孩子的方法去掌握知识：先将知识点逐一背下来，然后再把背会的知识原封不动地倒给老师，以此来获取分数。过多的有意记忆，只会使人变得愚蠢。

把“书呆子气”逐出校园是教育的重要任务之一。但如果在中、高年级的学习中，偏偏有相当一部分内容就要求学生坐下来背诵，没有什么能耍小聪明的地方，不然就什么都学不到，这种情况该怎么办呢？

处理方法只有一种：确立有意记忆和无意记忆之间的合理比例。如果将需要八年级学生刻意去背的内容数量记为x，那么，与此同时，他要思考、理解的内容的数量就应当翻倍，可记为3x。而且，已熟记并背诵过的知识点和只需思考而无须专门背诵的内容之间，应该存有某种关系——不一定是直接关系，但最好是能用某种问题连接起来的关系。例如，解剖学和生理学是研究人的神经系统的，这部分大都是新知识，且几乎需要全部背诵。为了不让学习变为死记硬背，我建议学生们先去读读关于人体的一些饶有趣味的书籍，比如：关于人体各个系统的，关于神经系统的，以及一些杰出学者的研究成果的……在这个过程中，学生们会无意间记住许多他没有刻意去记的东西。这完全就是另一种记忆了，这种记忆就是无意记忆，它与刻意识记教科书有本质上的区别。这种记忆建立在浓厚的兴趣、思考与爱好的基础上，认识中的情感因素起到了很大作用。阅读有趣书籍时产生的无意记忆，有助于激发人的思维。思维越活跃，能够储存、再现大量知识的有意记忆能力就越强。如果人思考的知识比课本上要求背诵的知识多好几倍，那么此时的背诵就不能算是死记硬背，而是成了一种理性阅读和思考分析。多年的经验使我相信，要是有意记忆能够建立在无意记忆、阅读和思考的基础上，那么学生在学习教科书时就会产生许多问题。他们知道得越多，不懂的地方就越多；不懂的地方越多，学功课就越容易。

有意记忆和无意记忆之间合理比例的确立，首先取决于教师。作为教授孩子基础学科的老师，你的身份不应该只是知识的传授者，还应该是学生思想的主宰者。你所讲授的新知识应当成为一簇火花，能够点燃孩子们的好奇心和求知欲。听完你的课后，学生就应该有强烈的愿望，想去读一读你提到的书。他会对这本书念念不忘，并且无论如何都要找到它。

由此可见，青少年记忆力的发展，取决于中、高年级教育教学过程中所培养的智力水平的总体发展。

43. 培养孩子对绘画的热爱

学生的智力发展与他小学时美术课是怎么上的，教师将绘画摆在教学过程中的何种位置，有直接关系。在给小学生上课期间，我发现，绘画是一种能够发展他们创造性思维和想象力的好方法。我深信，绘画是儿童通往逻辑认识的必经之路，更何况，绘画还有助于发展他们对世界的审美观。

开始的时候，我会先教孩子们写生。我们画树木、鲜花、河流、动物、昆虫和鸟，不管构图如何简单，画中都能够体现出孩子认知、思维和审美的个人特征。有一次，我们去长着三叶草的田野画画。有的孩子试图将鲜花盛开的田野、云朵、蓝天和唱歌的云雀都画在纸上，另外一些孩子只画了一株绽放的三叶草，花瓣上面还停留着小蜜蜂。还有个小女孩用一整张纸画了野蜂的翅膀、绽放中的小花瓣和太阳……

我们又专门组织了几次野游，带孩子到思维的源头（即自然）中去，就是为了让他们对周围世界的认知中充满鲜明的美感。我们在池塘边画朝阳和晚霞，在草地牧场上画傍晚的篝火，还画飞去温暖地方的候鸟，也画春汛时的场景。我得到了一个令人开心的结论：把那些使人激动、赞叹、惊奇的事物画出来，就是一种独特的审美体验。当孩子们画那些体现美的事物时，对美的感受就仿佛需要用文字表达出来，这也激发了他们的形象思维。

我循序渐进、一步一步地教孩子们基本的绘画技巧。学生们学会了处理光线、阴影，画透视图。一年级的时候，创造力就在儿童绘画中占据了十分重要的位置。孩子们将自己的故事以画的形式呈现出来，绘画成了创造想象力的源泉。我相信，想象力可以在绘画过程中得到发展，它与儿童语言之间存在着直接联系。毫不夸张地说，绘画可以打开人的话匣子，让那些沉默寡言、腼腆内向的孩子开始敢于表达自我。

在二至四年级，孩子们开始将绘画融入书面作业中，比如以观察到的自然、劳动现象为素材来写作文。我注意到，当孩子找不到恰当的词汇来表达自己的思想时，他就会选择画画的方法。有一个男孩，他想表达看到刺猬“仓库”里的那些宝藏时内心的惊讶之情，于是就将这些宝藏画了出来——苹果、土豆、绿油油的甜菜叶、颜色各异的落叶……

我努力使绘画能够在孩子的精神生活中占有一定的地位。在我们沿着第聂伯河去往基辅的途中，孩子们被草地、山川、丛林、远处草原上连绵的岗丘组成的美景所震撼，并尝试着用线条与色彩表现出这种美。

如果没有绘画，我无法想象地理、历史、文学和自然科学这些课该怎么上。比如，我给学生讲远在澳大利亚生长的动植物群时，不能保证每次都把所有的图片准备好，然后带到课堂上来。因此，我会把许多动植物快速画到黑板上，这样既不会打断学生的思绪，同时还能鼓励他们进行想象。在历史课上，我一边讲，一边用粉笔在黑板上画出多年以前人的服装是什么样的，劳动工具和武器又是什么样的。经验使我相信，历史教师画在黑板上的那些具有情节性的画，起着非常重要的作用。这点在四、五年级的课上体现尤为明显。例如，给学生讲斯巴达克起义时，我会在黑板上画出山巅之上起义者的阵营。这种在讲课过程中画的画，甚至比提前准备好的彩色图片更具优势。在低年级的数学课上，有时也需要将题目画出来。关于这点，我在前面已经提到过。

44. 如何训练儿童流利地书写？

读和写是中小学生最重要的两样学习工具，同时也是他们通往世界的窗口。要是无法流利、快速、有意识地阅读，也无法流利、快速、半自动式地书写，那么孩子就会像一个半盲人一样。我认为教师的一个很重要的任务就是，培养学生在三年级时（不得晚于四年级），就应该能够连贯地写出较长的单词，而且要在不看练习册的情况下，就能写出单词（甚至是短句）来。这种半自动式的书写过程，是学生学会读写、有意识地掌握知识的重要条件。学生不应该再花费时间思考该如何写某个字母、怎么把它和其他字母连起来，这样他才有条件去思考应该使用哪种语法规则、自己所写的内容是什么。流利的书写还能够渐渐培养出使用语法规则的半自动化技巧：孩子们已经不再需要考虑这个或那个单词怎么拼写，因为他们已经写过了无数遍。

快速写出字母和单词，逐渐掌握半自动式的正确书写，书写和思考并重——这些训练应该同时进行。而训练流畅地书写，首先需要对手部肌肉进行一定量的锻炼。多年的经验使我相信，这些锻炼应该早于书写进行。我所说的锻炼，是指那些需要双手同时参与的十分精细的劳动。入学前的一年，应该让孩子们多做如下种类的劳动：用小刻刀或剪刀剪纸，在木头上雕刻花纹，编织东西，设计并制作木制的迷你模型。这些精细的劳动动作，可以培养手指运动的协调性和节奏、手指的灵敏度、对小型图案的敏感性。从本质上来说，字母也是一种小型图案。

教师应当尽力做到使孩子的劳动活动成为一种审美创造。要让孩子在自己的作品中，反复使用圆形、椭圆形和波浪线，以便他们从小就能习惯精准、平稳地发力。这在很大程度上要求孩子们具备“工具的灵敏性”。

经验使我相信，要是孩子完成了足够多且精细的劳动，那么就可以说他已经为流利的书写做好了充分准备。当然，系统的书面练习也是必不可少的。

45. 教孩子用双手工作

人类的发展历史，使得那些与思维有关的、要用指尖传递思想的智慧劳动，都要靠右手完成操作。左手在创造劳动的过程中，只起到辅助作用。我们用右手拿工具、执笔，艺术家用右手创作出不朽的画作。

只用右手，就足以使人攀登上所能达到的智力水平的巅峰。但要是人们用右手操作的精细劳动，有人用左手也可以做，那么这些人的劳动技巧与艺术、智力发展都会比别人快得多。这里谈到的不仅仅是劳动教育的先决条件问题。手和脑之间有着千丝万缕的联系，这种联系体现在两方面：手使大脑得到发展，让大脑更富智慧；大脑又可以发展手，使它成为得力的创造工具、思想的武器和镜子。多年的经验使我相信，如果那些最精细的、最需要智慧的劳动，不仅用右手完成，同时也能让左手参与其中，那么上述手脑之间的联系就会增加，体现事物、过程、状态之间相互作用与联系的智慧经验，就会由手传递到脑。这一结论是通过经验得来的，它反映了一个现实存在的规律：通过双手的创造劳动去理解、掌握的相互关系，给思想活动带来了一种全新的性质——人能够用思索的目光去掌握现象间相互的关系链，并将它们作为一个整体来看待。

我在七年的时间里教7到14岁的孩子用双手工作。孩子们掌握了两种刀具的使用，学会了用左右手同时组装复杂模型，用加工木材的机床干活。我注意到在这些孩子的活动中，创造性因素是怎样逐年得到发展的。这种创造性的典型特征就是会有新的构思产生，并能展现人的发明才能。会用双手劳动的能工巧匠对于同样的现象，往往会比只用右手工作的人看到的更多。用工具加工材料时，我的学生们展现出来的最大的特点就是动作十分精细、轻柔，且有节奏感。他们都爱上了自己富有智慧的创造性劳动。

46. 给在大型学校里工作的教师的建议

对教师来说，在有几十名教员的学校里工作，要比在小型学校工作更能使自身水平得到提高。在大集体中总是会有经验丰富的教师，但借鉴他人的教学经验并非易事，这也属于一种创造。

你大学毕业，拿到了小学教师资格证。在你工作的学校中，除你之外还有16名教师。其中，有的教师被教学委员会评为教学能手，有的默默无闻，还有的会时不时地被指出一些缺点。但作为教育行业的新人，可以说每个教师，哪怕有的仅仅工作了几年，身上都有值得你学习的地方。但借鉴经验的同时也要注意节约时间。要是你挨个去听所有教师的课，那么就很难去探寻教学技能的真谛了。

我建议，要先去看看教师所教授的低年级学生的练习册。要是发现绝大多数孩子的字迹都端正清晰，文理也通顺，那么这就是一个非常直接的参考标志——在这个班里能学到很多东西。学生的练习册是一切教学工作的镜子。去听听这位老师的课，但不要只听写字课。要知道，练习册反映的是整个教学过程的结果。书写的好坏还取决于学生如何读书，读了多少书。

想要领会他人教学经验中的某一方面，就需要深入理解该教师所做的一切工作，了解学生对其所施影响的接受情况。开始的时候去听有经验的教师讲课，是为了了解他是怎样教学生好好书写。但在此过程中，你可能还会发现许多其他现象，它们与你的观察对象并无直接关联。无须为各种现象之间复杂的依存关系而困惑。要想掌握他人的经验，首先就要了解这一经验的决定因素有哪些，否则既无法理解，也不能借鉴他人的经验。要知道，借鉴成功的经验，并不是机械地将某种方法照搬到自己的工作中，而是要吸取其中的思想。要向优秀的教师学习，自己就需要有一定的信念。

比如，同事班里孩子的练习本吸引了你的注意，你发现这些学生阅读能力很强，他们能快速把握词句，能边读边思考，因此阅读就具有了鲜明的情感色彩。你仔细地研究了阅读教学法，却没有发现任何意料之外的新东西。因此你又去旁听了一节课，接着又听了很多节。你将听到的全部内容与自己的课做比较，并完全按照同事的方法去教，却发现效果仍然去之甚远。如果发生了这种情况，就请坚定地去探寻良好的教学效果究竟取决于什么。

去仔细地询问学生，尝试了解他们的家庭生活，你就会慢慢发现，良好的阅读能力取决于很多因素：比如家庭的精神生活，孩子小时候听过哪些童话故事，课外阅读情况，以及教师是否关心知识和实践技能之间的相互关系等等。从中你会得出结论，在教育事业中，没有任何一种成果只受唯一因素的影响。只要这么做就会得到这样那样的结果，这种情况是不存在的。影响一种结果的因素往往有几十个、上百个，甚至这些因素有时看起来仿佛与你所要学习、观察、研究的对象距离十分遥远，毫无直接关联。

领会优秀教师的经验可以帮助你发现在个人工作实践中，是什么在起决定性作用。

完善教学技巧，首先要进行自我教育，努力提高个人业务水平，其中最重要的是提高思维水准。如果缺乏个人思考、对自己的事业没有求知欲，那么从事任何教学工作都是徒劳无益的。

学习、观察老同事的经验次数越多，你就越需要进行自我观察、自我剖析、自我完善和自我教育。在自我观察与分析的基础上，你就会形成个人的教育理念。比如，在思考所做与所得这二者之间的关系时，你就会得出这样的结论：今天在耕耘过的肥沃土壤里播种的种子，远不是明天就能发芽的。同理，今天做的事情，通常要在几年之后才能看到成效。这是重要的教育规律之一，它要求我们以发展的、长远的目光看待问题。

47. 给单班制学校教师的建议

现在以及未来很长一段时间内，就读学生数量很少的小型学校还会存在。这种学校里只有一两位教师，实行单班或双班制教学。

如果你在这种学校工作，那么想在身边建立并保持丰富多彩的精神生活的氛围，将不是一件容易的事情。但这一点又很重要，因为如果身边的人都缺少较高的综合素养和教育素养，你可能就会走下坡路，并把自己所住的遥远小镇变为真正的穷乡僻壤。要是真发生了这种情况，那就是教师本人的过错。在最荒凉、离繁华中心最遥远的地方，也可以点亮文化、思想与创作的火种——这完全取决于你。你做的全部努力都应该用来使这火种燃得更加明亮，因为这对你学生的教养、文化和知识水平都起着决定性作用。

为了使文化与思想的火花越燃越亮，永不熄灭，你需要专程做许多事情。在偏远的居住地没有大型图书馆，但正是在这里，书籍（尤其是最新的书籍）就像空气一样重要，必不可少。

因此，可以让你学校的小图书馆从大型文化中心里规模较大的图书馆里去借书，比如苏联国立列宁图书馆、国立乌申斯基国民教育图书馆。请去读读《书评》周刊，将所有你需要的、感兴趣的书籍借阅两三周，去好好品读。我知道有一些遥远的小村庄，那里的教师常年深居简出，却在当地建立了人民图书馆，供集体农庄庄员使用。请你也认真地思考这件事情，在你的学校里建立一个大众文化基地。

在单班制学校里，孩子的课堂阅读起到了尤为重要的作用。你应当同社会各界一起，努力使校图书馆中具备一切儿童需要阅读的书刊。即便在最小、最偏远的学校，也应当有一些可供借阅的、被列入世界儿童文学宝库的书籍。只要教师对孩子满怀爱意且自身勤勉，这件事就并不难办。我相信，即便在这种远离繁华的偏远学校，也可以创造条件，使阅读成为学生精神文化的重要源泉。

还应当考虑购买电影放映机和幻灯机，及时订购最新的教学用电影和幻灯片。

作为在规模小、位置偏远学校工作的教师，你应该时刻与大型村庄、城市里的好学校保持联系，这点是很重要的。我建议你每年去这样的学校两到三次，拜访自己的同事，并进行为期三到四天的学习。你应当去旁听教师讲课，并与他们交谈。你要去亲眼看看每个善于思考、有创造力的教师，他们所追求的、所渴望的成果是什么。当你对学生成绩进行评定时，就能够以这一成果（学生的知识、能力与书面作业）为准绳。如果可能的话，邀请一位最优秀的同事来你的学校看看，哪怕只有两天时间。

到了春天和初夏时节，应该带着学生一起去远游，让他们看看城市的生活，还要去工厂、印刷厂参观。要把每次旅行的机会利用起来，使校图书馆、校影片库的资源更为丰富。

夏天也不要一直待在学校里，要去大城市旅行参观。可以这样规划自己的行程，让自己有机会在偏远学校执教期间，能够到莫斯科、列宁格勒和一些其他大的文化中心去。同时，还要使自己的旅行充实起来，到剧院、音乐厅去，看看我国杰出演员的表演。当然，我还要再强调一次，不要忘记买些好书。

我还建议你去旅行几次，看看乌拉尔、西伯利亚、阿尔泰、中亚、高加索，还有俄罗斯北方的阿尔汉格尔斯克州、诺夫哥罗德州……你可讲的东西越多，对学生施加影响的教学方法就会越丰富。

48. 教师需要制订哪些计划?

教师有时会被一些本不必写作的东西压垮，这是个十分尖锐的问题。但也存在另一种状况，即在批判“官僚主义文章”的热潮中，一些教师得出了这样的结论：什么计划都不用写。

这两者都不正确。应该把对工作有帮助的东西记录下来。

对于低年级的教师来说，制订一些关于未来几年的长远计划是很有必要的。这些计划里应该包括哪些内容呢？根据个人经验，我认为应当含有如下几方面：

（1）学生在小学期间，应该阅读的文学作品清单。当然，这条计划只有在校图书馆里有必需的儿童读物时，才能得以实现。

（2）孩子在学校里要听的音乐作品（学校里最好能有一间音乐室）。

（3）与学生谈话时要用到的绘画作品。

（4）要求学生背诵的文学作品片段。

（5）最低词汇量，即要求学生在小学阶段牢固掌握并永久记住写法的词汇。

（6）有助于拓宽学生视野的热门科普书籍和手册清单。要特别注意，针对思维活动过程较迟缓儿童的书籍与手册，应当单独区分出来。

（7）思维课的主题，即组织孩子们去思维与母语的发源地旅行。

（8）学生在小学期间需要写的作文题目。

（9）教师与学生将要制作的直观教具的大致清单。

（10）小学期间要组织的旅行参观。我建议中、高年级的任课教师也要制订这项长远计划。当然，这需要考虑自己所授科目的特点。比如，教生物的教师可以组织学生去自然中进行观察，让学生对必须要掌握的概念有初步的认识；地理老师可以将必背的术语列入参观计划；物理教师可以将参观工农业劳动列入计划。

这些长远计划是一项十分重要的参考标准。教师每年在翻阅、思考这些计划时，也是在进行自我检验：哪些是已经做到的事，哪些事有待去做。同时，还能够根据计划的完成状况，来判断学生知识掌握的情况。

每位教师还应当制订专题计划与课时计划。专题计划是根据大纲规定的某一主题的课时数制订的，只适用于花2到5节课时间就能完成的小专题。专题计划里应当写明，课堂上需要如何学习、学习什么，不要对所讲述的内容进行大篇幅摘抄。教师应该将传授给学生的知识牢记在脑中，而不需要做过于详细的记录。专题计划应当是一种教学法的预见和论证，而不是详尽的纲要。计划中应该体现出对教材进行了创造性加工的东西。比如，检查家庭作业时学生需要回答哪些问题，学习新内容时有哪些需要独立完成的作业等等。通常，给学生布置的作业和习题不必写到计划中（教师经常把它们写在专门的小卡片或者笔记本上）。

在写有专题计划的笔记本上，有必要留出一定的空白，以便在发生某种无法预知的偏差时，能对原计划做出适当的修改。

有些教师认为，制订课时计划要比专题计划更有意义一些。他们仔细思考主题、做出初步计划，但这个计划只是针对一节课的。每个教师都可以按照自己觉得最适宜的方式去做。重要的是，要以长远计划为目标，不要忘记自己的最终目的，要经常去研究、思考教学大纲及其补充内容，并将之与个人计划进行比较。

担任班主任的教师，还需要制订教育工作的计划。关于这一计划，在后面关于教育问题的建议中将会提到。

49. 关于教师日志的建议

我建议每位教师都要去写写教学日志。这并不是有某种形式要求的正式文件，而是私人的随笔记录，会对教师的日常工作有所裨益。日志是思想和创造的源泉，那些写了十年、二十年，甚至三十年的日志，本身就是一笔巨大财富。要知道每位勤于思考的教师，都有一套自己的教育体系与教学技能。要是一位有高超教学技巧的、极具创造力的教师，在结束一生的创造活动时，多年劳动、探索得到的成果也与他一同长眠，那么我们将要损失多么珍贵的教学财富啊！我甚至想将教师日志放在教学博物馆、科学研究院里，当作珍宝一样收藏起来。

我自己已经写了 32 年日志。当我第一天成为小学教师，开始从事教育事业时，就有一件事情引发了我的思考。那时我们村子里有一位医生，人人都觉得他是个怪人。有一回我看到这个怪人是如何一边给即将入学的小孩子测量身高、体重，一边仔细将这些数据记录下来的。我们攀谈了起来，发现他已经做了 27 年的统计，我深深地震惊了。

“您为什么要记录这些数据呢？”我问道。

“这是一件很有趣的事。”医师这样回答我，“看，现在的孩子要比 27 年前的那批普遍高 4.5 厘米。哎，要是我还能再活 30 来年就好了……”

当时从未有人考虑过儿童加速发育的问题。战争开始时，医师生了重病，他将自己的记录交给了我。而我从在校工作的第一天起，就开始记录孩子们的身高和体重，记录他们的智力发展状况。现在，我掌握着这个村子 59 年来一批批孩子们的发育资料，在我看来，这些数据是最为珍贵的。

32 年来，每次开学的前两周内，我都会将有关儿童视野、知识情况的数据记录下来。孩子们需要回答一些相同的问题：请从 1 数到 100；说一说你知道的动植物、鸟类；说说你知道哪些机器，它们是干什么用的……

这些问题的答案，我认为也很珍贵。有趣的是，1935 年时，在 35 名一年级的学生中，只有一名可以数到 100，五名能数到 20（当时上一年级的都是八岁的孩子）。到 1966 年时，36 名学生中，有 24 名能数到 100，剩下的 12 名也分别可以数到 20、30 或 40（这些是七岁的孩子）。孩子们对机器和工艺流程的知识逐年增加，但遗憾的是，有关动植物、鸟类的知识，他们知道得越来越少了。

1935 年时，35 名学生全都观察过夏日的朝霞，能够描绘日出的景象。到了 1966 年，36 名一年级学生中，只有 7 名见过六月的朝霞与日出。

我还在日志中记录了这样一些内容，比如学生的家庭藏书有哪些，他们双亲的受教育程度如何，父母花了多少时间来教育自己的孩子等等。将这些资料进行比较，也是一件有趣的事。

日志中很重要的一部分是关于学习困难儿童的记录。发现他们的行为以及课堂内外脑力劳动中最细微的变化，我认为是十分重要的。将观察到的东西记录下来，对教师工作也很有帮助。考虑到有些孩子思维活动较为迟缓，知识面相对狭窄受限，我得出了一系列关于这样的孩子应该读哪些科普读物、该怎么去读的结论。

日志还能帮人集中思想，将脑力放在一件事上。我在自己的日志中专门留出了几页，用于记录关于加强知识牢固性的一些想法。通过对这些记录的研究、对比和分析，可以看出知识的牢固性取决于很多前提条件。记日志教会了我们思考。

50. 关于自己孩子的教育问题

在生活中，我们应当竭力去避免这种怪现象：教师尽心教育别人的孩子，遗憾的是，却没有时间来教育自己的孩子。我想给身为教师的父母提一些建议。

不要忘记，在家里你对孩子而言不是老师，也不是班级的管理者，而是父母。要尽一切可能，不要把你的家庭变成一个缩小版的学校，也不要将学校的气氛带到家里去，要让自己和孩子生活在纯粹的、和睦的家庭氛围中。

教育并不是什么专门的、人为组织的行动，它首先是一种生活方式。在教师手中，有一样强大却危险的工具，需要谨慎，并有技巧地去使用，这个工具就是管理人的权力。教师可以有智慧地、小心翼翼地在校园中使用这件工具，但不要将它带回家中。许多自身的习惯、传统的教学上的做法，也都应该留在学校中。要避免自己的孩子带有“教师气”。要是你的孩子熟悉教育过程的所有细节，知道什么是对什么是错，知道教师有权做什么、无权做什么，那就很不好。尤其不可以当着孩子的面无所顾忌地评价某个学生或教师，孩子们听多了这样的话，就会变得傲慢，并在其他同学面前产生某种优越感。他们开始对老师粗鲁地讲话，后面对自己的父母也会这样做。你作为这样孩子的家长，哪怕是一位富有智慧、极具经验的教师，也可能会失去在孩子面前的权威。永远不要让自己的孩子在任何一方面有别于班级里的其他学生。

如果有可能的话，要让自己的孩子去你同事的班里学习，而不是在你自己的班里。这样做会更好，作为父母，你将会更加接近自己的儿女。

尽管我们生活中的每一步都有教育的身影，但抽出时间对孩子进行专门的教育还是必需的。请每天都拿出一部分时间和自己的孩子聊聊天，陪他们读书，带他们去自然环境中玩耍。这点对父亲来说尤为重要。

要是对教学过程中的某一方面，或对学生的行为产生了不满、气愤、神经紧绷等情绪，不要把它带回家里。这对你的孩子来说是一个非常不好的示范。要是孩子从小就看到学校带给父母的只有负面的情绪，那么他们就会逐渐对教育工作感到厌恶。这种不良情感带来的后果，不仅会使你的孩子不想要成为老师，还会出现一种更糟糕，也更复杂的情况：学生对教学工作十分反感，变得十分虚伪，爱说空话。

你们有很好的机会，可以培养自己的孩子热爱劳动、热爱读书、热爱科学的品质。教育者的劳动，就本质而言，是一种高尚的榜样。请让你的儿女感受到你的劳动、你对他人命运的真诚关怀是崇高的。

你要拥有私人藏书。你的孩子上学后，就要给他留出架子来，专门放他自己的书。要培养他们对阅读的热爱、对文化财富的尊重。

下 篇

51. 谁在培养孩子，用什么培养孩子？在教育中教师决定着什么？其他教育者又决定着什么？

有时，对于某一教育要素过于片面、绝对的论断，会使年轻教师感到疑惑。因为在教育过程中所有内容都是重要的，都有其自身的意义。

刚刚开始接受培养与塑造的孩子，我想将之比喻为一块未经雕琢的大理石。几位雕刻家带着自己的刀具，同时走向它，想将它雕刻成型，并赋予其崇高的精神，使之体现出人类的理想。那么这些雕刻者是谁，共有多少人呢？

在人格培养的过程中，多种力量起着推动作用。其中第一位当属家庭，且母亲是家中最为细致、最具智慧的雕刻家。第二位是教师，他有着精神财富与自身价值，有智慧、学识、能力、爱好和生活经验，也有对智力、审美和创造的需要、兴趣与追求。第三位是学生群体（包括儿童、青少年群体），它对每一个个体都能产生巨大的教育影响。第四位是学生本身（自我教育）。第五位是学生在智力、审美、道德价值世界中的精神生活，我指的首先是书籍。第六位是一些意想不到的雕刻者们（比如学生在路上结交的少年，来你家里做几天客的亲朋好友，其间他们给孩子讲了一些东西，使他终生都沉醉在电子技术和恒星宇宙中）。

要是这些雕刻教育者能够像交响乐团一样被很好地组织、协调起来，那么许多教育难题都将迎刃而解。

然而，每位雕塑家都有各自的性格、艺术手法与优势劣势。有时，某位雕塑家对他人的技巧与创造持批判态度，因此他不仅要精心雕刻大理石尚未开垦的部分，还要毫不迟疑地改造他人已经完工的地方。当大理石不再单单是普通的石块，而是成为一个有思想的存在时，他不仅能够认识周围的世界，还能够认识自我，不光能用理智去感知，也能用心灵去感知。然后，大理石产生了想要照照镜子的心愿："喂，尊敬的雕刻家们，你们做了些什么呀？"我们的"半成品雕塑"自己拿起了刻刀，照着镜子（即仔细观察周围的人，被其中一部分人震撼，因另外一部分人愤怒，还有一部分人压根无法引起他的注意），开始进行自我雕刻，并修改他人留下的痕迹。这个过程点燃了创作的热情：就像刀剑交锋，大理石的碎屑纷纷扬扬，有时还会一块块脱落下来……

当你目睹这种刀与剑的交锋，听到金属的撞击声和雕刻教育者之间的争论时，你就会想：关于教育中存在主次因素的说法是多么天真，这种说法将给整个教育事业带来多大的危害啊！要是"某个单独的雕刻教育者是无所不能的"这种自作聪明的说法没有侵害家长的思想，那么我们就不会听到类似"我把孩子交给你们教育了，毕竟你们和学校是负责做这件事的"这种话。

你跨进了学校的大门，决定将终生奉献给培育人——共产主义新社会建设者——的事业。请记住，你不仅是一个活的知识库，也不仅是一位能够将人类精神财富传递给年青一代、能在他们心中点燃对知识的渴求与热爱之火的专家，你还是一位独一无二、与众不同的雕塑家，可以筑就人的未来。教育——创造人——这就是你的事业。社会视你为雕刻大师，我们国家的未来很大程度上都取决于你。要记住，你的每个错误都会造成人格的畸形、心灵的痛苦与折磨。你，人的缔造者，应当用自己的技巧、能力与艺术手法，为其他雕刻者树立榜样。为了使我们在苏维埃学校中塑造的人，在道德、智力、审美方面都尽善尽美，就必须使所有接触过“大理石”的雕塑家们在行动时保持一致，必须要组成“创造人的和声”。那么，谁会成为这首曲子灵敏的、有智慧的、有经验的、细心且勇敢的指挥者呢？答案是教师。

你的任务，也就是教育者的任务，首先就是要在雕刻大师组成的合唱团中，敏锐地感知每个演出者的歌唱，捕捉失真的音调。换言之，你应该弄清楚，在困难重重的教育过程中，是什么在起着决定性作用。也必须要看到，雕刻教育者通过共同的创造性努力，给被塑造的人留下了怎样的痕迹。我年轻的朋友，要牢记，哪怕刻刀只是轻轻划过这块珍贵的大理石，都会给其留下终生无法消除的印记。你应当知道，是谁、在何时、怎样地触碰了你的作品。为此仅有对孩子的爱是不够的。就像雕刻之神皮格马利翁喜爱自己亲手雕刻出来的塑像伽拉忒亚一样，单纯地喜爱自己的作品并不够，还要去了解它，要有能够对因果进行逻辑分析的能力。

成为雕刻师合唱团里睿智的指挥家，并不意味着要对每个人的责任与义务进行精确划分，比如说：这部分由家庭负责，这部分由学校负责，这部分由少先队组织负责……人不是按部位塑造的，比如耳朵由一人雕刻，额头由另一人雕刻，鼻子则由第三个人负责等等，这种情况在我们复杂而困难的事业中并不存在。从你第一天在学校工作起，就应该时常与学生父母谈话。不光要在家长会上谈，更要进行私下的交流。永远不要试图去和学生父母严格地划分责任：这些应该由您和家庭负责，这些是由我们教师和学校负责。为了使我们的孩子可以成为聪明的、有智慧的、能够准确理解和深刻感知的人，就要使智育不仅由学校负责，其中很多事情可以，也应当由家庭负责。请记住，对于我们创造出的伽拉忒亚，各种力量有时会以截然不同的方式在其身上的同一处进行雕刻。会有这样的情况：你刚刚教会自己的学生要诚实、要爱护公共财物，而某个你和家长都意想不到的“雕塑家”却教孩子去偷窃、撒谎。在教育过程中，及时发现他人对自己作品的每一次接触，是指挥家的本领与智慧所在。

乌克兰哲学家、教育家格·萨·斯科沃罗达教导我们，知道原因就意味着知道一切[1]。我年轻的朋友，你要好好考虑这句话。在校园生活中有多少教师尚未弄清学生行为的原因，就草率做出错误结论的事件啊！有时还会有这种情况，责任明明在学校，却要把家长叫来，并说这是由于父母很少照看孩子，或者宠坏了他们等等。

善恶之间复杂的交缠难以辨别，但仍然需要去分辨，这是教师神圣的职责。而你，我年轻的朋友，进入人民教育的崇高领域，不仅要成为工作室里创造共产主义新人的雕刻师之一，还要成为其他工匠的老师。你的优势就在于能够在教育科学的光芒中，去发掘自己的学生。要是我不相信育人的科学具有如此大的潜能，那么我就不会在学校工作哪怕一天，也不会写这本书了。你应当成为科学教育的明灯，让光芒照亮其他创造人的雕刻师的工作。你作为一位教师、班级的领导者，有哪些能

1　瓦·阿·苏霍姆林斯基此处大概引用了格·萨·斯科沃罗达关于“无人管理的”、永恒的、包罗万象的原因，源自人本身的那句话（“……一切都在于、源于无人管理的过错，这种过错由人自身产生，并将永远存在”）。[《格·萨·斯科沃罗达创作集》（两卷集），基辅，乌克兰苏维埃社会主义共和国出版社，1961 年，第一卷，第 259 页。]

够影响家庭的机会？人的自我教育该如何进行，教育者在这个过程中的任务是什么？教师如何进行自我教育？集体能够产生巨大教育力量的秘密是什么？集体在什么条件下才会存在，什么条件下不存在？书籍应该对人的教育起到什么作用？怎样才能使意想不到的教育者对稚嫩心灵的影响与学校的教育方向保持一致？我认为，就这些问题提出的建议，会对年轻教师有所裨益。

52. 如何培养父母参与孩子的家校协同教育？

依照我的观点，当下在培养共产主义接班人这方面，没有比教会父母如何教育自己的孩子更重要的任务了。根据自身多年的实践经验，我们得出如下结论：如果不考虑家长的教育水平如何，就无法完成任何教学和培养任务。家长教育学，指的是父母应当具备的关于如何培养子女成人的初步知识，是一切教育理论与实践的基础。在我们的母亲教育学办公室里，尼·伊·皮罗戈夫的一句话写在非常醒目的位置上："要让女士们明白，她们照顾摇篮中的幼童，为他们制订童年游戏，教他们咿呀学语，是社会最重要的建筑师，是她们用双手为孩子铺就了基石。"[1] 这句话表明了我们与家长所有工作的基本思想方针。

我们有专门为家长开的培训学校，设有学前部和一至三年级、四至八年级、九至十年级学生家长部。在孩子入校的前三年，他们的父母就已经开始在这所家长培训学校学习了。他们每两周就会来听一次讲座，主讲人为学校校长、主管教学工作

1　此处引文有所删减，其完整版为："总之，要让女士们明白她们在人类生命花园的崇高使命；要让女士们明白，她们照顾摇篮中的幼童，为他们制订童年游戏，教他们咿呀学语，母亲就是社会最重要的建筑师——她们用双手铺就了基石。"（尼·伊·皮罗戈夫，《教育文选》，莫斯科，俄罗斯联邦科学院出版社，1952 年，第 83 页。）

的副校长、主管课外教学的副校长和三年后将接手一年级工作的教师。以下是该校学前部在1964年至1967年间的工作计划（这期间在培训学校学习的家长，他们的孩子将于1967年秋季入学）：

（1）4到7岁儿童的身心发展

（2）怎样预防儿童疾病

（3）儿童的生活作息、饮食及身体锻炼

（4）对4到7岁儿童进行智育的关键点

（5）父母要关注儿童语言和智力的发展

（6）怎样预防儿童神经官能症

（7）4到7岁儿童的劳动教育

（8）怎样教育儿童尊重长辈

（9）学龄前儿童的自然教育

（10）学龄前儿童需求与兴趣的发展

（11）学龄前儿童对现实的认识和情感的发展

（12）如何培养孩子能够理解他人

（13）4到7岁儿童的美学教育

（14）4到7岁儿童的创造

（15）怎样防止孩子态度冷漠

（16）怎样教儿童学会克制自己的欲望

（17）儿童对动植物的关心是一种教育手段

（18）学龄前儿童智育、德育、情感教育及美育中的游戏及作用

（19）母亲——孩子生命中的第一位老师

（20）家庭——人际关系的学校

（21）父与子

（22）母与女

（23）儿童入校学习的心理准备

（24）培养儿童道德修养的首要要素

（25）我们如何看待你们的孩子，你们自己应该如何看待他

（26）父母教育孩子时可能会犯哪些错误，应该怎样避免

（27）（外）祖父母同样是教育者

（28）学龄前阶段要教孩子学什么，应该如何教

（29）怎样使家庭充满友善与和睦的氛围

（30）怎样教育儿童温柔待人

（31）怎样做到相互谦让

（32）怎样克制自己的情感冲动

（33）怎样教育孩子立志成为好人

（34）怎样防止儿童任性

（35）何为家长的权力，怎样利用这种权力

（36）不采取惩罚措施的前提下，怎样进行教育

（37）惩罚是利大于弊，还是弊大于利

（38）可以要求儿童什么，不可以要求什么

（39）教育孩子是父母最重要的社会责任

作为教师，你必须认真准备并开展关于这些主题的讲座，在此我想对这件不易完成的工作提出一些建议。要让家长知道，教育是一种崇高的、人道的、高尚的创造，是完成光荣的社会责任。我们有一些非常优秀的班主任，他们能够将创造人的思想作为主线，贯穿到每次的讲座和与家长的谈话中，激起父母因做了世界上最美好、最崇高的事业而产生的自豪之情。这些好老师，他们将家长教育学视作一种劳动、科学、技巧与创造。

尽管父母会在教育过程中犯一些错误，但这些班主任从不会把讲座或谈话变成对家长的“严厉批评”。年轻的朋友，我

建议你也这样做。在生活中，个别家庭有时会有一些负面的现象，但如果你开始揭人短处，将他人的不幸置于众目睽睽之下（不善于教育，首先就是一种不幸），那么愿意来找你交流的家长就会越来越少。你使他们开始疏远学校，并且糟糕的是，他们对一切都抱着消极态度："不管我怎么做，都无法成为一个好父亲。别人的孩子都很出色，我的孩子注定是不好的。"永远不要忘记，当你开始和家长讨论他们的孩子时，就像在迫使他们照镜子。要是你对一个人说："看看，你长得多丑陋……"他们会用什么态度对待你说的话呢？

这个建议绝不是说在面对教育的尖锐问题时，我们要选择回避，或者大事化小、小事化了。相反，一些人的失败可能会使其他人吸取教训。没有比家校双重教育更复杂、更矛盾的事了，这个过程充满冲突，需要运用智慧、技巧、策略去解决，而不是大喊大叫、手忙脚乱。当然，不好的事情也要讲，但是在这个过程中不要侮辱、贬低他人。通常，当我们要当众讲一些不好的事情时，是不会指出那些犯错家长的姓名的。

为了能够深入思考过失，根据家庭具体条件敞开心扉地探讨关于教育的问题，我们还有另外一种工作方式——与家长进行单独谈话，尤其是女教师与母亲、男教师与父亲的谈话。决定父母整体精神素养和教育水平的前提条件，任意两个家庭都不会完全相同，每个家庭都有独属于自己的东西。因此，与父母进行不让儿童参与进来的单独谈话，成了我们学校教育工作中不可或缺的组成部分。有一点我要特别强调——不让孩子参与其中。任何情况下，都不要让孩子知道教育中的困难、苦闷、成功与过失，知道这些只会给他们带来坏处。在一个好的家庭里，父母之间的善意、和睦、相互尊重、爱与迁就，是最主要的教育影响力量。孩子们会相信，是家庭的美好教育了他们。

我们成功做到让学龄前儿童在家中上特殊的“母亲学校”。这是一所任何事物都无法取代的，集智育、德育、情感教育及美育于一体的学校。任何一所幼儿园，哪怕是最好的幼儿园，都无法取代“母亲”这所学校的地位，也不能填补父亲和母亲在最为细腻的人的精神生活领域，即培养孩子人格这一过程中所遗漏的空白。在母亲学校中，我们十分重视培养孩子能够理解他人。在进行有关这个问题的讲座或与家长进行私人谈话的过程中，我们以具体事件为例，向他们展示应该如何培养孩子复杂的感知能力，使他们时刻感受到自己与他人生活在同一空间，要学会克制自己的欲望，考虑他人的利益。在为学龄前儿童家长开设的教育学校中，我们逐渐分化出了这门最为复杂的学科——与人共同生活的能力。

母亲教育水平的重要性，是怎样高估都不会过分的。我们的教师集体坚信，家长教育学是共产主义教育学的开篇。我们希望母亲能够成为细腻、有智慧、心灵美好、道德高尚的雕刻家，归根结底关心的是孩子心灵的细腻与敏感，希望他们内心深处能对外界永远报以善意和美好。

53. 怎样才能使学生听得进教育者的话？

我们努力使孩子在母亲学校中养成细腻、温柔、敏感且富有同情心的心灵，使他们不仅能够用理智，也能用心去感知周围的世界。还要使孩子们能够发自内心地关心一些问题，比如：有人折断了树枝；有只雏鸟从巢里掉了下来，正在草地上无助地挣扎；园中不知是谁丢弃了一只小野猫；等等。我们用了很长的时间来告诉家长，怎样给孩子的自我管理创造现实条件，使他能够在别人需要的时候，永远展现出自己的同情心，会怜悯人、亲近人，能保护人、关心人，也会因某事感到焦虑或悲伤。我年轻的朋友，这里我说的是雕刻师也就是父母手中最为精准的刻刀和他们最熟练的动作。三十余年的在校工作经验使我相信，当孩子已经开始上学，再由我们老师来雕刻这块父母都不曾接触过的大理石，去培养他们的情感，就为时已晚了。如果孩子没有在家庭中接受过情感教育，他们就无法用心灵去认识世界，也不会用心倾听老师的话。虽然对于自己听到、读到的内容，他们能够明白其中的逻辑含义，但有关情感的、心灵的潜台词，就不在他们理解范围之内了。

这是家校教育中一个最复杂的问题。为什么有的孩子上了几天学之后，还是完全无法对教师善意的话做出反应，并且这种情况时有发生？为什么教师不得不大声叫喊，用拳头捶桌子？学生开始学习一个月之后就已经去墙角罚站，但为什么这样做对他也毫无用处？一切的根源都在于缺少对孩子的情感教育。

年轻的朋友，要是你想让未来的学生都能够用心听你说的每一个字，敏锐地感知你的话，那么就请关心学生家庭中的情感关系。心灵的孤单对于道德来说是很可怕的，就像思想无人可交流一样，要使儿童和他人因为彼此负有义务、投缘、相互尊重、相互关心而联系在一起。你未来学生的道德水平如何，很大程度上取决于他是否愿意对他人敞开心扉，还是只生活在自己封闭的小世界里，只关心那么几件事情，爱好也很有限。个人主义始于情感教育的缺失。

请去未来要教的每个学生家中进行家访（三年的时间可以去每个孩子家两到三次），了解一下是什么使孩子感到快乐：只是大人给他的那些东西，还是他用自己微小的力量为别人做了某些事。要是父母给他创造的乐趣是让他快乐的唯一源泉，那么这是非常不好的，他进学校后也只会成为一个很冷漠的人。请和父母双方都进行交流，一起想想如何给孩子创造其他的快乐源泉，比如他们在园子里种的树或者玫瑰，搭建的小小葡萄园，自己布置的鱼缸、迷你图书馆和可以让父母休息的静谧角落……要知道，你关心这些事情，就是在使儿童的心灵变得更加高尚，也是在为他们上学之后的德育、智育、美育及情感教育浇灌土壤。

在关心对学龄前儿童高尚情感的培养时，请不要采取体罚的方法，没有比强制的、专断的方法更为有害且可怕的了。用皮带抽打、敲后脑勺来代替蕴含智慧、温柔且善意的话，就像用生锈的斧子代替雕刻家手中纤细、柔和又不失锋利的刻刀。体罚不仅是对身体，也是对人心灵的暴力伤害；皮带不仅使人的后背失去知觉，更会使心灵变得冷漠，情感变得麻木。那些在家里已经习惯被皮带抽打、被敲后脑勺的孩子，到了学校里也会对善意的话置若罔闻。我知道有一些孩子因为遭受了过多的毒打而变得冷酷且残忍。被打的人，自己也会想打人；小时就想打人的人，长大之后就会想杀人——犯罪、杀人、施暴的根源就是童年时的悲惨遭遇。我已经在家长教育学校的学前部开了十年讲座。这些年，在进行这项十分必要的教育工作的过程中，我越发坚信，必须要将下述真理灌输到父母的意识和心灵中：幼年时期播撒在儿童心灵中幼嫩的种子，在孩子长大成人后就会变成参天大树。一切都取决于把什么样的种子播撒在了什么土壤中。要是在儿童入学的前三年内，我不能使他的心灵变得细腻、温柔、善良，面对恶行与谎言毫不妥协，并且爱憎分明，那么我就不配被称为人民教师。

与此同时，要是你想让学生成长为真正的人，应该让家长在孩子四五岁的时候，就学会在劳动中教育他们。从孩子可以自己拿着勺子把东西送到嘴边时起，就应该让他进行劳动了。这是国民教育的智慧，我们始终将这个古老的智慧贯彻在教育工作中。不要担心这样做好像是在迫使孩子早早就进行劳动。那些总这样担心，并说“哎，这也太早了”的人，最后往往都会带着懊恼承认，现在再开始为时已晚。我们认为鼓励父母让他们五六岁的孩子在春天时能够为父母、祖父母栽种苹果树与葡萄藤，是教师的一项神圣职责。当然，如果有哥哥姐姐从旁协助的话，儿童会更好地完成这项工作。这之后孩子就会非常用心地照料苹果树与葡萄藤，他们此刻的梦想，就是用结出的果实来让父母和祖父母开心。

所有这一切，形象地说，就是按照教师的话对土壤进行情感的耕耘。有的孩子在上学前，就给母亲送过自己亲手种出的葡萄。在体验过这种美好的感受之后，对于这些孩子来说，母亲这个词的含义就与那些只知道以索取为乐的孩子截然不同。

你知道吗，我年轻的朋友，孩子只有知道创造的快乐，才能用温柔、和善的态度教育他，才能无须采取叫喊和惩罚的方式。

读者此刻或许会产生疑问：这些事都是教师力所能及的吗？他能否一边完成现有的教书育人工作，一边又为4到6岁的孩子做上学前的准备呢？

我会这样回答：在工作中，我们不会做任何无实际回报的事情，也就是说，不会做最终无法令工作困难减轻的事。事情的关键在于，一切对于学龄前儿童教育的关心，都会收到百倍的回报。正是这样的关心，使我们的工作变得轻松。据我所知，有一些学校已经无法组织进行正常的教育教学，而这些困难在我校都是不存在的。我们这里没有出现过学生不守纪律和不爱学习的问题。实际上，我们根本不了解其他学校在这一方面采取了什么样的惩罚措施。老师与家庭的共同努力，是我们成功的根源，这种努力起到了极为重要的作用。我们不会命令家庭这样或那样做，无条件服从教师的要求。事情的关键恰恰在于，学校与家庭就像两位一起工作的雕刻师，我们心往一处想，劲往一处使。要知道，在塑造人的过程中，尤为重要的就是两位雕刻师的所作所为不能背道而驰。

54. 怎样使作为教育者的父母行动保持一致?

父母和学校在对待孩子的教育问题上应该达成共识。在此，对父母应该有一些严格的要求，首先就要求他们以身作则。要使作为教育者的父母行动上保持一致，就要教会他们父爱与母爱的智慧，让慈爱与严厉交融，做到刚柔并济。我们在和家长沟通时，尽量不谈及私密性的话题，一些可能会引起不适感的话题也尽量不触碰，力求让家长在个人精神生活中最为敏感的领域不要犯错误。

如果家长缺乏教育的智慧，那么父母的爱只会让孩子走弯路。我们将用实例来展示，家长的溺爱、专横的爱、只重物质的爱会给孩子带来多大的伤害。

溺爱是所有亲子关系中最为可悲的一种。这是一种发自本能却不理智的爱，有时会有“母鸡的爱”这种说法。孩子每迈出一步，父母都只会感到高兴，丝毫不考虑这一步是否迈向了正确的方向、可能会带来什么后果。在溺爱环境中长大的孩子，并不知道人的生活中还存在“可以”“不能”“应该”这些概念。他认为自己想做什么就能做什么。这样的孩子在任性地成长，并很有可能成为一个病态的人。在他们眼中，一点小小的困难都是无力承担的大麻烦。就像人们说的那样，在溺爱中长大的孩子，会成为一个彻头彻尾的利己主义者。他们不知道自己对父母负有义务，不会也不愿意付出劳动，因为他们对别人毫不关心，也从未用心去感受自己周围的人——首先就是父母、祖父母——也有自己的心愿、需求和内心世界。这样的孩子认为，他们活在世界上就是父母最大的欢乐和幸福。

想要防止家长的溺爱，必须同时与父母进行谈话。这里所指的是对家长情感的培养，而情感是一个非常细腻的东西。为了培养年轻家长的情感，我们教师不仅邀请学龄前儿童（即我们未来的学生）的家长来听教育学校的课，而且也会让他们自己参与实践——在低年级（尤其是一、二年级）学生进行集体公益劳动的日子里，我们让这些年轻的父母来帮忙。在和我们共同指挥劳动的过程中，他们教孩子克制自己的欲望，让孩子服从劳动、纪律与集体意志。在教育孩子的过程中，家长也在学着怎么成为一个教育者。

还要警告家长远离另一种同样出自本能却不理智的爱，那就是专横的爱。滋生这种爱的土壤就是部分家长的自私自利、缺乏文化修养。他们对待自己的孩子，就像对待一件物品：我的桌子，我想摆在哪里就摆在哪里；我的女儿，我想对她说什么就说什么，想提什么要求就提什么要求。我知道有一位父亲，竟然做到了这种程度，他给 15 岁正在读八年级的女儿买了时髦的鞋和漂亮裙子，并吩咐把它们摆放在女儿学习功课的书桌旁。他警告女儿，要是学期末所有课程都不低于四分，就可以穿新裙子新鞋，哪怕有一门得了三分，就不要想碰它们一下。

我年轻的朋友，在我们的社会中有这样一些人，以专断管制他人为乐。要知道，同这种现象做斗争非常困难且复杂，但我们教师要首当其冲与其进行斗争。

不要让吹毛求疵、无谓的责备、歇斯底里的抱怨和指责出现在任何一个家庭中，在这种环境里孩子会渐渐变得冷酷无情，而且在我们看来，这是对幼小心灵最为可怕的一种打击。

在进行讲座、谈话时，请讲一讲斤斤计较是如何使一个善良的人变得任性妄为的，这种任性又是如何把儿童善意、理性克制以及谦逊的内心活动驱赶走的。这些积极的内心活动就是爱抚。童年时期没有感受过爱抚的人，在少年及青年早期就会成为粗暴、冷漠的人。

或许你见过家长焦虑地思索：为什么我儿子小的时候善良、讲道理又听话，长大之后却粗暴且任性呢？这时你应该如何解释，可以给家长提出哪些建议？我确认了无数次，产生这种现象的原因就在于家长不善于使用父母的权力。此时对于教师尤为重要的是，要同时与父母二人进行谈话。要知道，家长的权力就是父母的智慧、双方统一的意志、情感及愿望的结合。要是没有父母共同的智慧、没有对孩子炽热的爱，这种权力就会成为专断行为。要是孩子感受到，父母对于“可以”“不能”“应该”的概念看法不同，那么即便是最合理的事情，对他来说也像是在强制、压迫和践踏他的自由。到那时父母就会惊诧不已：为什么不打他一巴掌、拍他的后脑勺，不用皮带和棍子，就教不会他生活呢？原因就在于，孩子将一些合理的、必需的要求，也看作是一种压迫他自由的恶势力。

除此之外，只重视物质这种不理智的爱，也要让家长避免。有这样的父母，他们毫不怀疑地相信，只要能保障孩子的一切物质需求，就算完成了做父母的责任。孩子穿得暖、吃得饱、身体好，有所有需要的教科书和直观教具，还有什么其他可要求的呢？这样的家长认为，父母的爱可以用物质的花费来衡量。我们在学校碰到过少数这样的父亲，他们在道德情感方面十分冷淡。实际上，他们并不懂得什么是父母的爱。至于母亲，要是她们在日常生活中，和孩子由共同的精神纽带联系在一起，这种情况也基本不会出现。对道德情感的无动于衷，对自己的孩子态度冷淡，并不总是由于父亲的教育水平低而造成的。这是将教育孩子看作是一件完全独立的、被铜墙铁壁与社会责任完全隔离开的事情所带来的结果。

为了预防这一弊端，就应当在给父母，尤其是给父亲的一些建议中，贯穿教育孩子也是他们的社会义务、他们要对孩子的未来负责这一思想。

要是在一个家庭中，父亲认为自己的职责仅限于保障孩子的物质需求，母亲也没有成为孩子精神世界的主心骨，那么孩子就会在精神空洞且贫瘠的环境中长大。他们与别人共同生活，却全然不了解他人，这是这种家庭中最可怕的事情。这些孩子的心灵无法感知一些细腻的人的情感，尤其是爱抚、体贴、同情与仁慈。他们长大之后可能会成为在情感方面一窍不通的人。对于这种儿童，学校的教育义务尤为重大，应该让他们去教育教学机构里，接受专门培养情感的训练。这是教育学理论与实践领域中的一个难题。但遗憾的是，在教育理论中，并没有对此进行单独阐述。没有人专门去研究该如何进行情感教育，尤其是教育那些因家庭环境而造成道德情感世界空虚、没有个性的孩子。

55. 情感培育训练应当是什么样的?

此处将要谈到的，都是教师和家长协同工作的内容。我们想说的，不仅是那些在家庭中没有感受过父母亲切态度和衷心关怀的孩子的教育问题，还有对所有儿童的道德情感教育。

教孩子用心去看、去理解、去感受他人，是我们称作“情感教育”的花园中一朵香气最为馥郁的花。我们对孩子的爱，应当能够唤醒他敏感的心灵，让他去感知这个世界，感知人创造出来的、为人服务的一切，当然，首先要感知的还是人本身。我坚信，要培养孩子成为一个具有高尚情操的人，首先要培养他在待人接物方面具备人道主义情感。这是一份纯洁、高尚、满怀尊重的情感，而且首先要做到的就是尊重自己的父母。

孩子们刚刚跨进学校的门槛，成了学生。对于第一年的在校生活来说，学校与父母的联系尤为重要——需要强调的是，必须是父母两个人，而不是其中之一。学校老师、校长同父母进行单独谈话、深刻思考并提出建议，是我们进行的教育实验。我们共同思考孩子应该做什么、从事什么积极活动，才能使他用心感受到自己生活在人们中间。

我们与家长共同努力，使孩子在校期间，尤其是在低年级学习时，能够接受亲切待人的训练。这种训练中，最有价值的课程就是创造美，并关注人认为美好的事物。那些给予孩子美的享受、带给他们快乐和满足感的东西，具有神奇的教育力量。孩子们有为家庭，父母和其他人创造美的能力。

秋天，家庭和学校都要庆祝玫瑰节，但这主要是一个家庭的节日。孩子们在这一天不会聚集在一起，也没有十分庄重的氛围——在这种氛围中，孩子很少展现出真情实感，倒是有许多并非出自儿童本性的、人为的成分掺杂其中。我们的儿童节日主要都是在家庭中度过的，但学校会为过节做准备。

在秋季玫瑰节这天，每个孩子都要在父母屋边的园地里种几株玫瑰花。我们把秧苗给孩子，让他们拿回家、种植下去，并好好照料它们。这就是孩子创造美，并把快乐带给父母、祖父母的过程。

孩子栽种玫瑰后，要时常提醒他给地松土，保护植物不受寒。但这距离劳动成为孩子的乐趣，还有很远很远的路要走。我们告诉孩子，秧苗最终会长成芬芳的玫瑰，但这对于孩子来说是遥远到无法想象的事。他们尚且不会通过耐心等待和努力来达成自己的目的，因此需要去教他们，并且要用劳动去教。

先是绽放第一朵蓓蕾，然后会有第二朵、第三朵……蓓蕾舒展着身体，在阳光的沐浴下，深红色、粉色、深蓝色、淡蓝色的花瓣闪闪发光。此刻孩子眼中快乐的光芒，是什么都无法比拟的。这并不是孩子从家长那里得到某个礼物时的快乐，不是休闲娱乐的快乐，也不是幻想旅途中的开心带来的快乐。这是为他最爱的人——父母、祖父母做了件好事的快乐。这件好事触动着儿童的内心，使他感到激动和开心，因为做好事本身也是一种美。

对我而言，没有比看见孩子剪下一朵花，把它送给母亲时眼中闪耀的光芒更幸福的事了。他们的眼中此刻充满了纯洁的人性光芒，这种光芒因为内心深深的喜悦而越发闪亮。

这是最重要、最无可替代的情感培育课程之一。体验过为他人创造美而带来快乐的孩子，会对美有一个全新的认识。他能够将鲜花盛开的苹果树枝、成熟的一串串葡萄和沉静的菊花，看作是劳动、关怀与忧虑的化身，不会随便抬手折断树枝、摘下花朵。

当然，年轻的朋友，我不是在把美理想化为它的某种抽象表达，也不是在理想化美本身。美，只有在充满崇高的理想，充满社会主义人性（对劳动人民的热爱，对阶级敌人、社会不公及人压迫人现象的憎恨、不妥协和不姑息）时，才能成为强大的教育力量。

在一年级即将结束，学生准备步入二年级时，我们会和他们一起建一个“感恩园”。这个园子是给那些在这片土地上工作了四十年、五十年、六十年、七十年，甚至八九十年的老人们准备的。感恩园的选址，通常是一块荒芜且贫瘠的土地，我们将它变为肥沃的土壤，并在上面种葡萄、苹果树、梨树和李子树。这不是件容易的事，有时需要运来数十吨肥沃的泥土才能使这片土地孕育出生命。但这项劳动有一个崇高的目标，那就是将快乐带给他人。这种劳动带来的快乐是任何其他事物都无法比拟的。

当感恩园的第一批果子成熟后，孩子们会邀请同村尊敬的祖父、曾祖父辈的老人来到园子里。尊重老人是对人尊重的最鲜明的体现。对老人不礼貌、冷漠的人，也会用冷酷、邪恶、内心空洞和犯罪行为来报复社会。

亲爱的年轻朋友，请指引学生沿着这条道德发展之路走下去吧！在这里，劳动被赋予了崇高的精神。你会看到，当孩子在感恩园中摘下果子，并将它送给那些在这片土地上已经工作五十余载的人时，这个瞬间会在他心中留下不可磨灭的印记，他仿佛攀登上了自己人生道德的第一个高峰。

当孩子感受到无私地做好事所带来的快乐时，就获得了弥足珍贵的心灵财富：他会用心去感受周围的同学、朋友和所爱之人何时何地需要帮助。儿童感觉到需要做好事，感觉到需要别人——这种需要正是马克思所说的，一个自由人最大的精神财富[1]——就会变得十分善于观察周围的世界、人、各种行为与事件以及人际关系，并对此保持敏感与同情心。

1　卡尔·马克思在《1884年经济学哲学手稿》中介绍了共产主义社会的特点，并强调共产主义始终伴随着人道主义。他写道："我们看到，富有的人、丰富的人的需求是怎样代替了政治经济的富有和贫穷的。富人，同时也是需要人类生活全方面充实的人，是将自我实现作为内心需求的人。在社会主义条件下，无论富有与贫穷，人都具有相同的人道主义意义和社会意义。需求是一条被动的纽带，它让人感受到，最大的财富即是人本身。"（马克思，恩格斯，《早期选集》，莫斯科，国立政治书籍出版社，1956年，第596页。）

56. 怎么做才能使孩子愿意好好学习？

我坚信，能让孩子自觉、勤奋进行脑力劳动的最强大的刺激因素，就是使他的脑力劳动具有人情味，使他想要给自己最爱的亲人即父母带去快乐。待人亲切、富有同情心的孩子，往往能够在那些乍看上去并没什么错的事情中，发现一些不好的东西。“我应该好好学习，”有一天我四年级的学生科里亚这么跟我说，“我妈妈心脏不好。”他知道，要是自己成绩册上的分数不高，妈妈就会伤心难过。他希望母亲能够平静下来。这个孩子知道，通过他自己的劳动可以抚慰母亲的心，不让她焦躁不安。

如果你想让孩子愿意好好学习，并努力以此带给父母快乐，那么就请珍惜、爱护并培养他身为劳动者的自豪感。这意味着，孩子应当看到、感受到自己在学习上取得的成就。不要让孩子因为自己某方面落后于人或有什么不足之处而感到走投无路。孩子的乐观心态和对自己力量的信任，是一条牢固的绳子，将学校和家庭紧紧系在一起；同时也是一块磁铁，将父母吸引到学校中来。要是破坏了孩子乐观处世的态度，就相当于在学校与家庭之间竖起了一道铜墙铁壁。

为了留存乐观的火种，最重要的事情，形象地说，就是父母要站在孩子的知识摇篮旁，直接参与对他的教育，并和孩子一起为他取得的进步而高兴，对他的成功和忧愁表现出由衷的关怀。母亲教育学，指的不仅是教育，同时也是学习。在孩子入学之前的两年，我们学校就已经开始与家庭共同进行有针对性、计划周密的工作，这是为了使孩子对识字和算术有初步的认识。我们未来的学生每周来校一次（入学半年前开始则每周来校两次），一年级时将要接管他们的教师教孩子学习字母、进行阅读、做简单的题。当然，如果在家里不能坚持学习的话，那么每周在校学习的一小时也将变得毫无意义。在家长学校的课堂上，我们教给父母、祖父母，怎么去让孩子掌握识字和算术，也为母亲制订了在家教育孩子的趣味方法。这一切都建立在孩子对知识、对书籍感兴趣的基础之上，同时也要使游戏与具有针对性的脑力劳动相结合，孩子与父母能够时常进行心灵交流。为了学习识字和算术，高年级学生还会制作专门的直观教具。我们的孩子进入一年级时，就已经会读、会数数，这在很大程度上为接下来的学习减轻了负担，使脑力劳动变得有趣。好处还不只如此，在为学校课程做准备的过程中，孩子与父母的内心更加贴近了。父母发自内心地关心孩子的成功与失败，并了解了一门十分微妙的学问——如何尊重孩子想要变得更好的心愿。学前教育还能防止家长产生“如果逼孩子一把，他们就能得五分或者四分”这种错误的思想。我们努力使父母明白，学习成绩无法代表道德水平。要是违背这一点，就会给儿童带来很大的伤害，有时会使他的心灵备受摧残。将学科成绩与道德面貌等同起来，是一种很不理智的追求表面分数的结果。我们认为不能将一切都归结为简单的结论：分数高就代表学生好，分数没有达到应有的标准就说明学生不合格。这种奇怪的、从教育角度上来说十分无知的观点，没有把人看作是由多种特点、品格、能力和爱好组成的集合体。

遗憾的是，这种观点在许多家庭，甚至社会生活中已经根深蒂固。现在有许多文章，其中心思想就是学生得三分，意味着知识学得很差劲，不中用。每当我听到或读到这样的话时，就禁不住感到愤怒。尊敬的教师同志们，是时候告诉自己，三分是完全令人满意的知识鉴定结果。顺便一提，如果所有教师都能够对此有正确的认识，那么弄虚作假的现象就会消失，人们不会再用三分来评价不合格的知识掌握情况（遗憾的是，很多情况下学校偏偏就是这么做的），父母也不会再要求孩子做不可能的事——因为并不是每个人的能力都相同。有的孩子很轻松就能拿五分或四分，而另外一些孩子得到三分就是很大的进步。在中等教育普及即将实现的今天，记住这点尤为重要。

57. 怎样随着孩子的成长和进步，加强针对家长的教育工作？

我们将一系列教育思想作为主线，贯穿到学校与家长进行的全部工作中。我们认为，让孩子的家庭精神生活与学校教育保持统一，有着非常重要的意义。教师群体努力使父母相信，家庭当中应该充满对科学、文化和书籍的尊重。我们与家庭一起举办各种读书节，其意义在于能够让父母为家庭藏书挑选一些文艺作品。关于书对家庭、对家庭成员精神生活的意义，我们在为家长开设的教育学校的各个小组都举办过讲座，也与家长进行过私下谈话。我们努力培养孩子具有多方面的精神爱好与需求，其中排在第一位的就是对书的渴求。在我们的建议下，许多家庭都将黄昏时分用来读书。儿童和少年们或是在家庭藏书中，或是在校图书馆中，都能找到自己心仪的读物。

与此相关，我们还十分重视另外一个重要的教育思想，即儿童、少年、青少年的自我教育。这点离不开家庭和书籍的帮助。我们努力使正在成长的学生学会利用并珍惜空闲时间，做一些发展精神需求必备的活动。

我们告诉父母，在孩子有意识地迈出第一步时，就要在他的心中树立一些公民特征，并不断对其进行加深、巩固。公民意识与公民情感源自童年，一粒播撒在儿童心田的种子，会长出茁壮的幼苗，并深深扎根在他的心中。我们认为，就如何种下这颗公民种子、公民意识怎么生长出来，提出一些建议是十分重要的。我们教家长要在家庭集体即孩子的精神生活中反映出公共利益，这一点是十分重要的。请这样培养孩子的意识：让公共利益和对他人福利的关心，成为未来公民个人的事情；让他的思想与情感境界不受限于对物质和精神价值的需求。这里不得不再提醒一次，一个人的道德面貌如何，很大程度上取决于他在童年时期体会到的快乐源泉是什么。生活之中有许多这样的机会，可以使小孩子能够发自内心地接受一些起初与他并无关系的事物。在帮助家长用心去发现、感受这种机会的过程中，我们教会了父母教育也是一种创造。比如在你家园子对面的街上，长着一棵快要枯萎的树，不知是谁在什么时候栽下的。要是不予理会的话，树很快就会枯死。请让自己二年级的孩子看看这件他未曾注意过的事，要是这没有唤醒他心中公民情感的话，今后他也不会注意。让孩子来照料这棵快要枯萎的树，给它浇水、驱除害虫。再帮他种下另外三棵树，让他能够初次体验到为别人付出的自豪感。孩子越大，他做的事情就越重要，而这些事情正是公民情感、忧虑与关注的实际基础。

在我们与家长的工作中，还对“少年和青少年的社会成熟度”这个问题十分关注。对于这个同样十分细微、难以感知的精神生活领域，学校与家庭做到力量统一是非常重要的。要是缺少家庭的协助，工作就无法进行；要是脱离母亲教育学去研究孩子的社会成熟度，就是在白白浪费时间。少年和青少年社会成熟的最主要根源，就是对家庭收支的劳动贡献。我们认为，如果中学毕业前，少年们只能成为物质财富的消费者，是无法令人接受的。这也是部分青年总是很幼稚的主要原因。学校和家庭共同关注中、高年级学生的社会成熟度，努力使每个孩子都能参与社会生产活动，且这并不是平常学校组织的有教育目的的劳动，而是真真切切为了创造物质财富而进行的劳动。正是由于提出了这个实际生活更加需要的目的，劳动才从某种呆板的责任义务变成了生活本身的事业。在劳动中，学校教育，或者准确地说，死板教育的成分越少，劳动真正的教育意义就越深刻。得益于学校与家庭理念一致，对少年和青少年的劳动生活要求一致，我们形成了以下传统：

12到14岁的少年自己赚钱，用于购买冬季的衣服和鞋；

14到17岁的青少年自己赚钱，用于购买一整年的衣服和鞋；

教科书与教学用具，通常从10岁开始，孩子就要靠自己的劳动来换取了。

人如何劳动，抱着什么目的劳动，决定了他怎样思考。如果在校期间，劳动只被认作是一种教育的附属品，那么就谈不上对未来有哪些自觉的计划，也无法进行任何认真的职业定位。要是少年、青少年的劳动不被视为是一种严肃的、成年人的事业，那么我们就无法与家长讨论他们孩子思想的成熟性、在课堂上的独立性、公民的责任感和青少年未来成立家庭的心理准备等等这些问题。

58. 怎样与家庭共同指导儿童劳动？

我想要再次强调，将儿童、少年、青少年的劳动纳入家庭的经济和物质生活中，使其成为不可或缺的有机组成部分，并让父母将这种劳动视为孩子神圣的义务，是非常重要的。要是做不到这点，那么在学校中使用的一切教育技巧，都不会得到任何结果。如果家庭不需要儿童的劳动，如果有的父母还千方百计想使孩子生活得更加轻松，不让他们劳动，那么学校每周、每两周、每个月组织的实践活动对于孩子来说就都不是劳动，而是一种游戏，并且只能是游戏——当然了，这是一种令人厌烦的、繁重的、使人想要尽快摆脱的游戏。只有当劳动成为经济的必需品时，它才具有教育力量。这种情况下，所有问题都会迎刃而解：学习也会成为一种劳动；父亲生病无法工作，也会使少年开始像真正的成年人那样思考。

在农村的学校，很轻易就能够解决儿童劳动的组织教育问题。没错，我重复一遍，这里说的就是儿童劳动。对人孕育出的生命体来说，只有认识到劳动不再是抽象的教育练习，而是成了一项事业，完不成就没有吃没有穿时，这个生命体才能成长为一个真正的劳动者，一个真正的人。我们与家长共同努力，为孩子们寻找一些他们力所能及且生产效率较高的工作。7到8岁的孩子同自己的母亲和哥哥姐姐一起，在养蚕组里劳动：将桑树枝准备好（剪下来），送到架子上，铺开摆好，再清扫一下垃圾。9到10岁的孩子除了能在养蚕组工作外，还能挑选玉米棒的种子，准备菜籽，收集土化肥并施到菜地里。11到12岁的孩子可以晾晒干草，采摘蔬果，放羊放牛。

少年们可以在畜牧场喂养牛，青贮饲料作物，清洗种子。部分12到14岁的男孩可以在菜园里开拖拉机。青少年们能够操纵多种不同的农业生产机械，耕地，给经济作物、蔬菜作物松土，播种，收割庄稼。

年轻的朋友，你可能会认为这样早早让孩子参与到真正的生产劳动中来是不正常的现象。我知道，部分教师会对我们的劳动教育体系有所顾虑：孩子们还有休息时间吗？是不是使他们负担过重了？其实我们并不需要有这种顾虑。这个体系不是我们凭空想象出来的，而是国民教育历来的传统——孩子帮助父母劳动，而父母也恰好需要这个。当孩子学会自己把勺从盘中送到嘴边时，他就已经在劳动了。这不是为了练习，而是因为他身边的每一个人，如果不劳动就无法生活。

国民教育十分了解哪些事孩子力所能及，哪些无力为之。因为这之中凝结了生活的智慧与父母的爱。国民教育也不担心劳动会使人疲惫，因为它知道，要是不流汗、手上不磨出茧子，就谈不上付出了劳动。

国民教育懂得劳动的神奇力量，为我们发掘了教育智慧新的源泉，它是教育理论书上不曾提及的。我们相信，只有在劳动中挥洒了汗水、磨出了老茧、感到了疲惫，人的心灵才能变得敏感且温柔。得益于劳动，人才具备了用心感知周围世界的能力。儿童劳动者、少年劳动者看待人的方式，会与不知道什么是真正的劳动的人截然不同。

59. 怎样通过劳动培养高尚的心灵，培养人性？

我记得有个叫卓娅的小女孩。她的妈妈十分宠爱自己的女儿，纵容她所有任性的要求。但这位母亲生病了，而且是一种慢性的、极其消耗体力的病，她的病情时好时坏。卓娅读三年级时，班里准备组织一次沿第聂伯河畔的趣味旅行，为期五天。卓娅的妈妈来到了学校，咨询要为女儿的旅途做哪些准备。妈妈很不舒服，但她竭力忽视病痛的侵袭。我们费了很大力气才劝服她，不让卓娅去旅行——难道能把生病的妈妈独自留下吗？我把小姑娘从课堂上叫了出来，并说她不能去旅行了。卓娅大哭了起来。

“难道你没看到妈妈现在是什么样的状态吗？”我问道，“她生了重病。要花多大的力气才能装作自己很健康啊，难道你不会为此感到不安吗？”

小姑娘困惑不解地看着我。

“我怎么知道呀，”小女孩带着漫不经心的口气回答道，“妈妈也没说她是病了还是很健康。”

很明显，小女孩对她不能和同学一起去旅行的事感到十分不满意。理智提醒她，不能把妈妈一个人抛下，但她的心灵却毫无反应——这就是悲剧所在。

我不得不花费很长时间来唤醒这个小女孩的心灵。教育方面，我首先关心的就是让卓娅体验到为母亲、为班里同学付出劳动所带来的自豪感。当在她的眼中看到人性自豪的光芒时，我可以很确定地说："现在她才成了一个真正的人。"

如今卓娅已经长大了，成了两个孩子的母亲。她的大儿子已经是一名学龄前儿童，我们现在正在和他的母亲共同教育他。

学校培养共产主义的人。在我们创造的社会中，人与人应当成为朋友、伙伴、兄弟。这种崇高的品质，只有在人愿意为他人的幸福奉献出一部分自己的心灵时，才得以形成。予人玫瑰，手有余香。当一个人能在劳动中为他人进行创造时，人与人之间的关系才能得以明显的展现。劳动是一个无限的概念，因为它是人类的劳动。劳动不仅仅体现在人们去种庄稼、栽树木，最细腻、最复杂的劳动是，一个人到另外一个人那里去，看着对方的眼睛，"读到"其中的求助之意。这种劳动是人类心灵活动的最高境界。为了达到这个巅峰，要从山脚出发——为了家庭的物质财富工作、创造物质价值，使人不为衣食住行发愁。

60. 怎样与家长共同培养未来的父母？

没错，这件事只能与父母共同完成。学校要培养的人，不仅是公民和劳动者，同时也是未来的父母、自己孩子的教育者。我们的教师群体为这件事而操心，就是要防止年轻人对婚姻、爱情和生儿育女态度轻浮、不认真。遗憾的是，这种现象时有发生。我们让父母也共同承担这种忧虑。在教育学校的课堂上，我们给父母讲，当孩子即将进入性成熟阶段，家长将要面对哪些问题。在关于如何使性本能变得高尚这个问题上，我们努力与父母达成一致观念。当儿童成长为少男和少女后，我们会与他们进行谈话：男教师、父亲与男孩谈话；女教师、母亲与女孩谈话。多年在校工作经验使我相信，这是一件非常必要的事情。可以说，这是对青少年心灵最温柔、最细致、最小心翼翼，同时也是最必要的触碰。我们教青少年生活，教他们成为真正的人。这项使命只能交给最富同情心、最有人情味的老师来完成。

“没有什么专门的关于爱的科学，”我们告诉青少年和家长们，“但是有关于人性的科学，谁掌握了它，谁才算做好了建立高尚的精神心理和道德情感关系，做好了孕育新生命的准备。”爱是对人性最严格的考核。但这门课程的入门考试，往往在人的童年或少年时代就进行了，当人能为他人付出自己精神力量的一部分时，就算通过了这些考核。

年轻的朋友，我想建议你：在培养人进行最明智的创造，即创造人的时候，要用牢不可破、相互依存的关系来培养他的智慧、意志与情感。在这个精神生活领域中，智慧与意志应当成为性欲这种情感的警觉守卫者。不要相信某些作家和评论家的观点，认为不能去命令情感，人无法掌控自己的欲望。这是试图用来掩盖列宁坚决反对的性放荡和“爱情自由”的遮羞布。

年轻的朋友，请你用伟大的人类真理去教育即将步入人生新阶段的青年：爱人，首先要对所爱之人的命运负责。在爱中只一味寻求享受的人，是卑鄙的好色之徒。爱，首先意味着奉献，将心灵的力量献给心之所爱，并为其创造幸福。

请让你的学生牢记，男女婚前关系是何种性质，在这段关系中，精神心理和道德情感的成分有多少，决定了他们一生的道德底线。

不要害怕告诉少男和少女什么是家庭生活，在家庭生活中精神与物质是怎样纠缠在一起的。我们告诫他们，对于未来家庭的物质财富方面，思想要保持理智、清醒，不要被感情冲昏了头。老话说：“和爱的人住在一起，窝棚也是天堂。”现在这个观点过时了。要是生活连最基本的保障都没有，那就不是天堂，而只是痛苦折磨。我们教育少男和少女，在考虑成立家庭之前，要有一技之长，能赚钱，能独立自主。

话语具有强大的教育力量。但往往要花上许多功夫，才能使关于如何生活的言语教导深入到年轻人心中。还需要再次重复，只有那些把为他人做好事的心愿注入自己的劳动中，并认识到为他人创造幸福能够带来快乐的人，才能对话语保持心灵的敏感。只有在步入青年阶段前，即在少年时期就已经拥有了足够多的道德劳动经验的情况下，话语才能进入青年心灵的最深处。首先应当要唤醒心灵，使它能感受到为他人创造善意带来的快乐；然后再辅以令人激动、充满崇高精神的话语——这就是教师对年轻心灵施加教育影响的逻辑步骤。在这种影响中，要将积极的精神活动同话语有机结合起来，且这种结合对培养未来的丈夫和妻子、父亲和母亲，都具有重要的意义。在人生的这个领域中，学生积极的精神活动和教师话语的结合，源自世界上一片最为洁净的海湾，它的名字叫作对女性的尊重。要是学校不与家长一同进行工作，那么这片海湾很快就会干涸，其水源也会枯竭。

61．如何培养学生对女性——女孩、母亲的尊重？

我的年轻朋友们，你要善于引导学生从理智和情感上认同一个道理：神圣的爱国主义情怀源自母亲。要善于教导学生观察生活，生活中有很多复杂的人际关系，正是这些复杂的关系在提醒着青年人，甚至是对他们呐喊："不要无动于衷，要关注你们所观察到的事情。"

一月里，寒冷的一天。路上铺满了积雪，八年级的孩子们踉踉跄跄地来到了学校。他们在暖和的走廊里抖落身上的雪，突然有人想起来一件事：我们教学楼旁边的小房子里是不是住着一位老奶奶啊？！她现在怎么样了？雪已经下了一天多了，咱们去她家看看吧！大雪已经覆盖了老奶奶的小房子，我们怎么可能若无其事地坐在温暖的教室里呢？估计老奶奶连个送水的人都没有。

我们蹚过厚厚的积雪，好不容易才来到小房子前。打开房门，老奶奶发烧了！怎么办啊？我们赶紧给医院打电话。

必须马上把病人送往医院。集体农庄给我们安排了一辆汽车，可是雪太厚了，车根本无法开出院子。老奶奶因为高烧在呻吟，翻来覆去，很难受。孩子们的眼中迸发出我从未见过的光芒，他们表现得勇敢、坚毅，助人为乐。我们做了一副担架，给老奶奶裹上皮大衣，由6个人负责抬着她一起走，12个人在前面扫雪开路。每走200米，大家轮换一次。我们商量好，一组人抬到前面的某个雪堆处，然后换下一组。睫毛上沾满了雪花，零下20多度的严寒中，我们却大汗淋漓，感觉不到寒冷和疲惫。我们奋战了5个小时，抵达医院时已近黄昏，终于把病人抬上病床。

就在这一天，孩子们一下子成熟了。14岁的少年变身为勇敢的男子汉。这一天，他们将永远无法忘怀。现在，他们可以敞开心扉，专注地听我讲述关于女性、母亲、女孩，关于勇敢和美丽的事情。连续好几天，我们都在静谧的傍晚，聚在被我们称为“谈心室”的房间里聊天。我能感觉到，高尚的行为唤醒了灵魂、开启了心田。此时话语会成为一股强大的教育力量，而其他时候，虽然用同样的话语，讲着同样的内容，但却只能是空话。若能够使有关女性的话题经常性地震撼着少年的心房，那就一定要让少年们具有男子汉的气概，让他们为女性做一件了不起的事情。

关于母亲，我是这样和青少年说的：孩子，永远都不要忘记，母亲是生命的缔造者。她赋予你生命，养育你长大，向你展示世界的美好和母语的曼妙，教会你甄别善恶和荣辱。孩子们，请记住，母亲所有的愿望、忧虑和烦恼都是关于孩子的。若孩子们心地善良、行为端正，母亲就会幸福；若孩子们的心灵邪恶、行为不端，母亲就会痛苦万分。每一位已经成为母亲或是将会成为母亲的女性都在用自己的方式深刻地、尽职尽责地履行着对整个人类的责任。母性让女人变得更加美好而聪慧。一位女性，从她成为母亲的那一刻开始，她的情感就被赋予了崇高的内涵，而这一点，除了她本人之外，谁都无法体会。

62. 为人师者应具备哪些品质?

只要学校依然存在，康·德·乌申斯基的这段话就一定是永不动摇的真理："教育中的一切都应以教育者的个性为基础，因为个性是教育力量得以迸发的源泉。任何规章制度和条款，任何行政机构，不管其设置有多么完善，都无法替代教育的特殊性……没有教师个人对受教育者的直接的影响，就不可能有深入人心的真正的教育。只有个性才能影响个性的发展和形成，也只有性格才能培养性格。"[1]

生活让我们相信，受教育者犹如教育者的一面镜子。教育的艺术和技巧则在于，要能够从受教育者的身上，从这个我们从小培养起来的会思考、能感知、善领悟的生命体中看到自己的影子。"有教养的人应该是具备了人类各种优良品质的人。"[2]卢那察尔斯基的这句佳句让我们不得不重新思考教师的作用。一个人是否有教养，不能只看他掌握了多少知识，更要看他的综合素质。教师个人教育力量的强弱取决于他将教书和育人进行有机结合的程度。如果我们说，学校是在用知识进行教育，

---

1 引自康·德·乌申斯基：《学校的三个因素》(《康·德·乌申斯基选集》第一卷，莫斯科，俄罗斯联邦科学院出版社，1948年，第63—64页)。

2 引自阿·瓦·卢那察尔斯基：《什么是教育?》(《阿·瓦·卢那察尔斯基论国民教育》，莫斯科，俄罗斯联邦科学院出版社，1958年，第61页)。

那么，知识的教育力量首先就在于教师的个性品质。

青年朋友们，教师要在学生们身上留下自己的痕迹，并不意味着机械地把自己头脑中的知识转移到学生的头脑中。时刻都要记得，在帮助他人认识周围世界时，我们自己也作为世界的重要组成部分，呈现在他们面前。他们在认知世界的同时，也在认识我们。我们传授给他们的知识同人的个性紧密相关，同人的情感经历相融合。在此融合过程中隐藏着教书育人环节的一个“秘密”，那就是如何把知识转化为信念。在我看来，这是人的成长过程中一个最难以捉摸的地方。我们的学生对在学校获取的知识抱有什么样的态度，在很大程度上，取决于他们对待教师这盏指路明灯的态度。热爱自己本职工作的教师，他的学生也会热爱知识、科学和书籍。教师的言谈中不仅仅包含了专业知识，更有一种思想层面的感情色彩。学生们只有面对一位酷爱科学的人，他们的情感和领悟才会被激发出来。

怎么理解对一门学科的热爱，热爱的源泉在哪里，又该怎样培养对科学的热爱呢？首先，我坚信，最重要的是教师应该有渊博的知识。只有把自己知识的百分之一用于课堂讲授就足够了的教师，才是真正热爱自己学科的人。教师的知识越渊博，他个人对知识、科学、书籍、脑力劳动和智力生活的态度就越鲜明。这种知识财富也是教师对所教课程、对科学、对学校和对教育的热爱。

热爱自己本职工作的教师具有一种非常宝贵的品质。他不仅向学生传授具体的知识，同时还引导学生进一步思考。所有努力向学生传授知识，用热爱的力量教育学生的老师们都在为此而奋斗。当人们发现，自己的智慧、聪明才智、旺盛的求知欲都在另一个人身上得到延续时，他们就能感受到自己对学生的影响。课堂教学仿佛是一座小桥，连接着基础知识和超纲的扩展知识。必须把学生都引领到这座小桥上，教师本人对学生集体和个体施加的教育影响才能达到一定的水平。我把课堂上传授给学生的知识看作是一颗种子，它萌发出了茁壮的、善于思考的幼芽，并将收获更多——强烈的求知欲、变得更智慧的努力、有进取心、富有的精神。如果没有这些收获，学习就会变成死记硬背，上课就变成了检查背诵，学生就变成了听话的、会背诵的机器。我认为，只有当学生不满足于课堂上所学的知识，希望获取更多的知识时，当这种求知的意愿成为推动其学习、掌握知识的刺激因素时，教师才能成为点亮知识的明灯，成为一名教育者。

课上，我会在精心耕耘的、肥沃的土地上播撒知识的种子。课下，我则开启丰富的智力生活，让学生们从这里出发，由江河驶向知识的海洋。如果把学习仅仅限定在课堂、课本和某几页的家庭作业上，那我就不可能成为一名教育者，知识也无法发挥教育的作用。只有在课后，学生们的内心依旧燃起无数炙热的、充满了求知欲的火花时，知识的种子才能破土而出，成长为茁壮的、勤于思考的幼苗。

这种火花首先就是指个人阅读，是在书的海洋中不断充实的精神世界（关于这个问题，我们还会再讲）。其次，思维上的火花指的是学习小组。因为有了它，教师成为教育者，学生成为受教育者。我坚信，如果没有了这个精神生活的发源地，上课就会变得百无聊赖，只是机械地把知识从教师的头脑中转移到学生那里。我们所有人，无论是教师还是学生，都是知识海洋中的航行者。我们会针对最前沿的科学研究准备相关介绍和报告，对科学杂志上的论文进行简要评介。

年轻的朋友们，我想给你们一个建议：你的知识、你的求知欲、你对阅读的热爱都是你个人教育力量强大的源泉。你要正确对待这个源泉，同时也要引领学生走近这里。要能主宰自己所教授的课程。要让学校的教学大纲和教科书对于你而言只是最基础的知识，就如同字母对于精通修辞学的人一样简单。要持之以恒地丰富自己的科学知识。你在学校讲授某门学科的基础知识，那你的私人藏书中就应该有大量有关这门科学的书籍，这些书籍足够你在四五年的时间里，每个月给每一名学生都提供一本新书用于阅读（有些学生，也许，每周就要提供一本）。请发现并培养“自己的学生”，培养与你的爱好、兴趣、志向和能力都相似的年轻人。让每个班级里都有几个喜欢你的这一知识领域的学生。让语文、历史、地理、生物、数学等科目的每一位老师都有自己的学生。

学生越喜欢你的课，你就越会成为一名好教师，在你身上教书和育人的有机结合也会越紧密。如果教师的人格不能对学生产生直接影响，那么能力、志向、才干的培养问题就都无法落实。能力只能通过能力来培养，志向只能通过志向来培养，而才干也只能通过才干来培养。

忍不住插句题外话：好教师是要从在当学生的时候就开始培养的。只有喜欢孩子、具有较高的教育智慧，善于引导孩子们一心向善、日日进取，同时有着强烈的自尊感的人，才能够激发孩子们投身教师职业的热情。

我理想中的学校应该是，学校中的每位教师都有自己的学生（这个问题，我们上面提到过）。可能有人会质疑，每个教师都希望为自己的学生营造一个在某种程度上独立的知识世界，那会不会影响到班集体或是全校呢？不会有负面影响的，相反，如果每位教师都有自己的学生，当教师在这些学生们的身上留下自己的烙印时，学校才会迸发出真正的教育力量。

63. 作为教育的工具，集体是如何形成的，又是如何维护的？

集体，无论是儿童集体，还是青少年集体，都是非常复杂的统一体。它犹如一条由成千上万条小溪汇成的江河。在我工作的32年中，我一直在观察一年级学生的生活，有很多学生，我都是从一年级一直教到四年级的。我想，我有资格说，在孩子们刚刚进入学校的一段时间里，班级里还没有，也不可能有我们所说的“集体”这一概念。集体是循序渐进地形成的。有一种观点认为，维护集体主要靠严格的要求和组织上的上下级关系。我觉得这种观点很不成熟。要求严格、有责任心、服从安排、听从指挥是集体赖以存在的基础，但如果缺少了其他同样重要的因素，集体也不可能形成。有些教师认为，从学生中挑选出班干部，按职责分工，明确要求，就可以创建班集体。这种想法在现实中是很难实现的。一般而言，在那种复杂的精神共同体中，比如学校，不可能把某一因素绝对化。不可以泛泛而言，也不可以武断地下结论说：只有这样做才行，而那样做肯定不行。集体并不是莫名其妙地突然冒出来的，它源自教师的创造。集体犹如水滴，在其中可以反映出教师的教育理念和世界观。

在我看来，形象地说，统一的思想、相同的智力、互通的情感和共同的组织是集体形成的基石。

集体的形成和基石的奠定都取决于教师。有时候，集体的形成要素在孩子们入学的第一年就初见端倪，有时候则晚些。一块基石是否稳定、牢固，同其他基石密切相关。共同的组织，包括严格的要求、服从安排、听从指挥、有效管理和上下级的从属制度，取决于思想、智力和情感三者的统一。因此，没必要急于建立某种领导和被领导的组织从属结构。不要寄希望于如果班上选出了学生干部，进行了职责分工，一切就会步入正轨。

我认为，集体的形成要从统一的思想开始，共同的组织这块基石正是以此为基础的。当孩子们对善与恶，或者说对"什么是好，什么是坏"有了共同的理解和认知时，我才开始创建集体。创建集体的最重要的基础是，让孩子们一心向善，与邪恶斗争，让孩子们通过集体活动树立善的信念，同时，对邪恶采取零容忍、零妥协的态度，教会孩子们用自己的果敢和坚强与邪恶斗争。在孩子们的思想和内心中，你越是能够树立起对真善的追求和对邪恶不妥协的态度，你就越会成为孩子们真正的教育者。我力争让每个孩子都能明白并感受到，只有在集体中，才能成为真正的、为善良而斗争的战士。集体斗争可以带来极大的愉悦感，帮助孩子们认识到自己的力量、感受到自身的美好。在一起奋斗的伙伴关系中，孩子们彼此相识、相知，并由此萌生了重要的精神诉求：需要他人，需要他人给予的支持和帮助。在管理（领导）他人之前，首先要学会管理自己，要让自己的为人处世听从良知的召唤。要想敏锐地感受到良知，就应该明善恶、懂是非。只有当一个人，哪怕是很小的孩子，已经有了为善良而斗争的道德体验，感受到了这种斗争的快乐时，才能获得这种敏锐性。这种斗争的快乐也只有在最初从事某种美好、善良的事情时，才能被感受到，没有了这些美好而善良的事物，将一事无成，这一点需谨记。

学生的年龄越大，他一心向善、反对邪恶的斗争就越有意义。我们的教师集体认为，每个孩子在童年和少年时期都应该接受这种集体斗争的训练，这一点很重要。首先要用自己的双手进行劳动，创造和树立对善良的认知。在培养集体的过程中，没有什么比“嘴上的热情”——光喊着坚决抵抗邪恶，而实际上却什么都不做更糟糕的事情了。众所周知，我们生活中的恶，首先就是懒惰懈怠、玩忽职守、对社会公共财产麻木冷淡、自私自利、庸俗市侩。我们希望，集体的成员能够在童年和青少年时期，因为有了共同的想法和体验，要给他人创造精神财富和物质财富联合在一起。在贫瘠的土地上培育出一片小橡树林，让寸草不生的荒芜之地变成一片富饶的沃土，这样的劳动只有集体的力量才能完成，也只有在劳动中，集体才能发挥如此巨大的教育作用。正是这种劳动用共同的信念和情感把人们团结起来，同时让思想和情感的基石得以奠定。孩子们把各自微薄的力量汇聚在一起时，能感受到集体力量的强大，只有在集体中才能真正领悟到人性之美。

我的年轻朋友们，你要善于用劳动把学生们团结起来。因为在劳动中能够鲜明地体现出为人民服务、为人民谋福祉的思想。这种劳动的机会在我们身边比比皆是。瞧，学生们面前有一片空地，这片路边的空地快要变成垃圾场了，可学生们却已见怪不怪、习以为常了。要想办法让他们关注到这片空地，引导他们萌生出在此建一片小树林的想法，为盛夏之时因赶路而疲惫的行人提供可以休憩的荫凉之所。为他人谋福利而从事的集体劳动才是真正的思想教育的根基。集体的思想基石和情感基石在劳动中碰撞与融合。千万不要让学生们做事情时半途而废，不能善始善终只会让人堕落。也不要让你的学生们只会抱怨这也不好、那也不好，别人的什么都好，自己的什么都不好，但在做事情时却连手指头都不愿意动一下。讲空话是没有任何教育意义的。集体是在现实工作中，在斗争和劳动中产生并强大起来的。

相同的智力是集体得以发展的基石，但这并不意味着要让所有人都在认知方面对某个具体的知识领域产生相同的兴趣。恰恰相反，成功的“秘籍”在于，要让集体的所有成员都有不同的兴趣和爱好，让他们阅读不同的书籍。智力发展的一致是指大家都渴望学习知识，尊重科学的思想，尊重书籍，尊重聪明而有教养的人。关于集体在智力发展层面的一致，我是这样设想的：比如，七年级或是八年级的班里有35名学生，其中有8名学生喜爱数学，7名学生痴迷于物理，还有8名学生喜爱文学，9名学生喜欢生物、土壤学和农艺学等等，这才是真正的智力发展的统一。每个人都有自己的爱好，有自己的“干劲”，大家都在努力用自己的某种兴趣爱好去充实集体，集体的智力生活也因为这些不同的爱好变得多姿多彩。孩子们在上课前或是回家的路上互相讨论，憧憬着未来的科技发展。有趣的是，他们谈论的不仅仅是教学大纲或是教科书上的内容，课堂上没有学过的东西更让他们思维活跃。整个集体因为大家都在不断学习而生机勃勃，这一点很重要。孩子们学习的欲望是否强烈，完全取决于教授历史、地理、数学、物理、生物和文学的老师是否是一位成功的教育者，取决于他们为了用自己的学识俘获学生的头脑和心灵付出了多少。这种集体的教育首先就是教师为了俘获学生的心灵而进行的智慧而机智的斗争。实际上就是要在学校里设立若干个智力生活的基地或小组，每个小组都有自己的组织形式。比如，我们学校里就有各个学科小组，当然也有其他的组织形式。

64. 如何通过集体让个体全面发展?

人是一个不可分割的整体（道德的、智力的、情感的、审美的、创造的），要在一个集体中对这个整体进行全面的展示、表达和发展，是不可能的，因为成员彼此之间的关系在这个集体中受到一定的约束。例如，基层的班集体不可能成为完成个体全面发展这一任务的唯一组织形式。一个学生对数学感兴趣，另一个学生喜欢生物，第三个学生喜欢文学，第四个则喜欢发明创造。此外，每个学生可能不止有一个兴趣爱好，还会有音乐、绘画、木雕等其他的爱好。随着年龄的不断增长，有些学生的兴趣爱好也在不断发展，这就要求他所从事的活动和其他人的活动完全不同。所有这些复杂的、多样的兴趣爱好，在基层的集体组织中是无法容纳的。上面我们提及过，如果教师已成为一名教育者，那么他就必然是青少年集体的中心，而这个集体是因为孩子们有着共同的智力兴趣而联结在一起的。各学科小组就是保证个体全面发展的最必要的集体形式之一。这样的小组一般由六、七年级的学生组成，在一些智力生活蓬勃发展的学校，也可以吸引四、五年级的学生加入。通常，这样的小组都是由同龄人组成的集体，但并不排除七、八年级的学生或是八、九年级的学生在同一个学科小组中共同开展活动的可能性。

除了对知识、科学和书籍的兴趣之外，学生还会有其他方面的兴趣，如劳动、发明等。劳动及与劳动相关的发明创造是个人兴趣爱好、能力、才能得以发展的重要领域。我们学校里有一些发明创造小组——技术小组，农业小组。这些小组也是根据年龄组建的，如，三、四年级同学组建的少年机械爱好者小组，还有五、六年级的少年机械爱好者小组，六、七年级的少年无线电技术小组，一、二年级的少年园艺师小组，三、四年级的少年园艺师小组，五至七年级的少年育种师小组，八至十年级的少年机械师小组等等。每个小组的人数少则8到10人，多则15到20人，都是长期的、比较稳定的。在有的学校里，这些小组已经有二十多年的历史了。一些学生在一个小组里活动了两三年后，会转到高年级的学生小组中，也会有其他人来接替他们。发明创造就像前面说到过的共同的智力发展一样，是把学生团结在一起的强有力的因素。

无论是学科小组，还是发明创造小组，都有自己的实体基地。如学科小组有自己的"思考室"（或图书室），学生在此度过精神生活中最丰富、最充实的光阴。他们以书为友，这是一段马克思称之为进行"智力游戏"[1]的时光。发明创造小组的基地是工作室、实验室和活动室，学生们在此完成各种活动（设计、安装等）。学科小组的负责人是教师，发明创造小组的负责人或是教师，或是高年级学生。这是保证课外活动能独立进行的非常重要的一点。

还有另一种类型的活动小组——课外文艺小组，文学创作小

1　马克思在《资本论》第一卷中介绍劳动过程中的体力劳动和脑力劳动时写道："在整个劳动的时间内，除了从事劳动的器官紧张之外，还需要具备有意识地管理专注力的能力。而且，劳动的内容及其方式、方法越是不能吸引劳动者，劳动者越是无法享受体力劳动和智力活动带来的快乐，就越需要这种专注的意识。"［《马克思恩格斯选集》（第二版），第23卷，第189页。］

组，音乐小组，戏剧小组，文学阅读小组。学生们在这些小组中所培养、发展起来的各种兴趣，不仅在审美层面，同时也在道德、情感和智力方面丰富了个体的精神生活。我们全体教师都相信，这些小组的活动是对学生的心灵和理智的一种温柔而敏锐的触动，没有了这种触动，就不可能有作为精神统一体的基层集体的生活。如果学生在以上任何一个集体中都不积极地表现自己，那我们就会忧虑不安。

我们把这些集体称为“文化艺术集体”，这个称谓充分地表达了这些集体中所进行的活动的本质。即便是年龄最小的学生也可以加入文化艺术小组。我们学校还有两个童话小组，每个小组有15到20名一年级学生，由高年级学生来管理。儿童们来到“童话室”，高年级学生给他们朗读、讲述一些有趣的童话。孩子们还会改编一些民间童话故事，这是对他们而言最有趣的一种活动形式。

在这些文化艺术集体中，我们觉得，最有意义的就是儿童木偶剧，我们有 40 多个低年级的学生参加了这个木偶剧的小组（分为 3 组），各小组的负责人都是高年级的学生。

65. 怎样培养服从与领导的能力？怎样培养严格要求的精神？

如果学生的全面发展是在众多集体（我所说的，还远远不是所有的集体）中获得的，那么就会造成这样一种状况：每个高年级学生都会成为领导者、教育者，许多少年先锋队员也都会收获领导的经验。此时，领导是活动的派生物，似乎是在活动过程中诞生的。通常，当一个人表现出自己在某个领域中具备较强的能力时，他就会被选为领导者。儿童愿意服从这种领导，因为这种情况下的服从，等同于他希望自己变得越来越好。在校园中，集体会为了达到共同的目标而开展一些积极的活动，离开这些活动，就谈不上服从与领导。在这里十分重要的是，你用高标准、严要求的态度对集体进行培养教育时，举办的活动应该具有鲜明的社会意义与公民意义。

服从首先是对自己下达命令。这种意志力要求具备高度的自觉性。一个人在青少年时期，尤其是童年时期，只有当他不仅了解活动本身的意义，而且还懂得一些丰富的言外之意时，才能理解活动的崇高目的（社会的、公民的目的永远都具有崇高性）。只有在情感上认可了自我服从的行为时，才会在意志上坚定地服从。简单来说，儿童和少年只有在服从了自己的内心时，才会自觉地服从伙伴的领导。最为重要的是，要让领导者的意志建立在崇高的道德情感基础之上。换言之，领导者要号召集体去从事那些就本质而言是为人们与社会服务的活动。

在这里，我们看到了集体各种基石——共同的思想、智慧、情感和组织——之间的紧密联系。如果学生把要参与的活动看作是激发心灵、使精神高尚起来的事情，那么他就不会有不服从领导者的命令和要求的想法。因此，我向青年教师提出如下建议。

要通过涵盖道德财富与思想财富的劳动，引导自己的学生懂得服从。让领导者对学生的要求或命令与学生本人的心声结合起来。在从事具有重大社会意义的劳动时，让明天的公民在自己今天的劳动中就感受到公民意识，让他以同龄人和年长伙伴的视角审视自我，让集体在自身的规则、规范和要求中传达出社会的理想，即全国社会主义劳动者这个大集体的理想。

当我的学生集体被分成一定的组织（小组、小队），开始能够独立地从事社会公益劳动时，我就努力明确这种劳动的思想核心，让每个学生不仅要了解，更要感受到自己行动的崇高性。

66. 怎样培养少先队组织？

教师在少年先锋队组织生活中的作用是什么？

儿童从加入少先队组织时起，就开启了社会政治生活的新篇章。多年的经验使我坚信，基层集体的教师、教育者的主要任务，是用崇高的公民理想来激励少先队的生活。少年先锋队是儿童、少年的公民生活与社会政治生活最重要的组织形式。少先队集体的生活应该达到这样的状态：用比个人的志向、能力、兴趣以及对劳动与创造的热爱都重要得多的东西，来振奋并丰富儿童和少年的精神，将他们紧紧团结起来。

我们全体教师一致认为，少先队组织是学习公民意识的学校，是苏维埃爱国主义者社会政治关系的学校。我们认为，少先队和共青团的主要教育任务，是要用崇高的精神丰盈青少年的心灵，让年轻的心灵时刻意识到对每个苏维埃人来说，最宝贵和最神圣的事物，就是我们的伟大祖国、社会主义制度、革命成果以及为共产主义建设而进行的斗争。要帮助少年列宁主义者建立好自己的组织生活，让这些最珍贵的事物牢牢扎根在他们的心中。

怎样在现实中做到这一点呢？首先，要使儿童与少年的活动富有社会政治与思想意识层面的内容。祖国、家乡、革命成果、共产党和神圣而伟大的卫国战争，都应该作为个人专属的、最为珍贵的、激动人心的东西深深植根于少年心中。为实现这一点，必须让工作、行动、各种关系和社会活动富有思想性。

我校优秀教师一直以来都十分注意不让无数琐事遮蔽少年列宁主义者意识和情感中伟大、神圣且崇高的东西。在少先队组织生活的整个阶段（5年），我们经常向少年列宁主义者传递如下思想：先辈们留给我们的一切物质财富与精神财富，都是用宝贵的代价换取而来的，每一寸苏维埃土地都是我们祖辈无数血汗所浇灌的；如果没有了祖国，我们每一个人就什么都不是；只有祖国强有力的臂膀，才是让我们每个人精神振奋、充满高尚道德的神奇力量；如果没有两千万英雄在为祖国的自由和独立而斗争的反法西斯战争中流血牺牲，我们就不会有安宁的童年和幸福的少年：我们的神圣职责，就是要为伟大苏维埃祖国的尊严和强盛而斗争，就是要了解并珍视我们这无可比拟的、最神圣的祖国。

我们认为，列宁少年先锋队组织最重要的任务之一，就是认识祖国，用理智、用真心去认识祖国，让每个未来的公民在认识最宝贵、最神圣的祖国时，都为她的伟大、富饶和强盛而感到惊奇与振奋。要让每个少年内心中的这种责任感不断增强，即想想我为祖国更伟大、更富饶、更强盛做了些什么。我们努力地把用理智、用真心去认识祖国同积极的活动结合起来。

我们每个少先队都会举办“漫游祖国”的演讲活动。这是一项十分有趣的、激动人心的活动，主要讲我国自然资源和各族人民的故事。少年列宁主义者面前有一张地图，每个故事对应我国的一个角落。儿童从自己家乡出发，一路向东，展开思想上的漫游。我们给他们放映有关苏维埃人民生活与劳动的影片、幻灯片。少年的眼前展现了各族人民团结友爱的美妙世界。“漫游祖国”的演讲活动会持续若干年，甚至直到儿童成长为少年，准备加入共青团时，活动仍旧继续。因此，儿童对祖国的伟大和强盛的印象也会持续加强。

“漫游祖国”的演讲活动，不仅是用理智、用心对现在的认识，也是对过去的回顾。我们向儿童讲述各族人民反抗阶级压迫和外国侵略者的斗争。各族人民同属一个大家庭，大家团结友好，这是一种最为复杂与深厚的情感。各族人民在摆脱剥削与反抗外族奴役、侵略的共同斗争中，表现了团结一致的精神，如果对这种伟大而曼妙的精神缺乏个人信仰，就不可能拥有这种最为复杂与深厚的情感。

为培养这种情感，必须开展具有崇高思想的活动。我们的少先队员与我国各个兄弟民族的儿童建立友谊，同俄罗斯及白俄罗斯的少年列宁主义者的友谊尤其牢固。我们的儿童与住在第聂伯河沿岸的斯莫连希纳和白俄罗斯的少先队员交好已有15年以上的历史了。每年同一天的同一时间，乌克兰、白俄罗斯和俄罗斯的儿童都到河岸种“友谊树”。少年列宁主义者们宣誓：我们这三所学校存在多少年，我们在第聂伯河畔就会种下多少棵友谊树。

在友谊日（我们这样称呼这个节日）那一天，儿童感受到团结一致的激动情感。这种情感由于能够与兄弟民族的儿童亲自会面而得以加深。近10年来，我们的少年先锋队每年都派代表奔赴令人激动的旅程，我们到白俄罗斯兄弟——戈麦尔州科尔缅寄宿学校的少先队那里做客。每年白俄罗斯兄弟也会到我们这里做客。儿童由于这种会面而体会到的深厚情谊，很难用言语表达。每个人都有来自远方的朋友。几天的会面活动转瞬即逝，分别之时，孩子们都热泪盈眶。

我们全体教师深信，各族人民友好的情感是一种最细腻、最尊贵、最崇高、最让人激动的内心活动。在这种内心活动中，社会与个人有机地融为一体。我们认为，重要的是要让青少年将这种情感投入劳动中去。每个少先队员在友谊日都要栽种一棵橡树，以纪念与自己同龄人的永恒的友谊。随着时光的流逝，橡树不断生长，照料树木如同儿子对母亲的关心一样，能够让人的心灵变得高尚。

每个少年先锋队都有一个值得纪念的圣地——国内战争或伟大卫国战争时期发生过战斗的地方。在那里，儿童为烈士建起了一座有生命的英雄“纪念碑”，他们种下了从两百年的橡树上采来的橡实。少先队员们被一种精神所鼓舞，他们建立的这座有生命的“纪念碑”会挺立500年甚至更久，它不仅可以让人们用来缅怀英雄，还能为疲倦的路人带来一丝凉爽的愉悦。

少先队员搜寻历史遗迹时，在离第聂伯河岸不远的地方找到了一块半埋在土里的大石头。据目击者讲述，在从法西斯侵略者手中解放乌克兰的战斗中，有两名最早从左岸向右岸强渡第聂伯河的苏军战士在这块石头的掩护下坚持防守了一个昼夜。少先队员发现了很多被子弹打下来的碎石块。他们在石头旁栽了两棵橡树，以纪念为保卫故乡而英勇牺牲的两位英雄。经过长期找寻，少先队员找到了两位烈士的亲人，邀请他们从遥远的西伯利亚来到我们学校做客。少先队员加入共青团时，把这座有生命的英雄“纪念碑”，像接力棒一样，传给了下一代少年列宁主义者。

缅怀为苏维埃的自由和独立而献出宝贵生命的烈士，已经成为少先队组织生活中最为重要的内容。少年列宁主义者用几年时间建成了一个“永垂不朽”的纪念室。这里展放着在伟大卫国战争前线牺牲的同乡画像。少先队员把陆海空战斗参加者的故事作为人民的无价珍宝和无限荣光，小心翼翼地记录下来。“任何人和事都不会被忘怀”——这句话早已成为我们学生的座右铭。

67. 怎样让共产主义思想深入少年的头脑和心灵?

有句古老的拉丁谚语说：话语教导人，榜样吸引人。我们全体教师一致认为，最重要的教育目标之一，就是要通过能体现出人类最崇高美德的鲜明形象与榜样，让儿童的意识和心灵呈现共产主义思想。这最崇高的美德就是为争取人民的幸福而斗争，在这一斗争中表现出了自我牺牲精神，对信仰的忠贞不渝，面对困难的百折不挠，对共产主义意识形态敌对者的毫不妥协。我们尽力做到让每个学生的心灵在童年和少年时期就被真正为共产主义而奋斗的人们所鼓舞。在学生们刚刚戴上红领巾庄严地宣誓过后，我作为老师，就开始每星期同他们举行一两次共产主义朗读课。我们每位教师都明白，这是极为重要的工作。这是教师与学生进行亲密精神交流的时刻，是少年列宁主义者信赖地向你敞开心扉的时刻。这时如若不与他们在一起，就不可能了解他们内心深处的诸多想法，因此也无法用自己精细的雕刻刀在你所塑造的那个人像上雕刻出精致的线条。

共产主义朗读课既是读书活动，也是气氛热烈、引人入胜的故事会。多年来，已形成了一套朗读与讲故事的固定题目。我们朗读、讲述关于出色的共产主义战士的故事，诸如有关捷尔任斯基、斯维尔德洛夫、拉佐、台尔曼、季米特洛夫、卡莫、伏契克、尼古拉·奥斯特洛夫斯基、尼科斯·别洛扬尼斯的故事，朗读、讲述有关伟大导师弗拉基米尔·伊里奇·列宁的生平及其为人类幸福而斗争的事迹。

共产主义者的精神中最让孩子们受到鼓舞与激励的，是他们的坚定信念、坚贞不屈，以及对所有敌人毫不妥协的精神。每当我给少年列宁主义者朗读、讲述共产党员、列宁主义者卡莫的故事时，我发现孩子们的眼里总会燃烧着钦佩的火焰，尤其是讲到他在监狱经受拷打时如何英勇不屈，最残忍的酷刑也未能迫使他呻吟一声或是说出一句求饶的话时。这样的朗读课越多，共产主义的真理就越能深入少年的内心中。

我的朋友，请像爱护无价之宝一样去爱护儿童与少年内心深处对共产主义思想的伟大力量和真理所怀有的那份惊叹与钦佩的情感。要明白，用理智、用真心去认识周围世界的年轻心灵，是在努力地了解神圣的事物，努力地发现自己面前的榜样，努力地找寻指路明灯和光明之路。年轻的心灵中燃烧着的永恒火焰是对神圣而颠扑不破的真理——共产主义思想的真理的信仰，是为这些思想而斗争，必要时甚至不惜献出自己宝贵生命的信仰。这是人们最豪迈的壮举，最高尚的美德。请不要让他们心中的这团永恒烈火熄灭！

共产主义朗读课点燃了少年儿童对神圣不可动摇的事业、对豪迈的思想美德的敬仰之情。只有在学生努力地用自己的言行表现出对共产党员光辉灿烂、英勇豪迈的事迹满怀赞叹和钦佩之情时，这份敬仰的星星之火才会燃烧成熊熊烈火。不仅要让学生有所行动，也要让他们通过自己的行为和劳动证明一些事情，这是共产主义教育和自我教育非常重要的一条规则。我们认为，教师的教育任务在于，要让少年儿童在崇高精神的鼓舞下从事劳动，这种精神正是他们在用理智、用真心认识共产主义伟大真理时所产生的。比如，如果在儿童的生活中可能有共产主义劳动，那么这种劳动正是未来的公民用以证明自己的劳动。也正因为有了这些劳动，他今天已然成为一个公民。我们努力使学生通过自己的劳动证明：

在我们的社会里，人与人是朋友，是同志，是兄弟姐妹；

自由的劳动者希望在劳动中发现自我，希望在亲手创造的事物中留下自己独特的美；

社会主义社会的公民只有通过劳动，才能建立自己的荣誉和尊严；

在所有最平凡的小事中，劳动都可以成为崇高的创造活动，成为谱写诗篇、成就新灵感的源泉；

每个公民都凭借自己的劳动，为增强祖国的实力和强盛做出贡献。

在我看来，要让崇高的动机起到激励劳动的作用，这是对少年列宁主义者进行思想教育的技巧之一。

怎样才能在实践中体现出劳动的这种思想性呢?

对此，生活中存在着各种机会。在培植公共园林的活动中，我们每个少先队员都种下了一棵树。劳动变成了无声的竞赛。大家为自己管理的小树做出了应有的努力。

每个人都在快乐地与自己栽种的小树苗相处，把它当作自己亲手创造的作品认真细致地观察。我相信，这是热爱劳动的开端。每个人都想证明，他能够用自己的双手创造出美好的事物。

我深深地相信，如果一个人能通过自己的劳动树立崇高的情怀，那么他就会成为一个自豪、刚强、正直的人。他会十分珍爱神圣的事物。社会生活中的任何事情都是与他有关的。这样的人会成为踏踏实实的社会实干家，少年时期的他在道德层面上就已日渐成熟了。

我的朋友！你可能会感到奇怪，作者最初讲的是怎样让共产主义思想深入少先队员的头脑和心灵，怎么转而说起劳动来了。这是因为，我们的时代是劳动创造的时代。应教育青年一代首先要在劳动中成为勇敢的人。在我们这个时代，人的品格正是在为共产主义胜利而努力的劳动中展示出来的。

68. 怎样使青年珍惜共青团员的称号?

作为年轻的教育工作者，你一定会有机会做高年级学生的工作。根据亲身体验，我想给你提出几点建议。

一天的工作结束后，我回到家里，翻开笔记本，想起我的少年朋友们，于是，我眼前又浮现出一双双聪明的、爱笑的、快乐的、顽皮的、沉思的、忧郁的眼睛。我希望你也能够经常独自一人思考，喜欢上这种为青年人的命运而思索，既快乐又不安的时刻。

请记住，共青团组织是志同道合者的组织，是在思想、信念、世界观方面，在对待生活、对待他人方面，都和自己持共同态度的兄弟姐妹的组织。共青团教育工作中的一条黄金定律，就是要努力用这样的思想与信念来鼓舞和团结青年：我们大家志同道合，聚集到共青团这座绝妙的宫殿里，准备为我们的理想与信念奉献一切，必要时甚至牺牲自己的性命。

那么，这种思想上的统一具体是指什么呢？怎样才能使之明确并真正实现它呢？

意识和思想上的志同道合是共青团员的灵魂与心脏。每个拥有共青团员证的人，都应该坚定地认为自己是一名共产主义战士。我们共青团员是为未来而奋斗的战士，我们的理想和观点直面未来，我们平凡无奇的日常生活因为被未来的光辉所照耀，从而变得光彩夺目、令人神往，一个人正是从这里开始受到伟大、美好、崇高的思想鼓舞的。思想上的志同道合，就是为未来而战斗。在这一斗争中，共青团的豪迈精神激励着每一颗勃然跳动的心脏。让我们回顾一下列宁的党和列宁共青团的英雄历史篇章：是什么引领我们这些缺衣少食的人们与全副武装的侵略者进行殊死战斗？是什么在最初几个五年计划期间激励人们不分昼夜地突击劳动？是什么在垦荒运动初期帮助人们克服艰难困苦？是对未来的向往，是对最公正、最美好、最智慧和最人道的制度——共产主义的向往。

可是，怎样把共产主义的未来真正展现在每个人的面前呢？很明显，不是每个人都有机会飞往太空，抑或在22岁时就能通过博士论文答辩，抑或成为闻名全球的歌唱家，抑或破译出学者们绞尽脑汁多年而无法解释的古文字。我们大多数人不是宇航员，不是院士，而是庄稼人、畜牧业劳动者、瓦工或车工。亲爱的朋友，我们来思考一下，怎样才能在平凡无奇的日常劳动中给少年儿童展示出伟大的理想蓝图，让孩子们不仅认为自己的劳动可以创造基本的生活条件，而且坚信能够在劳动中发现某种更重大、更非凡的意义。

思想及意识的统一要在劳动中实现。这种日常劳动看起来平凡无奇，但对于人们来说，它既可以成为繁重而令人生厌的负担，也可以成为让人精神抖擞，为创造世界的美和自身的美而不断进行的奋斗。我认为，共产主义战士的志同道合是要共同走在时代的前列，一起预见未来，在自身的劳动中发现未来，并且在自己的双手中感受到未来。

我记得，集体化初期，村里的第一位拖拉机手自豪万分。因为他率先跨入了无人知晓的领域，打破了生产资料私有制长久以来对人的束缚：他开垦荒地，让不可思议的怪物——机器服从他的管控。每年，当我来到由十四五岁的少年组成的共青团员小组时，我会告诉他们前辈们建议他们做些什么、从何做起。此时，我似乎又看见了我们第一位拖拉机手那双充满崇高精神的眼睛。热情的亚什卡——姑娘们这样称呼他，每个姑娘都曾悄悄地爱慕过他。

亲爱的朋友！我要跟你说说我们学校共青团组织刚刚成立时的一些情况。当时我们一共有25个人……我们所要从事的劳动，是我们的父辈、祖辈重复过无数次的劳动，也就是先播种一公顷小麦，然后培育种子，再交给集体农庄。我们可以继续重复先辈们在我们的土地上所从事过的这些劳动，但也可以更进一步，像未来共产主义社会的人们那样劳动。在我们这里，一公顷肥沃的土地，在最好的情况下，可以收获3500到4000公担粮食，而现在我们提出了收获7000公担的目标。这是史无前例的，但大自然的力量和奥秘还远远未被人们完全揭开。如果能够使小麦的本性被全部挖掘出来，它的产量可能会翻倍。年轻的朋友们！这将是一项不平凡的劳动，而我们也会成为不平凡的人。到了共产主义社会，我们的土地都会奉献出这样的财富，那将不仅仅是一公顷土地，而是一片又一片广阔的田野。我们在今天，就要收获这样的财富。

我们的劳动的确不平凡。这不仅指劳动过程的性质，比如许多事情不得不采取与大面积种植小麦不同的做法。不平凡首先在于它占据了学生精神生活的方方面面。劳动成了为确立一种思想而进行的斗争，这种思想激励着我们，将我们团结成一个志同道合的大家庭。学生们感受到自己是不平凡的人，他们的劳动不是为了谋生，而是要在人烟稀少的地方开垦出第一条犁沟。

如果思想上不能保持一致，也没有崇高的共产主义思想对大家的鼓舞与激励，那么集体中的任何组织联系都是毫无意义的。我猜想，在我们需要用双手从沟池中把粪肥挖出来，装车运送至田里去的时候，如果我们的共青团员中有人拒绝参加这项“肥料工厂”的劳动，会出现什么情况呢？假如发生这种情况，这个人一定会被严厉批评，同学们会骂他懒惰、贪睡、娇生惯养、好吃懒做。而这都是同学们发自内心，并未做任何“准备”的批评。因为人的心灵一旦受到高尚思想的鼓舞，就会对周围的一切变得非常敏感，心灵会捍卫理智，也会提示人们应该做什么、应该说什么。年轻的朋友们，请记住，不要让人的心灵沉睡，要时刻守护着自己的良知——这也是共青团教育中一条极为重要的原则。学生们常说，我们那时真是在拼命劳动。埋在沟里的畜粪沤成了腐熟的肥料，我们就把这种肥料运送至田里，像播撒种子那样将其充分撒在土地上，让每一棵幼苗都能得到养分。我们在科学杂志上读到，塘泥是小麦的绝佳肥料。我们的池塘里差不多淤积了几百万吨塘泥，于是我们就把它们挖出来，然后运到田里去。冬天下过雪后，我们到田里将雪收集起来，覆盖到我们那一公顷的土地上，让土壤吸足水分。春天，我们给小麦追肥。夏天，共青团员各自忙于自己的工作，有些人在畜牧场劳动，有些人在蔬菜队干活，还有些人养蚕。种小麦是我们的附加劳动，清晨或者晚上，我们相约一起去麦地劳作。我们用小锄在垄间松土，好让土壤能够保持水分，促使小麦分枝。茁壮的庄稼结出了沉甸甸的麦穗，带给我们满满的喜悦。我们一颗颗数着麦穗上的麦粒，在收割前又称了麦穗的重量。收割的日子就是我们大家的欢庆日：我们盛装出席来到田野，每个人都欢呼雀跃。但与此同时，我们也感到了不安，心想：“我们这一公顷的土地到底能有多少产量呢？”土地慷慨地回报了我们——一公顷收获了7000多公担。

在这激动人心的时刻，青年们是多么想欢聚庆祝啊！在所有小麦收割和称重之后，共青团员们不约而同地在晚上来到学校。我们想要聚在一起，共同憧憬未来。我们感觉自己刚刚胜利归来。我们仿佛登上了一座高峰，而我们面前呈现出了一座又一座新的高峰，它们在阳光下熠熠生辉。我们梦想着，有一天，我们每公顷土地能够产8000、9000公担的粮食。农业技术一定会发生日新月异的变化，新的机器一定会出现在我们的土地上，庄稼作物的垄间也将进行耕耘，就像耕种甜菜、玉米这些中耕作物那样。作物的果实将会增大两倍。我们的内心激情洋溢，充满了自豪和对未来的憧憬。

69. 怎样培养共青团员的上进心？

我亲眼看见过小伙子们和姑娘们注视彼此的眼睛，相视而笑。

伟大的思想能够鼓舞我们创造自身的美。我的青年朋友，让我们一起深入思考一下我们共青团教育中的一条真理：应该培养青年，让他们感到自己是美好的；要让美德培育出人的崇高的自豪感与公民尊严；要让人们不仅能够仔细观察周围的事物，而且也能审视自我。如果一个人不能为自身的美感到自豪，那么他就不可能感受到良心的谴责，长辈的教育或批评也将无法触及他的内心。而这种自身的美，只有在集体被共同的思想所激励、鼓舞时才能被培养出来。

我们已经向未来前进了一步，我们在高尚共产主义思想的鼓舞下从事劳动。然而，就算是至理名言也不能无限重复，否则就会变成陈词滥调，仿佛是一个懒散匠人手中的工具。如果每次遇到困难就拿出这把既脆弱又锋利的工具，那么即便是伟大和神圣也会变得庸俗。比如除草时，要在烈日之下劳作一整天，老师就会提醒学生想象：保尔·柯察金是在怎样的劳动条件下采伐树木的？阿穆尔共青城的第一批建设者经历了怎样的困难阻碍？这样做可行吗？不行，当然不能这样教育人。这样做，只会让锋利的工具只剩下木把儿，对年轻人的心灵丝毫不会产生任何影响。要努力使共产主义思想始终能够鼓舞人心，成为人们发自内心的道德动力。但要尽可能少使用锋利的工具，只有这样，这些工具才能对青年起作用。

然而，感受到自身的道德美并不意味着孤芳自赏。一个人在感到自豪的同时，也可能会对自己有不满。他要有进取心，否则就不可能有自身的道德尊严感。这是青年道德发展之路上一条难以捉摸的规律：只有当一个人变得一天比一天更好，或在同伴和自己身上发现了新东西，并且想要变得更好、更完善时，他才是具备了上进心的人。共青团教育中有一条非常重要的原则，那就是要让青年永远处在成长的过程中，不断变化，不要墨守成规，一成不变。要让一个人意识到、感觉到自己的成长，这是十分重要的。青年朋友们！要警惕学生道德发展过程中出现的停滞现象，要避免出现道德僵化的情况。不要让一个人总是觉得他无论如何也无法根除自己的种种不足。

70. 怎样激励人们不断发展和完善道德?

这是一件非常有趣的工作，且在我看来，也是少年教育工作中甚少被研究的一个领域。我们教师集体制订了一条规则，可以简单概括如下：要让一个人追求自身道德的美好和完善，就应该让他看到身边的人——自己同学身上的美和完善。一个人如果不与他人交往，不关注人际关系，那他是不可能培养出独特的“我”的。正如马克思所言，要培养自我意识：“人起初是从别人身上看到自己的，名叫彼得的人觉得自己是一个人，只是因为他把叫保罗的人当作是和自己同类的人”[1]。对待自己要如对待别人一般，这是集体教育中教育技巧的秘诀所在，遗憾的是，许多教育者难以理解。

我们坚信，集体教育力量的源泉首先存在于集体劳动的过程中。今天，当一个人在集体丰富的道德生活中，在自己的小伙伴身上发现了昨天没有看到的东西，这就是发现别人。正是由于这个原因，形象地说，他会看见自己，评价自己，并自行进行比较：我过去是什么样，现在又是什么样。这是集体教育生活中非常重要的一点。教育青少年的时候，要努力做到，让每个学生都能在集体劳动中，在同伴的眼神中，感受到鼓舞和激励。让哪怕是最不活跃、最冷漠的学生在看到同伴的眼睛

---

1 《马克思恩格斯选集》（第二版），第 23 卷，第 62 页。

时，就如同照镜子一般，也能看到自己的理想和追求；让他停下惊奇的脚步，让他的内心因为自己的伙伴而燃起充满人性的、骄傲的光芒。只有这样，你才能在学生的心中播下进行自我思考的火种。

所以，在教育工作中，用劳动鼓舞、激励集体具有重大意义。要善于通过一些能让人变得高尚的活动把青年男女的思想和情感联结在一起。让每个学生在同伴身上发现真正的人性之美后，都会扪心自问：我达到这种美的境界了吗？我具备这种美德了吗？我明天会比今天变得更好吗？一个人的精神面貌取决于他是否够严格要求自己，能否将少年们的内心引领至神圣的、美好的公民之路也取决于此。

71．怎样教育青年不要冷漠地对待我们的生活和斗争？

我们现在所说的是青年人心中的神圣之地。每个青年共产主义者在自己的思想和心灵中，都应该有一处神圣、珍贵、无可替代的领域。心灵和思想中的神圣之地，指的就是我们的苏维埃祖国，是她的富强和荣光。其他的一切在祖国面前都会黯然失色。

培养爱国主义者和公民是我们共青团教育中最主要和最复杂的任务之一。要怎样才能使每个青年都能珍视祖国，从内心中爱护她呢？怎样才能使祖国成为每个人心中的明灯，可以照耀万物呢？怎样才能使人在祖国这盏灯的光芒下观察周围的世界，并首先能够审视自我呢？

这里，我们就要聊聊公民感的培养问题，这一直被我称之为教育中最宝贵的问题。一个人只有富有同情心与勇敢，才能成为爱国主义者和公民。爱国主义，形象地说，是情感与思想相结合的产物，不仅要用理智，更是要用真心去理解神圣的祖国。这种理解开始于一个人在周围世界中发现某个人成为他无限珍爱之人，并准备为其献出自己灵魂深处的所有力量。爱国主义源于对人的爱。以爱国主义精神去观察和感受世界的根源，对祖国情感的根源，正是对世界上最珍贵之人——亲生母亲的爱。维·戈·别林斯基写道：“自然界最伟大、最崇高的东西就是人。”[1] 而站在伟大与崇高顶端的就是母亲。在世世代代人们的意识中，爱国主义的概念起源于生养、抚育我们的母亲的形象，母亲是人类的珍宝，这一说法绝非偶然。三十多年与青少年打交道的工作经验让我有资格坚信，培养孩子们以真诚、亲切、温柔和关怀的态度对待人类伟大的母亲，是共青团组织一项极为重要的思想政治任务。一个对待自己母亲冷漠、无情、铁石心肠的人，与任何美德都毫无关系。一个舍弃埋葬着母亲的祖国大地，转而投奔异国他乡的人，是卑鄙的叛徒。就像飞廉草开不出玫瑰花一样，缺少真诚、温柔和热情的人，也绝对无法成为爱国主义者。

青年朋友们！我们要理解共青团教育中的一个基本原理：我们应该懂得爱别人，应该细致入微地感受周围人的快乐与悲伤。这种感受是从对待母亲开始的。请想想，星期六、星期日的义务劳动日，劳动周与劳动月，抽查与远足，我们举办了有多少。但是，你们找不到哪怕有一个单位的书记曾问过共青团员们：“朋友们，你们最近为自己的母亲做了些什么？”因此，我给从事青年教育工作的老师们提一些建议：请在我们足够丰富的语言中，挑选出如露水般透明而纯净、如清泉般淙淙作响的话语，来描述母亲，亲爱的、敬爱的母亲。母亲是人类永远忠实而美好的代名词。让每个青年都把这份美好带回到自己的家中，全心全意地对待亲爱的母亲。

我对青年们说：“今天是一个隆重的日子——你们领到了共青团员证，去同你们的母亲一起分享这份喜悦吧！给你们每个人分发一棵上好的苹果苗，拿着吧！这可是非同寻常的品种：

---

1 维·戈·别林斯基：《1847 年俄国文学一瞥》。（《别林斯基文选》，莫斯科，儿童文学出版社，1973 年，第 207 页。）

红得透亮的苹果将会映出柔和的朝霞和大风降临前的深红色晚霞。我们将这种苹果称作'母亲果'。让我们一起关怀这些树苗，就像爱护母亲那样爱护它们。”

这是最具思想性，政治性和集体主义精神的教育。七月，一个晴朗的夜晚，当我的学生、我的少年朋友从“母亲树”上摘下果实，并献给母亲时，对我来说就是攀登至教育智慧高峰的快乐时刻。

爱别人，是培养热爱祖国、为祖国服务的花朵的沃土。为了让这灿烂的花朵绽放，每个青少年都应该用理智、用真心去理解我们伟大的祖国。每个人都应该以自己是祖国的儿女为荣，都应该为自己是祖国千年来光荣与精神财富的继承者、是英雄祖国今天的创造者而自豪。

作为培养青年的教师，怎样才能在实践中做到这一点呢？

要用热烈的、如同明亮火炬一般的话语点亮青少年的心灵，让他们看看我们的祖国从古到今所走过的艰难而光荣的道路，还有那通向光辉未来的坎坷之路。要让年轻的公民感受到自己正在进行一场历经千年的接力赛——他要对先辈们交给他的一切担起责任，他有义务将接到的无价之宝完完整整地传到未来，在此过程中不丢掉一点财富，牢记在为我们伟大光荣的祖国而进行的斗争中所获得的每一个睿智的真理。

这些热烈的话语描述的是祖国的儿女，他们的名字犹如永恒的明星，在祖国的天空闪闪发光，无论过去还是将来，永远是新一代人的指路明灯。

也许，有人读完这段话后会哑然失笑。有人可能会想：你是不是过分夸大了语言的力量，是否将理想当成了现实？不，事实正是如此。语言是率领人们驰骋战场的统帅，是拨动人们沉睡的心灵琴弦的乐师，你要懂得拨动哪一根琴弦才会奏出美妙的旋律。当与学生讲起内心宝贵的、崇高的思想时，我所拨动的琴弦是公民性，是人性，是真诚与尊严。我与每个鲜活的心灵进行直接交流，在我面前的并不是什么抽象的受教育者，而是热情洋溢、目光炯炯有神的柯利亚、柳芭、万尼亚、加利娅、季娜和舒拉等等。教师的话语能够成为热烈的语言的前提，就是它要真正触动每个学生的内心，比如柯利亚、柳芭、万尼亚、加利娅、季娜和舒拉的内心。教育不应以培养抽象的爱国主义者为目的，抽象的爱国主义者也是根本不存在的。

这也是我们共青团教育中的一条黄金定律。

关于真正的祖国儿女，我们有很多鼓舞人心的故事。我给学生们讲遥远的过去，也讲不久之前的激情岁月。我的少年朋友们屏气凝神，认真倾听着扎波罗热哥萨克的故事：他们被敌人活活剥下身上的皮，伤口被烧红了的铁烙烫，被逼着背叛祖国或充当奴隶，却满怀傲骨地冲着敌人说出了一个像烈火般的字："不！"还有谢尔盖·拉佐的故事：因为坚信共产主义，他被活生生地扔进了火车头的炉膛里。另外，还有我们的两个老乡——英雄少先队员的故事：法西斯分子对其施加毫无人性的酷刑，却没能迫使他们说出半点游击队的秘密，于是残忍地将他们活埋了。我看到青少年朋友的眼睛里熊熊燃烧着对敌人恨之入骨的仇恨。如果对他们说青少年朋友们，我们的苏维埃祖国号召我们为其自由、独立、荣誉、强盛而战斗，那他们所有人都会高喊着"祖国万岁"，投入到殊死的战斗中去。

只有痴呆或者道德堕落才会封锁语言通往人们心灵的道路。语言是为人们灵魂而战的勇猛战士。一切都取决于话语背后的教师。有的话语像痴呆患者那般瘦弱、丑陋，有的话语像枯草的影子那般孱弱无力、毫无生机，而有的话语则像永恒的星辰那般璀璨明亮，始终为人们指引道路，永不熄灭。努力让你的话语成为指路的璀璨明星吧！

72. 怎样让共青团员胸怀社会主义祖国？

我们又要讲到一个细致而复杂的问题，即关于伟大、美好而崇高的情操问题，也就是热爱祖国、为祖国服务的个人的高尚情操问题。这种精神引人深思，使人日思夜想、寝食难安。假如柯利亚、柳芭、万尼亚、加利娅、季娜和舒拉这些满怀人生目标与意义的14岁学生，没有通宵达旦地研读关于马克思、列宁、亚历山大·乌里扬诺夫、尼古拉·基巴利契奇、费利克斯·捷尔任斯基或尤利乌斯·伏契克的书籍，我简直无法想象共青团的教育工作将如何开展。每一位学生在受到教师关于热爱祖国、为祖国服务的热烈话语激励后，都去寻找并找到了自己喜爱的书籍，也都在祖国的苍穹中找到了属于自己的璀璨明星。当学生在春夜里伏案研读自己喜爱的那本书时，每一颗被忠于祖国的杰出榜样所惊叹的心脏都跳动得愈加强烈。我是谁？我是怎样的人？从前我是怎样生活的？将来我要怎样生活？我可以为社会主义祖国贡献什么？如果学生不去深入思考这些个人的、个性化的问题，真正的共青团教育就只是一纸空谈。

年轻的朋友，如果你想要成为一位名副其实的共青团员教育者，请你一定留意青少年们独处时都在干什么、忙什么、读什么书、想什么问题，留意他们是否愿意独自思考。如果不愿意，那就意味着他没有个人的精神世界，没有个性，故而也就没有集体——这是十分糟糕的事情。

我们学校里有一间被称为“思考室”的房间，那里总是十分宁静。房间的书柜里陈列着许多关于祖国英雄儿女的书，要让学生们去翻阅、去寻找属于自己的那一本，找到属于自己的明星与指路明灯。要确保每个青少年都不要错过属于自己的书，在我看来，这是从事青少年教育工作者一项最为重要的任务。每次当我讲完爱国主义者的事迹，成功触动了年轻敏感的心弦后，总是有几个青少年会到“思考室”去。祝愿你们成功，我的青少年朋友们，你们正在攀登自我教育中最为艰难的一级台阶。比如，我第一次看到那个蓝眼睛的大个子时，他就站在窗边的玫瑰花丛旁。同学们都叫他万尼亚，他才14岁，就已经长得比爸爸还高了。但是万尼亚看待事物的观点还十分幼稚，这让我颇为担忧。我焦急地盼望着成年人的思想能让他的心灵与理智泛起涟漪。现在，我终于看见他手里拿着一本关于尤利乌斯·伏契克的书……万尼亚，你要成为真正的男子汉呀！把书带回家，畅快地去阅读，去思考吧，让成年人的思想触动你的心灵。

青少年的自我教育正是由此开始。

但这只是开始，要想让青少年达到精神上的成熟，必须付出大量的劳动。

73. 青少年的思想是如何迈向成熟的?

有时会听到这样的争论：青春期应该从14岁还是16岁算起？在14岁还是15岁时加入共青团更合适？近些年，儿童早熟的问题让学者担忧——少男和少女身体发育的速度在加快，但他们在社会、精神、道德层面的发展却落后了。

教师们坚信，孩子的青春期始于十二三岁。要想使他们成为心智成熟的人，就要帮助他们在公民之路上迈好最初的几步。童年与少年时期对任何事都毫不在意，是孩子思想不成熟的根源。青少年在生活中应当对事物存有关怀之情，这里我指的是对我们人民、社会和祖国的关怀与担忧。要让孩子们在青春期伊始，就会发自内心地为周围的事物感到担忧、不安和焦虑。生活中的任何事情，不论近在咫尺，还是远在天涯，都应将它视为与自己有所关联的事。让青少年学会以公民的视角看待世界，这是一种高级别的教育智慧。最重要的是，要让孩子们对社会有所关注，并视公共事务为己任。

那么，如何在现实工作中达成此目的呢？

当你开始思考自己为他人做了哪些事情，能够付出什么的时候，你作为公民就开始走向了成熟。这些思考是青少年道德财富最重要的源泉。只有在十二三岁就拥有了自身道德财富的孩子，才能够用理智和心灵去了解自己的祖国。若是孩子缺少这种道德财富，那么教师说的话就会变得毫无用处，也无法成为激励孩子心灵的智语，促使他们思考“我为什么活在这个世界上”这个问题。而正是得益于这种思考，当想到谢尔盖·拉佐的功勋时，年轻人也会联想到自己，并因意识到自己接触了一些伟大、神圣的事情而心潮澎湃。或许，有时会听到一些老师抱怨：你给学生讲神圣的事情，讲英雄主义，讲英勇无畏和自我牺牲，但出于某种原因，这些话根本无法深入到学生的内心。究其根本，这是因为学生的内心只追求快乐，他们的心灵实际上是贫瘠而空虚的，他们缺乏那种为他人服务而感到喜悦的道德财富。

请从童年和少年时期就开始一点一滴积累青少年的道德财富。人在十二三岁时，回顾以往，应当看到自己为他人做了什么奉献，并为此而感到自豪：这是我的劳动成果。这种自豪感是共产主义思想的精神武装，也是思想达到统一的基础。

在孩子们十来岁时，我们决定为大家造一座葡萄园。面前只有一片被灼热阳光炙烤的南山坡，土地贫瘠，毫无生机。但就是此处，每公顷土地可以收获数十公担的“阳光果实”。于是我们开工了：先清除山坡上的杂草，挖出数百个坑，再将每个坑里都灌上淤泥和腐殖土。有一些植物能消灭葡萄园的害虫，按老一辈的建议，我们把这些植物根底的土壤也挖来填进坑里（有这样的民间“植物医学”）。我们来来回回地搬运了数百吨土，在每一株葡萄苗周围都设置保护措施，以防水分流失。对于教育者来说，这是最艰难的一个阶段，毕竟单调的体力劳动并不令人愉悦，也无法带来任何满足感。那么，是什么促使青少年去完成这项劳动呢？是言语。只有火热的话语，才能在年轻的心灵中点燃为人民服务的火种。我深信，充满共产主义信念的话语具有强大的力量。

葡萄藤的嫩芽已经开始抽青，我们开始欣赏自己的劳动成果了。此时此刻，我已经不再担忧沉重的体力负荷会让某人变得精神颓丧，抑或对劳动产生轻视的态度了。对我们来说，劳动才刚刚开始：要用心浇灌植物，保护它们不受暑热和严寒。

日复一日，年复一年，照料葡萄园对于我们每个人来说，都已成了一件十分宝贵且亲切的事。我们对这片土地产生了深厚的感情。第一批果子成熟了，我们也迎来了公民情感的庆典日。老人、孩子来到这个果园，我们请他们品尝葡萄。我们还把果实拿去和病人分享，每当得到大家的感谢和祝福时，我们的心情总是十分激动。

让十三四岁的少男少女们因自己的诚挚、热忱和仁爱之心而听到他人的感恩，是一种高级的教育智慧。要知道，很难找出别的什么力量比这些朴实无华的话语更加鼓舞人心了。我的学生们体验到了无与伦比的快乐，那就是施善于人。现在，这些火热的言语已经深植他们心中，这种激励让他们渴望不断投入新的劳动中去，并成为每个孩子内心的精神力量。我坚信，此刻的每个人不论在集体生活中，还是独自一人时，都能够展现出身为公民的自我牺牲精神。

年轻的朋友们，当良知不再允许你对他人冷漠、疏远时，公共的事情就会成为与你自身相关的、需要用心完成的事。

我和学生为人们建起葡萄园的这片土地，成了孩子们进行公民自我教育的见证。在这里，他们已经能够用公民的视角去看待这个世界，懂得世上任何一件事物都与每个人休戚相关。并不轻松的体力劳动使学生的精神得到淬炼，男孩子们长成了真正的男子汉。我欣慰地看到，当体力劳动带来很大压力时，少年们开始用另一种方式进行思考：他们思索应当如何克服困难，而不是能否克服它。

74. 不要惧怕困难，去迎接它吧，困难可以打磨青少年的思想

克服困难的过程能够使人变得刚毅、果敢，使心灵更加高尚。这并不会让人变得冷酷无情，恰恰相反，能使我们学会对人温柔、对善敏感、对恶毫不妥协。

我们为学生开启的生活并非一条坦途，年轻人需要做好应对一切的准备，要准备好经受最严峻的考验。要教育少年们成为坚强、吃苦耐劳的人，时刻准备好面对人生道路上的困难，不会为此手忙脚乱、精疲力竭。体力的持久耐劳与精神的坚韧不拔是密切相关的。年轻的朋友们，请检验一下：你的学生，一名16岁的少年，能否在极端严寒中不仅仅是待着，还要工作一整天？他能否在烈日下徒步四十公里，紧接着再工作几小时？能否忍着半天都不喝水？这一切不应以模拟考验的形式去完成，因为在日常生活中就可能会碰到类似的困难。我们不会只在口头上说要锻炼耐力，而是分配给他们体力活，这正是和他们年纪相仿的年轻农庄庄员平日里要做的——顶着一月的严寒去田野上，将拖拉机装满干草，运去畜牧场。少年们会认为这项劳动是要让奶牛产奶，而不是锻炼自我。没有干草喂牛，就不会有牛奶。

要是人在青少年时期就能学会克服困难，那么他就能看到那些娇生惯养、游手好闲的“妈妈的宠儿”看不到的风景。

75. 请保护青少年纯洁的热忱之心

每当谈及青少年的教育问题时，我总要一遍遍强调：身为公民，要有忧虑之心。这是我们共青团教育的核心。年轻的朋友们，要像畏惧火焰一样远离冷漠。那是一种最为可怕的毒药，会使人变得庸俗、充满市侩气，变得对什么事情都满不在乎，只遵循自私自利者无耻的道德观行事："事不关己，高高挂起""我自己的事情就像公鸡打鸣，叫过就行，才不管天亮不亮"。年轻人用自己的双手为别人创造得越多，他的心灵就会越纯洁，就越懂得感恩，就越能够感知他人的喜悲、社会的不安与忧虑。年轻人会用充满求知欲且严苛的目光来审视周围的世界，他们天性不安于现状，愿意四处闯荡，高尚的心灵永远无法和邪恶并存，也不能容忍在公共利益面前的态度冷漠以及肆意侮辱他人尊严的行为。当这种事情发生时，年轻的心灵就会奋起反抗、提出异议、感到愤怒，并采取高尚、体面的行动，尽管有时这些行动也会有些生硬和冒失。

请记住，面对邪恶时的第一反应、良心发出的第一声呐喊，往往是最为高尚的。不要遏制良心的呼声，也不要用所谓的逻辑思维和推论去束缚少年高尚的热情。成熟的智慧、判断力、三思而后行的能力随着时间推移，都会自然而然地到来。但是，对邪恶感到愤怒、时刻准备将之击碎的年轻心灵，只有在感到忧虑不安的时刻，在对世界有了伟大的认识——即心灵对善恶有了复杂且痛苦的认识的时刻，才能剧烈地跳动。不要让我们的任何一个孩子变得冷漠无情。对好的行为举止进行评价时，既要灵活又不能轻率。只要有一颗火热的心，就会有冷静的思考力。

在生活中会碰到这种情况：某件邪恶的事发生了，却找不出它的罪魁祸首，好像这是原本就应该发生的灾难一样。有时人们遇到这种事情，只会同情地摇摇头，说一句“唉，真是没办法”，然后就径直走开了。在这种情况下，要避免青少年变得冷漠，因为冷漠是心灵最可耻的堕落。而且这样的行为还暗藏了极大的危险：只要有一两次对与自己无关的灾难置若罔闻，那么你就永远都不会为他人的焦虑和担忧而驻足。

在某场灾难没有明显过错方的情况下，也应唤醒少年心中的焦虑与担忧。要让青少年的心中燃起永不熄灭的热情：“我应该为此做些什么，要是置之不理的话，我就会变成卑鄙的利己主义者。”这种热情的火焰不是凭空燃起的，出于道德，受教育者为与自己无关的事感到的担忧和焦虑，会成为点燃这种热情的燃料。

在一个雷雨天，集体农庄的羊群走失了20只小羊羔。这些小羊羔可能是被暴雨赶进了某处灌木丛或芦苇丛，也可能是大雨过后陷进了某片积满淤泥的湖里。听说了这个不幸的消息后，我们决定和孩子们行动起来，去找小羊羔，毕竟它们是那么的小。我们带着三天的口粮来到一望无边的第聂伯河沿岸，将小羊羔一只只救了出来。喜悦与自豪之情涤荡着我们的心灵。回去时虽然很累，还被蚊子叮了满身包，但我们还是由衷地感到幸福，精神也得到了升华。我把这样的集体行动叫作“热忱教育”，它能够使心灵更加敏锐地感知到不幸、痛心与忧虑。要是没有这种教育，碰到此类情况，人们只能冒出一句看似公正却毫无人情味的话："没有我们，这些事也能得到解决。"

我并不认为热忱教育是某种与周围世界分离开来的事情。这是公民的生活，是别林斯基因为满怀对未来的忧虑而描述的、那个重视公共利益的美好世界。

76. 怎样教育共青团员关心社会公共利益？

有一次，我听了一位副校长做的关于课外活动的报告。报告中他详细介绍了他的社会学教研室，包括墙上挂着的标语和图片，屋子里的艺术性装饰，以及他们如何将共产主义建设者的道德准则写在一张大纸上，并给它镶了一个漂亮的框等等。而关于如何让伟大的马克思列宁主义科学真理进入年轻的心灵，并使其在心中永不褪色，这位副校长却只字未提。当有人问到有关这方面的问题时，他居然哑口无言。原来对于教研室的配置是有严格要求的，对人的心灵却没有。我认为，如果一个人眼中只有上级命令，却不知道如果缺少灵魂和心灵，一切都是零，那么这样的人给教育事业带来的危害远比益处要多得多。因而，热心课在教育工作的所有环节与形式中，都具有重要的意义。

有一天，我们这个友爱的大家庭（我们是这样称呼自己的共青团组织的）一起去筛选玉米。我们要将最好的玉米装在车上，运到国有仓库去，稍微差一些的送去给猪当饲料。有个人从一旁走过来，悄悄建议说：把差一点的玉米放在车厢下面，上面盖上好的，仓库的人只检查上面的那些，毕竟我们得多交一些，要完成计划嘛……这时，我看到共青团员们彼此对望了一眼，他们感到羞愧了。万尼亚脸红到了耳根，吉娜也垂下了眼睛。这个负责人走了之后，学生们站在那里，我也站在那里，我的心一下子揪了起来：孩子们，接下来你们要做什么呢？第一堂热心课都教了你们些什么呢？

“这算怎么回事啊？”舒拉小声地嘀咕。

大家没有再多说一个字。憋着一股子执拗劲儿，学生们一股脑地将好玉米往车厢里塞。那个建议我们可以投机取巧地完成计划的人来了好几次，皱着眉头默默看共青团员们干活，却一个字都不敢说了……一个人的良心哪怕只有一次对恶行、欺骗与不公做出反抗，他就会开始变得对周围世界发生的现象十分敏感，就会觉得无所事事、铺张浪费是一种恶行，并对谎言与欺骗零容忍。

要努力教育人在青少年时期就能关心集体与社会的财富。在农忙时节，任何一个学生面对繁重的劳动、面对大家都在操心的事情时，都不能置身事外，袖手旁观。

春天，在集体农庄几千公顷的土地上播种了谷类作物、蔬菜和经济作物，如果不去及时除草，就可能会影响收成。这段时间，庄员的全部心思都用在怎样合理组织劳动、怎样利用好工作的每分每秒上。而你作为教师，要做到让学校集体中也充满这种紧张劳动、踊跃服务社会的气氛。要让青少年去那些能够在极大程度上决定社会福利、经济收益的生产领域从事劳动。不要让学生的劳动与成年人的劳动分隔开来。要处理好学生与成年劳动者之间的关系，使学生们创造的物质财富正是这些劳动者迫不及待想要的，让儿童、少年、青少年将自己的儿童劳动、学生劳动看作是真正的成年人劳动。要让学生集体的劳动少一些“书呆子气”，不要只是摆摆样子，这是我们从小培养学生关心社会公共利益时应该遵循的要求。

在教育工作中，我们要做到让学生的劳动热情和干劲能够成为建设社会生产大厦的一块块砖瓦。比如，让一、二年级的学生在暑假期间集体去田野里劳动几天，给小牛犊准备最好的、最有营养且富含维生素的干草。这项劳动的成果就是收获了几十吨品质极高的饲料，而收割、晾晒、堆放都是由孩子完成的。四、五年级的学生负责储备西红柿、白菜、黄瓜等蔬菜的种子，除了他们，集体农庄里没有别人从事这项劳动。孩子们很清楚，如果他们不为社会生产尽心尽力，那么整个生产过程都会因此而滞缓。早在他们开始劳动的时候，社会公共利益就已经成了劳动的崇高目标。

较为年长一些的少先队员和共青团员则需要完成更加重要的任务。集体农庄每年会分给他们10到15公顷的土地，让他们负责栽种小麦、玉米以及其他作物的种子。从最开始的松土，到最后的收获和储存，整个过程都由学生独立完成。

学生们感受到，自己是和成年集体农庄庄员一样的劳动者。共青团团委书记和少先队队长就像成年工作队的队长一样，被邀请到集体农庄委员会召开的会议上报告工作。经济利益在校园集体的精神生活中占据着十分重要的位置。对物质财富的关心，让校园集体中彼此间的相互关系以及少先队员和共青团员的整个思想结构都呈现出别样的色彩。为了让学生在思想上更加成熟，我们不仅仅要关心学生与成年劳动者之间的经济关系，也要重视校园集体内部的这种关系。

77. 如何在校园集体中建立劳动关系？

年轻的朋友，此处我们要谈的是对于组建、培养一个集体而言尤为重要的因素——物质关系，即包括责任感、领导、服从、互助、合作、经验交流等概念在内的物质表达形式问题。要是不对物质财富负责，那么一切关于责任感的语言就都只是一种稚气的见解罢了。如果成员之间做不到互帮互助、紧密合作、彼此交流思想经验，那么就无法形成任何一个集体。

我们学校的少年先锋队组织成立了一个小型机械化工作小组。组里有一些机械设备，可供学校的教学试验田或儿童工艺小组使用。还有教师和高年级学生共同装配好的小型拖拉机，少先队员们用它在学校的田地和园子里耕作。组里有两辆小汽车，它们是供低年级教学使用的。此外，还有两台播种机、一架除草机、一台脱谷机和若干台簸谷机。这些器械全部都是学校制造出来供孩子们劳动使用的。

共青团组织里有一个青少年机械师工作小组。组里选出了一名组长、两名助手和两位技工，还组建了一个青少年电工小队。按照共青团员和少先队员的说法，组里有“成年人用的技术装备”——一台拖拉机、两辆汽车、一架联合收割机、若干台播种机和簸谷机。受组里委托，组长和助手负责管理这些技术设备和维修站（他们这里有给蓄电池充电的装置和电焊机）。他们还负责定期给青少年机械师委派工作。学生们认为，能被选入这个机械师工作小组是一种很大的荣誉。在志愿者驾驶拖拉机前，组长要对其进行一系列考试（比如，让他们用机床加工机器的零部件，参加机械的设计和安装）。春夏田间劳动时，组长还会负责安排青少年机械师在地里（少先队和集体农庄的土地）的具体工作和排班。

少先队和共青团组织里还有另外两个工作小组：青少年农艺家和青少年园艺家。这些劳动集体有自己的试验田、园子、校养蜂场，以及进行农业或园艺劳动时所需的手工器具。

物质经济层面的经验，使得共青团和少先队组织成为许多物质财富的主人。我们的少先队员和共青团员，管理着来自教学实验田、果园和菜园等校内农庄的账目。学生把出售果蔬和树苗所得的钱记在收入项下，上交给会计科，一年的时间里积累了一笔可观的数目。共青团委员会和少先队委员会用这笔钱来购买乐器，组织学生进行参观游览。这些活动丰富了共青团员和少先队员的生活经验。

与劳动密切相关的物质、经济关系，就像一条绳子，把集体中不同年龄的学生紧紧联系在了一起。

78. 不能随意组建由不同年龄段的孩子构成的集体

当然，物质与经济关系会催生出另一种关系，即精神上的联系。构成经济关系实质的劳动越有趣，不同年龄的受教育者之间的精神联系就会越紧密。在同一个集体中劳动的儿童、少年与青少年共同操控机械设备，掌握复杂的实践技能与技巧，彼此交流知识与经验——这样一来，成员之间就有了精神层面的联系。只有在这种情况下，劳动对于他们来说才会变得趣味十足。如果学生们缺少劳动的兴趣，对知识毫无欲望，也没有以掌握相对复杂的技能技巧为前提的共同活动，那么就无法在非同龄集体中开展教育。但是如果你可以使不同年龄段学生的劳动和精神生活很好地结合起来，那么就有可能让集体对个人产生重要的影响。

教育影响的实质就在于儿童和少年、少年和青少年由于共同的兴趣、才能、爱好与志向而彼此吸引，他们的性格特点也会在具体活动中得以体现。不同年龄段的孩子组成的集体具有一定的教育影响，儿童和少年能够在鲜明榜样的影响下，意识到自己想要成为一个什么样的人，并且想要去追逐理想、达到榜样的境界。如果缺少有趣的、引人入胜的劳动所产生的精神联系，那么想要成为某种人的想法就不会产生，学生的想法也将无从得知。

加入不同年龄段的孩子构成的劳动集体（也可以称之为创

造性劳动集体）应当是一件自觉自愿的事情。绝不允许出现把一个学生和另外一个学生硬拉在一起的情况发生。少先队员和共青团员能敏锐地捕捉到每个人的才能、爱好与志向，他们从不会把对机械或园艺不感兴趣的人分配到对应的组里去。

还有另外一种由不同年龄段孩子构成的集体。暑假期间，学生们通常哪里都不去，因为在村子里就可以休息得很好。每条街上、每个“角落”里（这是乌克兰的说法）都有人民教育基地，我们称其为“小型人民教育学校”。爱孩子的人是这些学校的灵魂，他们或者是退休的生产队老员工，或者是年轻工人、集体农庄庄员和职工。对于他们来说，和孩子交流是一件非常快乐的事，能够充实他们的精神生活。在我们自己的集体里，这样的人被称为人民教育基地的守护者。他们所带来的教育影响尤为深远，因为只有美才能孕育美，只有人才能培育人。

三十余年的从教经历使我相信，当一个人在教育他人、关心他人的时候，是他自己接受教育的最好时机。我们的教师集体力求努力做到让每个学生在少年时代就能展现出对小朋友真挚的关怀。对儿童的体贴、关切和担忧之情，是少年与青少年群体高尚情感的基础。在活动中越是能积极表达出这种情感，男孩子们的心就会越温暖而英勇，女孩子们的心则会更加温柔。

79. 请努力让您的学生也成为教育者

我们的共青团组织在为人们设立草原“美丽角”时，一个名叫娜塔莎的小女孩，意外地闯入了我们这个和谐的大家庭，后来共青团员都亲切地叫她小娜塔洛奇卡。她家住在村子边上，家中只有妈妈和她。三岁时，小娜塔洛奇卡生了场重病，从那以后就无法行走了。到了春夏之季，妈妈就将小娜塔洛奇卡放在小车上，然后把她推到枝叶繁茂的苹果树下待着。绿意盎然的小院，苹果树，两只蜂箱，一口井，棚子里的几只鹳，小狗帕利玛和它守着的几只家兔，这些就是娜塔洛奇卡的整个世界。小女孩嗓音很洪亮，爱说话，同时又因自己的病而感到忧愁。她请求我们带来一些她从未见过的田间野花。我们每个人都很同情她，难道小姑娘就无法康复了吗？医生们给她治疗，但无法承诺她很快就能好起来。小女孩的神经系统受损严重，她的腿动弹不了。我们能为你做些什么呢，小娜塔洛奇卡？

我们为她做了力所能及的一切。在她家宽敞的院子里，我们建了一座真正的花园，在那里种上了小枞树和松树，从学校的温室里移来了盛开的菊花，还在窗下种了玫瑰。再过一年小姑娘就该去上学了，我们就开始教她读书、画画。整个冬天，她的房间里都有鲜花绽放。但小姑娘的脸色仍旧十分苍白，看起来病恹恹的。我发现，吉娜和嘉丽娅从娜塔洛奇卡那里回来后，偷偷地掉眼泪。我们都期盼着春天可以快点到来。

春天来了，核桃树开始抽枝生叶，草原上的花儿也开始绽放。我们把娜塔洛奇卡安置在小车上，然后把她带到“美丽角”来。小姑娘感到十分惊奇，这里好像是一个崭新的世界，一切对她来说都是那么陌生：草原的雾气在山丘之上缓缓涌动，云雀欢快地歌唱，还有大个儿的螽斯……孩子们在“美丽角”搭起了窝棚，暑假里，我们在此处度过了好几天。草原上对身体有益的清新空气，胡桃树枝叶散发的芬芳，红彤彤的西红柿和丰沛多汁的西瓜，还有咬起来嘎嘣脆的苹果——这些对于小娜塔洛奇卡来说，或许是治愈她的最好的良药。她的脸颊红润了起来，眼睛里闪烁着快乐的光芒。两年后，小姑娘终于能站起来了。医生说，能治愈人的不仅仅是药物，还有快乐的心情。娜塔洛奇卡的病情正是如此。

两年半的时间里，对这个小女孩的精神关怀，成了孩子们最好的教育体验。小伙子和姑娘们学会了用心去感受、去认识那些肉眼看不出来的不幸和忧虑。我深信，如果一个集体十分关心儿童，那么对于人最大的不幸——孤独，他们也会表达出深深的同情。

80. 教育集体成员，不要对孤独视若无睹

在小娜塔洛奇卡还没站起来的时候，我的学生们就因另一件不幸的事而震惊不已。有一天，我们从树林里回来，碰到了一个女人，她忧郁而若有所思的目光从我们身上滑过。村子里，通常每个人见面都要打招呼，不管彼此认不认识。我们用“晚上好”来问候她，她用“亲爱的，祝你们健康”来回答，从她的声音里，我们捕捉到了一丝悲伤。

“为什么她的眼睛看着如此悲伤？”有一个小男孩这么问道。

“她好像特别悲伤，为什么会这样呢？”

一天后，我们知道了她的伤心事，这件事让我们大受震撼。妇人的三个儿子、她的丈夫还有两个兄弟，都死在了卫国战争前线。不久前，她的妈妈也去世了，她失去了世上最后一个亲人，现在孑然一身了。

这位玛丽亚奶奶的遭遇使我们感到由衷的心痛。我们有什么能帮到您的呢，亲爱的玛丽亚奶奶？当我们得知了她的悲惨遭遇后，科斯佳说：“只要能让您开心，我们愿意把内心所有的温暖都献给您。”

有一天，玛丽亚奶奶终于对我们露出了笑容。回忆起自己的儿子，她笑了。我们来到她家，种下了纪念她的儿子、丈夫和兄弟的六株葡萄藤和六株玫瑰时，她也笑了，笑着笑着，泪水就从眼里夺眶而出，我们也跟着哭了……因为在这个世上，

我们从未见过一位母亲如此悲痛。

我们想要努力减轻一点她的痛苦。我们心里明白，不能留她一个人待着，孤独会使她更加痛苦。内心的声音告诉我们，我们无法安慰玛丽亚奶奶，也不能让她忘却自己的痛苦，这种痛苦会始终伴随着她，直到生命的尽头。

看到孩子们过来的时候，玛丽亚奶奶开心地笑了。我们每天都去她那里，在她漂亮的园子里干些活儿。后来玫瑰开花了，一串串葡萄也成熟了。我仔细盯着孩子们的眼睛，听他们叽叽喳喳地聊天，然后发现，他们内心深处仿佛觉得有些对不起玛丽亚奶奶。他们能够开心地生活，放声大笑，感受灿烂的阳光和晴空，而玛丽亚奶奶的儿子却牺牲在了战场上——这就是孩子们内心的想法。我在思索，这到底是好事还是坏事？是好事吧。这种无法用语言表达的复杂情感，表明了孩子们对为自己的幸福而献出生命的烈士，有一种崇高的责任感。

高尚的道德，纯洁的内心，崇高的情怀，这些都是宝贵的财富。但如果成年后才去追求这些东西，那么就会一无所获。要在少年时期就去发掘、创造这种财富，并将它视为无价之宝。

我无数次地提出这条极有益的建议：要教育自己的学生眼中有他人。也要让每个孩子学会将他人当作一面能映出自己的镜子。让孩子们都拥有一面这样的镜子吧！学会审视镜中的自己是一种高级的教育智慧。如果你想成为青少年真正的老师，就教会他们在镜中看到自己最细微、最隐秘，也最意想不到的特征吧！

81. 教育学生不说空话

我之所以特别强调这一点，是因为空话就像铁锈一样，不仅会腐蚀人的心灵，也会腐蚀整个集体。从根本上讲，只说空话的集体，没有且也无法达成思想的统一。说空话，就像是在不负责任地摆弄武器，把武器当成玩具，使人精神懈怠。

与此同时，也要时刻提防谎言与虚伪，对待它们就要像对待最卑鄙的毒药一般。要让孩子们在童年、少年时期就深深认识到诚实的重要性，养成说实话的习惯，并让实话实说、直言不讳的好习惯成为一种特质、一种天性。请教育自己的学生，要对爱说闲话、空话，夸夸其谈，装模作样的行为，采取毫不妥协、绝不容忍的态度。

如何在实践中贯彻这些可贵的真理呢？这里，就要说一说自我教育的问题了。多年来的从教经历使我相信，如果语言能够不变为无用的空话，而是存留在人的心中，那么它就会成为人进行自我教育的最强大的武器。要教育学生切莫信口开河，也不要说那些没意义的俏皮话。我时常告诫自己的学生：如果你想做某件事，但是尚未确定是否能做成时，永远都不要说“我保证完成”，而是要说“我想要做这件事，也一定会尽力完成”，然后就要努力去完成。不论有多难，都要达到既定目标，哪怕重来数次也要坚持，不使自己在众人面前感到羞愧。

请记住，自我教育的历程时有坎坷，并不是平坦的。没有比战胜自身缺点更加辉煌的胜利了。青少年的老师们要记住，诚实，首先就是对他人坦诚，同时也对自己、对自己的良心坦诚。要实事求是地进行自我评价：我能做什么，不能做什么，怎样才能登上自我完善的巅峰——做到了这些，我就有资格说“我掌控了自己的意志”。对这一切公正的评价，就是诚实、正直的奠基石。

诚实的镜子能够真实地反映生活，它是被劳动打磨出来的。要干实事，通过劳动使思想和语言变得崇高。要说到做到。我还要再重复一遍，在教育这件事上，所有东西都是相互关联的。只有在伟大的劳动中才能孕育出正直、诚实、对谎言和欺骗毫不妥协的品质。难怪乌克兰有句古老的谚语叫作“手上有茧，说话诚实”。面对谎言与欺骗时，劳动者的内心会奋起反抗、满怀愤懑。真理的根源存在于为公共谋福利的劳动中、为他人奉献的喜悦中以及克服困难的过程中。那些一直顺风顺水、没有压力的人，他的思想就会如同蝴蝶一般飞来飞去，飘忽不定。而思想本该像强壮的橡树一样坚韧，像箭矢一样犀利，像火焰一样明亮。坚定的正义，毫不动摇的思想，明确的真理——它们就像是泉水，从名为“劳动”的源头涌动而出。青少年应当知道什么是困难，而且要通过切身经验去了解。真正认识了困难的人，就会十分爱惜话语、憎恶说空话的行为。

82. 怎样教导学生进行自我教育?

在科学组织共产主义教育的过程中有一个十分尖锐，也是在当下极为重要的问题，那就是集体与个人的精神财富相互依存的问题。

如果人人都只会索取，集体生活中又怎么会有精神的充实与丰富呢？若没有认真严谨地弄清涌入集体精神财富之泉的溪流从何而来，还能将集体视为个人的教育者吗？如果人与人在日常打交道时不敞开心扉坦诚相待，那么这群人就只能成为一盘散沙。个人与集体，就像是一枚硬币的正反两面。若没有对个人的教育，就谈不上集体的教育力量，对个人的教育来说离开自我教育也是难以为继的。从广义上讲，我认为教育的概念就是集体教育和个人教育的协调一致，而在对个人的教育中，自我教育是起主导作用的方法之一。

育人，就意味着教育他对自己有所要求。只有当一个人不总是被别人牵着走，而是开始独立、对自己负责，并形成了自己的生活态度时，这个目标才能实现。

现实中如何做到这一点呢?

从小就要教育孩子认识自己、教育自己。伟大的思想家、艺术家陀思妥耶夫斯基有这样一句关于自我认识的箴言：“要寻找自我、征服自我、掌控自我。”[1] 培育情感，凝练思想，锻炼意志，塑造并保持性格——人在认识自我、掌控自我的同时，需要亲自来完成这些事情。

自我教育需要十分重要且强大的驱动力——自尊感，即对自我的尊重，还需要有让自己变得越来越好的意愿。只有当人的心灵对一些极其细微的、纯人道的影响——譬如善意的话语和建议，亲切或责备的目光——变得十分敏感时，自我教育才能得以实现。

如果人对粗鲁的行为习以为常，只对尖刻粗暴的话、大声的吆喝还有强制行为做出反应，那自我教育就无从谈起。就本质而言，自我教育要求人与人之间的信任，要求重视个人的荣誉与尊严。教师指导学生进行自我教育，首先就需要建立彼此信任、相互为善的关系。

基于多年的经验，我可以给老师提出一条切实可行的建议：学生的自我教育要求你有明确的教育风格。在你的班集体中，应当以平和的氛围为主，不要有大喊大叫、急进暴躁的情况发生。若老师动不动就冲这个或那个学生发火，大喊大叫，怒气冲冲地惩罚学生，以发泄不良情绪，还极尽严厉地斥责学生，那么就根本谈不上学生自我教育的问题。一个人被责骂、训斥、惩罚的次数越多，就越难以感知善良的话语，也越难以

---

1 苏霍姆林斯基简略转述了陀思妥耶夫斯基长篇小说《卡拉马佐夫兄弟》中的片段，其原文为：“自愿接受这种考验，接受这种可怕的试炼，希望在长期的考验之后战胜自我、控制自我，直至通过终生修炼，最后能达到完全自由——不受自身制约的境界，免蹈一辈子始终未能找到自我的那些人的覆辙。”（陀思妥耶夫斯基:《卡拉马佐夫兄弟》，莫斯科—列宁格勒，国家文艺书籍出版社，1970 年，第 32 页。）

发展托尔斯泰所说的“好好思考”[1]的能力。

我深信，这份信念并非纸上谈兵，而是多年实践所得结果。在完全正常的教学中，是不应当有惩罚的。教师同志们，这里需要做个预先声明：我们谈的是儿童，还有对儿童的惩罚问题。当一切都建立在惩罚的基础上时，是无法进行自我教育的；而缺少自我教育，就根本不会有正常的教育。因为惩罚就已经使儿童从自我良心的谴责中解脱了出来。要知道，良心是自我教育的最主要推动者。若良心陷入了沉睡，孩子也无法进行自我教育。受到惩罚之后，学生就会认为自己的错误行为已经没什么值得再深思的了，因为自己已经受了应得的惩罚。

我们学校里曾发生过这么一件事。三年级学生、九岁的科斯佳有一次用弹弓打下来一只麻雀，小鸟被打伤后，科斯佳把它捉了起来，还折磨它。老师惩罚了小男孩，有三次不准他和班里同学一起去树林里玩。在第二次有趣的郊游前夕，孩子们都满怀期待，只有科斯佳闷闷不乐，在课堂上牛头不对马嘴地回答老师的问题。当全班同学去森林玩时，小男孩独自留在了学校里。在草棚子的房檐下面，他抓了几只毛还没长出来的可怜的小麻雀，然后把它们放进了老师的桌子里。一天过后（郊游是在休息日的前一天举行的），教师拉开桌子，发现里面的小鸟几乎都被闷死了。

该怎样解释这种残忍的行为呢？为什么惩罚的结果往往是孩子变得凶狠、暴躁了起来？因为这种“强力”的影响手段，

---

1 这里说的是列夫·托尔斯泰在文集《阅读范围》（1904—1908，第1卷）中的阐述。该文集由列夫·托尔斯泰每日挑选、搜集众多作者关于真理、生命与行为的思考编排而成。此观点原文为：“好好思考，思想会成熟起来，变成善良的行为。”（《列夫·托尔斯泰全集》第41卷，莫斯科，国家文艺书籍出版社，1957年，第559页。）

让孩子不再去思考问题。他们之所以难受，不是因为自己不体面的行为，而是因为受到了惩罚。事实上他已经忘了自己做出的不好的事情。但教育的逻辑要求学生思考自己的行为。这样一来，孩子就容易往坏处想。他觉得自己受了委屈，内心积攒着怒气。并且，当他觉得惩罚稍有不公时，愤怒的雪山就会崩塌，其猛烈程度也是教师意想不到的。

我认为正常的教育应当是这样的：孩子没有做出严重的不良行为，只是犯了一些小的、无足轻重的错误，他就会感到深深的难过，将这件事放在心上，并受到良心的谴责——这点是最重要的。教育的艺术在于要谨防严重过错的发生。但是该怎么预防呢？首先，就是要与孩子单独谈话。

83. 请掌握与学生单独谈话的艺术

请你去仔细了解孩子们的童年，并认真观察孩子们平常是如何表现的：他们怎么对待同学，怎么对待自己的父母，怎么对待你——他们的老师。然后你就会相信，孩子天性中就有在你面前流露情感、表述思想，并向你敞开心扉的需求。

但要知道，只有在你从不请求或要求别人去管理和控制孩子的情况下，孩子才能毫无芥蒂地打开心扉。如果你寄希望于让孩子的父母去迫使他变得更好，并且这个想法让孩子知道了——抑或更有甚者，你故意让孩子知道你有这种期望——那么，就像人们常说的那样，一切都完了。这样一来，你的班里就不会有学生的自我教育，甚至连正常的秩序都无法维持。当然，应当和家长保持联络，与他们进行谈话，但永远都不要让孩子产生这样的想法：老师把他们最亲近、最喜爱的人变成了让他们害怕的人。让孩子把人看成可怕的东西，这种情况在教育中绝不允许出现。要教育孩子不害怕父母、老师，而是喜爱他们。要让孩子有喜爱的人。儿童会发自内心地喜爱能够消除他的不安与慌乱、安慰他、帮他树立自信心的人，还有能够保护他的脆弱情感——首先就是自尊心的人。孩子对粗暴和疏忽大意的行为十分敏感。

我觉得很奇怪，并且不可思议——如果孩子不爱老师，怎么能指望他对老师表现出信任、坦诚与赤忱呢？

我还想建议老师们，不要对孩子的抱怨置之不理，不要把他们所有的抱怨都看作是告密行为，也不要像我认识的一位教师那样，总是认为抱怨的孩子都是“爱哭的告密者”，事实上不是这样的。要学会倾听抱怨。能够倾听孩子的心声，是一种高级的教育艺术。若缺少这种艺术，就谈不上自我教育。

你要努力让学生乐意来到你面前，与你敞开心扉交流。要知道，对儿童心灵的触碰应当是满怀温柔、极尽小心的。只有温柔与谨慎，才能使你通过与孩子的对话去激励他进行自我教育。请记住，如果学校里充满了善意和相互信任，当你的学生内心感到不安、自己弄不明白心中的问题、寻找不到真相也不知道自己该干什么时，就会来向你寻求帮助。还要记住，有时在孩子激动的诉说中，你可能听不到这些问题，但你要学会领悟他们字里行间的意思。还要保守那些孩子出于信赖而透露给你的秘密，这是教育学中涉及教育和自我教育的原则之一。要知道，孩子对你敞开心扉，可能会对你说他们遇到的最困难、最复杂的问题。你或许会听到一些不体面的行为，听到关于学生之间相互关系的问题，且这些问题似乎亟须成年人施加干预。在这种情况下，要有耐心，学会用理智控制住内心的激动，同时让自己智慧的思想充满炙热的情感火焰。请记住，学生与你敞开心扉进行谈话的结果一定不能是惩罚。对年轻心灵伤害最大的惩罚之一，就是当众说出他的隐私、心事。

我再重复一遍：当学生感到痛苦、不幸、伤心、委屈、不公与惊慌时，他会想要向他敬爱的、信任的人倾吐自己的情感与思想，但在这种情况下，每个诚实而质朴的孩子都会感到十分局促。因此，要学会从学生的眼中看出他内心最细微的活动。教师要学会创造与学生独处的机会，要从无数的词汇中找出最恰当的说法，能够以细腻、机智且委婉的方式促使他打开心扉。

如果学生能在你面前吐露真情，那就意味着你的教育工作取得了了不起的成就。但未来情况如何，很大程度上还是取决于你的学生怎样看待、感受你对他们的心灵充满人情味的抚摸。

就像人们说的那样，我敢用脑袋担保，如果学生不与老师分享自己的喜怒哀乐，不在老师面前展示自己的内心，这种情况下谈教育是很可笑的，此时教育根本都不可能存在。对自己喜爱的老师敞开心扉是一个情感与思想彼此升华的过程。当人用语言倾吐内心的伤痛时，他的情感首先就得到了升华：粗浅的情感会被更加细腻、更加高尚的情感所代替。在这种情况下，人就像所说的那样，会控制自己，这恰好能够促使他进行自我教育。因此，与老师建立在信任基础上的谈话，可以使人变得轻松，心情得到好转。要知道，与人分享快乐，快乐会加倍；与人分担悲伤，悲伤会减半。一个人在敞开心扉、抒发了自己的情感与思想后，他就会相信，自己有能力调节自己的情绪，也能够控制自己。

每当想到我们的学校中还有一些孩子独自承担着悲伤时，我就会感到心痛。这种悲伤会使他的心变得麻木，让他的精神变得空虚。当我看到愁眉不展、郁郁寡欢的少年时，我都感到心头发颤。对于孩子来说，最可怕的痛苦是他的自卑感：别人功课很好，我却不行，我是一个失败的人，或许这就是命运吧……这种痛苦日复一日地积累，沉重地压在人的心头，冰冻了人的灵魂。少年想要与人诉说自己的痛苦，但却羞于开口——在家如此，在学校也是如此。年轻的朋友，请仔细看看这些学生，帮助他们摆脱无力承担的重负。首先要为他们带来喜悦，要让他们看到自己的成绩有所进步，并为此感到自豪……

若你与学生变成了朋友，你们因彼此信任而紧密团结在一起，你从未对学生做过不好的事，也没有让他们感到过伤心、难受的话，那么在道德层面上，你就有了教孩子进行自我教育的权力。你的教导也会被视为源自生活经验的智慧。

自我教育还有另外一个必不可少的条件。形象地说，这个条件存在于教师意志与学生意志之间，它仿佛把教育和自我教育融为了一体。这个条件就是，学生要意识到自己的成长：他要理解并感受到今天的自己比昨天更出色。人性的美好渗入到他的心灵中，而这种渗入很大程度上取决于学生本人，还有他的个人意志。自尊、自重是自我成长道路上的好伙伴，学生只有尊重自我，才能进行自我教育。他的自尊感越强，当你给予他道德上的教导，譬如说“你应当这么教育自己……”时，他就会对这种教诲越敏感，接受得越快。如果没有自尊、自重，学生就会对你的教导和建议充耳不闻。

自我尊重取决于什么？这种品质是如何培养出来的？年轻的朋友们，请记住，这是一种很脆弱的东西，需要尤为小心地对待，小心得就像对待一滴在玫瑰上颤颤欲坠的露水那样。当你想要摘掉这朵花时，不要将这滴晶莹的、映射出小小太阳的露水抖落下来。想要培养自尊心，只能采取温和的、细腻的教育手段，而不是粗鲁、强制、专断的方法，这是自尊心无法容忍的。我愿将自尊心称作是儿童的文化修养，这是一种细腻而温柔的精神，同时还涵盖了纯粹的思想和诚挚的愿望。为培养自尊心，我们要与校园里最富趣味的事情打交道。这里指的是儿童的脑力劳动，或者说得更准确一些，是这种劳动在情感领域的体现，也就是精神情感。它本应得到极大的重视，但遗憾的是实际上很少被研究。自尊源自愉悦的精神情感和认知带来的快乐。而愉悦的精神情感，正是儿童文化修养的源泉。如果学习始终伴随着痛苦的情感，那么人就会对自己变得冷漠、毫不关心，这种情况下是无法谈及自我教育的。作为一名教育者，最重要的教学任务，就是要保护年轻心灵中明亮的精神情感火焰，不使它熄灭，因为一旦熄灭，再想重新点燃是十分困难的。

如此一来，你的学生就会尊重自我，珍惜你说过的关于他的每一句话——这意味着，播撒自我教育种子的土地已经翻耕好了。你可以教学生怎样进行自我教育，你的教导也不会成为无用的空话。

自我教育存在于几个不同的领域：道德领域、劳动与学习领域、体育运动领域。它们之间彼此关联，因为自我教育的整个过程，就是头脑与心灵共同进行的复杂工作的统一，也是情感与信念的结合。

84. 怎样启发学生进行道德层面的自我教育？

让学生在道德层面进行自我教育的最主要推动力，就是让他意识到我们每个人都是生活在人群之中的。每分每秒，我们都生活在人们的注视中。即便我们没有出现在他人面前，他们也能感受到我们的存在。在这个世界上，我们所接触的每一件东西上都留下了我们的印记。但我们留在那些与之交往过的人身上的，是最为明显的、无法磨灭的痕迹。一个真正的人会在意别人怎样想他、看待他。无论我们做了什么，无论我们在哪里，都请记住，我们永远都生活在别人的注视下。道德败坏是人生的最大败笔。想象一下，有位美丽的姑娘，花了整整一小时来梳理秀发，因为她想要变得漂亮，毕竟人人都能够注意到她的发型。同时她却有双脏兮兮、没洗干净的脚，但姑娘并不因此烦恼，因为脚外面还套着袜子。道德败坏的人就是如此，在人前光鲜亮丽，私下却龌龊肮脏——人们的道德观就是这样评价这种丑陋恶习的。

要教导学生在面对道德问题时需格外严肃，一丝不苟。还要教他们学会自我约束。从孩子们来上学的第一天起，我们就教给他们：当你私下独自做某件事时，要知道此时你的妈妈——这个世界上你最爱的人，是如何想你的。如果你在做什么不好的事，并寄希望于谁都发现不了，那么你就大错特错了。你做出的不良行为会使母亲感到痛心。即便你不在她面前，她也能看到你；即便你不在她身边，她也在陪伴着你。当你回家后，她可以从你的眼中看出，你做了某些不好的事情。因此，你最好立刻坦白自己的错误——当然，最好是不要犯错。记住，妈妈时时刻刻都在看着你。

这里我要再说一遍，孩子对于这些教导的敏感程度，取决于他的整个精神生活体系。首先应当努力做到使孩子的精神世界充满对母亲的亲热、体贴与关怀。要想使孩子能够教育自己、使他的良心能够机警地监督他的行为，细腻的心灵是必不可少的。我们从基本的道德修养开始，进行道德方面的自我教育。你的学生怯怯地打量了周围的环境，然后揪下了一朵玫瑰花——这已经是道德上无礼的举动了。他从哭泣的孩子身边走过，却没有问一句："小朋友，我能为你做点什么吗？"这种情况就更加糟糕了，属于道德上的冷酷无情。我们教师集体，花费了几年时间，打造了道德层面自我教育的大纲。这份大纲内含一系列要求，是学生维持与他人之间道德关系所要遵守的。我们将其归纳如下。

（1）请记住，这个世界上有一些无与伦比的事物。首先就是我们的苏维埃祖国，还有哺育了你，给予你生命的这片土地。

（2）请记住，你生活在人群之中。你不是自己所想的那个人，而是别人认为的那个人。如果你觉得自己是个大人物，而别人却觉得你微不足道，那么你就是微不足道的人。要勇于承认这点，学会克服自己身上琐碎的不足，学会成为一个真正的人。

（3）一个真正的人，私下里不会做坏事，也不会有卑鄙的行为。当你独自一人时，要让良心成为你所作所为的严格监控者，要让这位监控者永远保持公正、铁面无私。

（4）予人玫瑰，手有余香。若一个人活着是为了给他人谋福利，那么他就是最富有、最幸福的人。请记住，这个世界衡量财富、美好与伟大的标尺只有一把，那就是人。使人变得高尚的同时，你也在使自己变得高尚。人固有一死，若说死后能有什么东西留在这个世界上，那就是他为别人做的善事。

（5）女性是人类之美的最高体现。小女孩和年轻的姑娘不仅是你的朋友，还是未来的母亲。保护她们的美丽，爱惜她们的健康，就是在关心全人类的美好与伟大。若为了帮助女性甚至需要付出生命，那么你就要做出牺牲，要有人类的忘我精神。

（6）人可能会有许多种缺点，其中有二十种最为可怕，它们分别是：面对善恶无动于衷、懒惰、虚伪、谄媚、巴结讨好、缺乏主见、默认谎言；死不悔改、妄自尊大、高傲、好说空话、爱撒谎、背地里作恶；背弃被孤立的朋友、不相信人之初性本善、伪善、幸灾乐祸、面对弱小残酷无情、贪食、吝啬。要记住，这之中的每一种恶习，都是从微末的小错误发展到极为严重的地步的。首先要改掉自己身上的这些恶习。要学习别人身上令你赞叹的优点，永远不犯别人身上让你厌恶、鄙视的缺点。要爱自己的长处，痛恨自己的短处。脓疮永远都是脓疮，即便长在自己身上。只有利己主义者才会喜欢自己的缺点。

（7）如果你在自己身上发现有恶习的苗头，那么请学会严格要求自己。要拔除恶习的根源：用劳动根除懒惰；用体贴和出于人道的担忧，根除对善恶的无动于衷；用原则性根除虚伪；用正直根除谄媚；想根除巴结讨好的恶习，就做好即便整个世界都反对你，也要坚持真理的准备；用思想独立根除缺乏主见；用与谎言的无畏斗争根除对谎言的默认；想改掉坚持错误的陋习，就要勇于承认自身错误，准备好与那些坚持真理、与你的错误抗争的人成为志同道合的朋友；如若妄自尊大，就要学会谦虚，不必要时只字不提自己；用朴素和尊严根除傲慢，这是马克思最为重视的人类的两大优点；用惜字如金根除爱说空话；用对谎言绝不容忍、对一切都绝对真诚的态度根除谎言；想改掉背地里作恶的毛病，就要学会把自己的良心看作铁面无私的法官，要做到问心无愧；不愿抛弃被所有人反对的朋友，就要做好当枪指向朋友时愿意站在他前面的准备；若不信人之初性本善，就要对人性之美的伟大与力量无限信任；用坦诚与真实根除伪善；用怜悯之心根除幸灾乐祸；用仁爱之心根除对弱小的冷酷无情；用有所节制根除暴饮暴食；用慷慨根除吝啬。

（8）如果你看到有人作恶，思想深处却有个念头在作乱："这关我什么事？"你就要知道，这是一种野兽的本能，叫你只顾自己死活。不要默许这种本能，要将它驱赶走，对它毫不留情。

要记住，你是人。如果你哪怕一次从恶行面前走过而无动于衷，那么你永远都会对恶视而不见，你就会变成一个可怜虫。

（9）人有许多高尚的品质。其中居于首位的，就是自尊感。

为真理而战取得胜利时，不得不承认错误时，都要高昂你的头颅。

（10）这个世界上有一些无与伦比的事物。首先就是我们的苏维埃祖国，还有赋予你生命、赐予你姓名、给予你作为人的尊严的这片土地。如果你觉得走投无路，如果你感到六神无主，如果你不知如何去做，就请想一想：在这些情况下，祖国会要求你怎样做。祖国怎样要求，你就怎样去做。

道德层面自我教育的实质是什么呢？

除了上进心和极其敏感的心灵，还有一点十分重要，我愿称之为对人的认识。人从小在认识周围世界的同时，也应该认识人——认识人的思想、情感，认识人最为细腻复杂的内心活动，认识人的志向与激情。只有当人在认识他人的同时，也在认识自己，并学会了反躬自省时，教育与自我教育才能融为一体。众多教学技巧中，最为复杂的一项就是教师讲解某些人物的故事。我给每一届小学生都讲了一位勇敢的苏联军人的故事。伟大卫国战争期间，他在敌人的领土上用自己的胸膛掩护了一个小女孩，使她免于一死。我讲了自己两个同乡的故事，他们是年轻的游击队英雄，当他们落入法西斯敌人手中时，没有说出关于游击队一星半点的秘密，也没有出卖自己的朋友。他们受尽了非人的折磨，最后被敌人活埋了。我还讲关于尼古拉·加斯捷洛、卓娅·科斯莫杰米扬斯卡娅、亚历山大·马特洛索夫的事迹；讲那些在这片土地上工作了五十、六十，乃至七十年的伟大劳动者的故事。

我深信，通过头脑与心灵去认识道德，不应当只有对美好的赞叹，还要有对丑恶的愤懑。从一些世界经典文学作品中，我挑选了一些人物形象，天才的作者赋予了他们人性的缺陷。通过给孩子们讲亚戈、伊乌杜什克·戈洛夫廖夫、戈布塞克和泼留希金的故事，我唤醒了年轻心灵对丑恶现象决不妥协、决不让步的情感。孩子每天都在认识不同的人，这使他们从小就能感受到日常生活中出现的各种社会状况、各种关系在道德层面的意义。将人往好处想，孩子们就会追求善行。善行能够给他们带来道德上的满足感和极大的快乐。这种情感使人对善恶更加敏感，不能容忍一切侮辱人的现象。在幼年时，人就能表达自我，在与恶的斗争中展现出自己的原则性，感受善的胜利喜悦，并因体验到自己也参与了这份胜利而感到快乐——这对于教育和自我教育来说，是非常重要的。

年轻的朋友，要知道，若想引导学生进行自我教育，教师就要用语言小心翼翼地拨动他们的心弦，即荣誉、尊严与高尚的气度。要学会发现、感受儿童的心灵需要这种触碰的时机。

这种时机往往在孩子面前出现两种选择时到来：其中一种是默许恶行，对它置之不理；另一种是与恶行做斗争。第二种选择常给孩子带来不小的精神压力，需要他贡献很大的道德力量，尽管从成年人的角度来看，生活中遇到的这些情况往往并不是那么复杂。

85. 怎样启发学生在劳动和学习中进行自我教育？

为达到这个目的，首先必须使学生在家庭和学校中有劳动的氛围。不管是在课堂上还是在家里，如果无所事事的话，那么关于通过劳动教育自我的宝贵教导，都会成为一纸空谈。

有些普遍性教导对于各个年龄层的人来说都有所裨益。我们教师集体将这些教导总结为如下几条真理。

（1）请记住，人不劳动就会退化，变得卑鄙可耻。

（2）民间智慧认为，从一个人播种培育的麦穗中，就能看出他是什么样的人。人通过劳动展现自我。你亲手栽培的树，就代表了你自己，代表了你的勤劳与技艺；你的工作簿也代表了你，代表了你的劳动和对父母应尽的义务。

（3）为了在学校学习，你向长辈借了生活必需的物质财富。父母供你吃穿，给你买学习用品，就是为了让你学习，准备好未来投入劳动中去。而你的义务就是尽早开始进行劳动，帮助家庭，赚钱给自己买衣服鞋子、买教科书。

（4）要知道，劳动不是一件轻松的事。看来劳动（труд）与困难（трудно）是同根词并非偶然。没有汗水与疲累，没有身体与精神压力的劳动是不存在的。劳动不可能像游戏和消遣娱乐那样趣味十足。或者说，它的趣味体现在其他方面：当人为一份工作注入自己的思想、智慧与力量时，他就创造了人们所需的美好事物，创造了生活与美好，并通过这些事物展现了自我。人生在世七八十年，而由人亲手种植、培育的橡树，能活上千年。在劳动中留下自己的痕迹，你就会成为幸福的人。

（5）在劳动一开始，就要想着完成它。不要害怕单调，也不要被日复一日都做同样的工作吓到。劳动，就像攀爬一座高山，没走过崎岖费力的石子小路，就无法抵达光明的顶峰。

（6）劳动使人变得成熟和英勇。请从六岁开始，就去做一件需要几年才能完成的工作。要这样生活：十岁时回首以往，你能看到自己做了哪些劳动，例如让树木结满果实，使贫瘠之地变为沃土……只有当你亲自劳动、挥洒汗水、感到劳累、长出老茧时，你才会真正了解，什么是科学的智慧，什么是知识的光辉。

（7）当你学会用技巧与智慧克服工作中的困难时，学习对你来说才会成为劳动，你才能管好自己、掌握知识。只有那些会一边工作一边思考的人，才能探索到工作的奥义。请记住，很少有人生下来就有牛顿或爱因斯坦那样的天赋。要想到最不利的情况：你缺少天赋。要用劳动和创造来培育、发展自己的能力。

（8）做事切忌半途而废。如果你习惯了不把一件事做完就开始做另一件事，那么你就会成为一个游手好闲的门外汉。

（9）要知道，学无止境。可以重复做一件工作数十次，但每次都要有新的突破。要让自己成为能工巧匠，不满足于已取得的成果。行业多达数百种，想要全部掌握是不可能的。能掌握一种就已足够，但要使自己成为这一行业的个中翘楚。

这些教导只有在特定条件下，才能深入学生的意识中。如果学校中缺少快乐劳动的氛围，那么教导就会成为空谈。学生甚至无法理解，好像你在用一种他们听不懂的语言跟他们讲话似的。校园中应当充满劳动带来的快乐。但劳动的快乐究竟是什么呢？是劳动中的自我体现。这是一种复杂的精神状态：人们满怀惊叹与喜悦地看到了自己的创造，在单调的、毫不引人注目的工作中寻找到了自我，看到了自己付出的努力。为了使劳动成为自我教育的一个方面（缺少劳动层面的自我教育，就谈不上真正的自我教育），应当让每个学生都感到劳动的喜悦，使劳动成为他们的创造。在劳动中探索自我，这一过程要持续若干年，直至人的最终志向得以确立。

只有人的个性在劳动中得以展现，劳动的快乐、劳动的创造和自我的探索才可能实现。劳动中的自我教育，指的不是单纯地去挖土豆、捡破铜烂铁，而是深入了解自我，是脑力与手头功夫的结合，是自觉提出目标，是克服困难的过程。我要再强调一遍，劳动中的自我教育不能缺少活跃的思想，不能没有脑力创造，不能不读书，也不能固守中学基础教育大纲的条条框框——只有走出这个范围，学生的志向才开始逐渐形成。如果课堂乏善可陈，如果学生在课上听不到老师让他们去无边知识海洋遨游的热烈召唤，抑或他们不听从这种号召，那么劳动中的自我教育就不可能实现。若教师所授学科没有得到学生的喜爱，也没有通过自己对科学的深爱而对学生产生些许影响，劳动的自我教育同样无法实现。

要是已经万事俱备，就请给学生安排一些劳动任务。这些任务要能激发他的兴趣，使他充满崇高的精神，让他产生上进心。例如，某个学生对土壤学实验十分感兴趣，当你讲解土壤中发生的复杂生物化学反应时，你就能看到他的眼中闪烁着好奇的小火苗。如果你有生物实验室或者温室，请将学生带到那里去，用实验来激发他的兴趣：让一块毫无生机的黏土变为能孕育生命的土壤。你与学生一起将有益微生物植入土壤，在你的建议下，学生为微生物的生命活动创造了适宜的条件。自我教育就由此开始了：学生已经离不开实验角，他在盛着土壤的箱子旁久久徘徊，盯着试管和显微镜，读书直到半夜……这时，他已经不再需要任何激励，因为已经燃起了足够的热情。此时需要做的是防止学生三天打鱼两天晒网，为达到这一目的，教师需要小心翼翼、有分寸地去守护学生的兴趣之火。

86. 如何在脑力劳动层面培养自律的精神？

我们是针对七年级以上的高年级学生提出这些建议的，这些建议关乎学生精神生活的重要领域——阅读、思考、解答智力问题等。这些建议是否有效，取决于很多条件和前提。其中最重要的是，在校园里，首先是在教师团队中，要有浓厚的文化氛围；课堂教学应该建立在丰富的智力生活的基础之上；教师的知识储备应该远远超过课堂教学的需求；要让每个学生都有自己喜欢的脑力劳动。如果能做到这些，那我们培养学生在脑力劳动方面的自律精神时，学生就很容易接受我们的建议。我们认为，以下几点建议很重要。

（1）如果你想拥有足够的时间，就请每天都读书。哪怕每天只读两页你感兴趣的科目的文献（比如选修课的）。你阅读过的每一页书，都在为你自身的学习打基础。这个基础越扎实，学习也就越轻松。你每天读的书越多，储备的时间也就越多。因为，你阅读的内容和课堂上所学的内容总是会有千丝万缕的联系，这些联系可以称之为“记忆锚点”，它们会帮助你把必须要了解的知识融入人类知识的海洋。要坚持日日读书，不要把这项工作推迟到明天。今天错过的，明天永远也补不回来。

（2）要学会听老师讲课。九、十年级的学生在学习一些重要的专题内容时，要学会记笔记，不管教科书里是否有这些知识点，都要记录下来。记笔记可以让我们学会思考、自我检查、查漏补缺。要学会当堂思考自己记录下来的内容，每天都花点时间整理一下笔记，哪怕只有半小时。我建议把笔记分成两个栏目来写：第一栏记录讲授的主要内容；第二栏记录要思考的问题，即关键性的、重要的问题，这些问题就好比是这门课程体系的框架。每天都要思考这些框架性的问题，同时把这种思考和科普读物的日常阅读联系起来。如果你在各门功课的学习过程中都遵循这个建议，那就不会有考前“突击”的日子了。备考的时候，没必要反复阅读、背诵笔记。各门功课的框架都是一个独特的大纲，在此基础上可以记住所有的知识点。

（3）要抓紧早上的学习时间，六点就可以开始。五点半起床，做做早操，吃点面包，喝点牛奶，就可以开始学习了。上课前的一个半小时到两个小时，是从事脑力劳动的最佳时间。在早晨可以完成最复杂、最有创造性的脑力劳动：思考某个理论的关键性问题，阅读和研究某篇有难度的文章，准备学术报告。如果你要进行的脑力劳动带有研究性质，那请在早上完成，不要熬夜。要安排好作息时间，晚上十点钟睡觉，这是最有益健康的睡眠方式。

（4）要善于安排自己的脑力劳动。要分清主次，合理安排时间，不要把重要的事情安排到最后。重要的事情，每天都应该研究一下。要明确一些重要的问题，因为你是否理解这些问题将直接影响你的才能是否得到发挥。你要在早上的脑力劳动中优先处理这一类问题。要善于查找相关的参考书籍和资料，并坚持阅读研究。

（5）要善于给自己创造内在驱动力。很多脑力劳动并不有趣，大家也不愿意做。唯一的驱动力往往只是“需要”。脑力劳动就应该从无趣的事情开始。要悉心探究这些问题的理论细节，把“需要”这么做变成“我想”这么做。把最有趣的工作留到最后。

（6）要让自己置身于书的海洋。对于打算阅读的书籍和杂志，要严格选择。有强烈求知欲的、好学的人可能什么书都想看，但这是不可能的。要控制阅读范围，有些阅读可能会影响你的学习安排，那就要剔除掉。同时也要记住，随时都可能有阅读新书的需求，这是无法预料的。为此，需要有富余的时间，而富余的时间是靠课堂上认真听讲、记笔记和不搞临时“突击”赢来的。

（7）要善于对自己说不。要做的事情太多了，有业余文艺小组、体育小组、舞蹈晚会等等。这类活动很多都是非常有吸引力的，但有些活动会给你带来伤害，因此要果断取舍。娱乐和休息都是必需的，但要记住：你是一个劳动者，国家在你身上投入了大量金钱，对你而言，放在第一位的不应该是跳舞和休息，而应该是劳动。谈到休息的方式，我建议高年级学生下象棋、阅读文学作品。在安静的环境中，聚精会神地下象棋可以刺激神经系统发育，也是提升思维能力的好方法。

（8）不要把时间消耗在一些无聊的琐事上，不要瞎聊天、游手好闲地消磨时光。经常会有这样的场景：几个小伙子聚在一起，就像乌克兰语中所说的，在那边“闲扯”。一个小时过去了，什么也没做，聊天毫无意义，时间却一去不复返了。要善于让同学间的交谈也成为丰富精神生活的源泉。

（9）要学会减轻自己未来的脑力劳动，也就是说，为未来储备时间。为此，要养成记事的习惯。我现在大约有40个笔记本，每个都是用来记录那些灵光一现的想法的（这些想法似乎有转瞬即逝的“习惯”）。我还记录一些读过的有趣的东西。所有这些在将来都会有用武之地，都可以减轻你的脑力劳动。因此，要建立自己的记录体系，珍惜从书中获取的知识。

（10）做任何一项工作，都要去寻找最合理的脑力劳动方法，不要墨守成规。要不惜花费时间去思考各种知识、现象和规律的实质，思考得越深刻，记忆也就越牢固。不理解的时候，不要死记硬背，这样只会白白浪费时间。已经熟知的内容没必要重复阅读，只要稍微看看即可，而没有理解的内容，切不可囫囵吞枣似的一带而过。任何不求甚解的态度，都会让你在未来不得不反复学习各种知识、现象和规律。

（11）脑力劳动在受到打扰的时候是不会顺利的。在集中进行脑力劳动的时间里，每个人都应该独立完成功课，最好是在阅览室（或是读书室），因为在那里大家都会严格遵守制度。

（12）在进行脑力劳动时，最好让抽象思维和艺术思维交替进行。请穿插着阅读科学类书籍和小说。

（13）请克服一些不良习惯（例如：开始读书之前先闲坐大约一刻钟；随便翻翻并不想读的书；睡醒了还赖在床上）。

（14）“明天”是勤劳最大的敌人。永远都不要把今天该完成的工作留一部分推迟到明天去做。要养成习惯，今天就完成一部分明天要做的事情，这将成为有效的内在驱动力，为你的未来奠定基础。

（15）脑力劳动永远都不能中断。夏天也不能丢掉书本。每天都应该用知识财富充实自己，这是未来脑力劳动所需时间的来源之一。请记住，你的知识越丰富，就越容易获取新知识。

87. 如何指导学生在体育活动中进行自我教育？

我们在研究德、智、体、美、劳时，应该关注到它们之间的统一性和相互依赖性。体育活动是丰富精神生活、提升智力发展的基本条件，与此同时，也会提升人类在所有其他领域的能力。

我们全体教师在工作时，始终秉持着这样一个理念：体育方面的培养和自我教育要统一。如果学生不能从小就帮大人干些活，那根本就谈不上“健康的精神寓于健康的体魄”。

我们坚信，体育方面的培养与自我教育的统一是从幼年时期就开始的。与此相关，有一种民间教育的说法认为：当孩子刚刚学会用勺子把盘子里的食物往嘴里送的时候，就应该开始学习劳动。我们要努力教会孩子边劳动边思考，边思考边劳动。只有这样，孩子们才能明白体育的意义，才能切身感受到自己精力充沛，才能意识到健康的精神取决于健康的体魄，从而有意识地强身健体。如果孩子们不是从小就开始从事体育活动，那么任何有关在体育中进行自我教育的劝导，孩子们都是听不进去的。但我们的学生从小就劳动，所以他们听得进去我们的教导，而且是饶有兴致地聆听，做事时也会听从我们的建议。下面就是我们关于在体育活动中进行自我教育的几点建议。

（1）健康意味着精神生活充实，头脑清晰，心情愉快。你的健康掌握在自己手中。

（2）最重要的健康源泉是我们身边的大自然：阳光、空气、水、炎炎夏日、凛冽寒冬、茂密的树林，还有长满了三叶草的田野。要到大自然里去生活和劳作。夏日的太阳早早就升起来了，但你应该比太阳起得还要早，在日出之前就起床，去田野里呼吸新鲜的空气，以露水洗手洗脸——这应该就是童话中所说的活水吧！空气中弥漫着鲜花盛开的味道，日渐成熟的稻谷的香味扑鼻而来，这一切都于健康有益。夏季，能够呼吸到此种空气的人，一定会远离肺病。

（3）要给自己立一条规矩：每天从梦乡中醒来之后，马上做早操。夏季，在院子里的干草或刚收割的麦秸（收完粮食后的麦秆）上睡觉，干草和新鲜麦秸上的植物抗生素可以预防流感。

（4）每天早晨坚持用冷水冲凉。要经常去池塘里游泳，直到秋季天气转凉。冬天时，用雪擦脚和腿（从脚到膝盖），直到温暖从膝盖蔓延到脚底。光着脚去雪地里走几分钟，不要担心，这对脚部和全身都是一种很好的锻炼。

（5）每天都要从事体力劳动。劳动可以强身健体，净化心灵，坚持每天劳动，可以延年益寿。一辈子都在劳动的人，即便在生命的尽头，依然是一个当之无愧的人，依然体力充沛、头脑清晰、理解力强、感情丰富。

（6）每天走3到10公里（年龄小的时候就走3公里）。养成去树林、草地、田野散步的习惯。如果你要走两三公里去上学，途中还能路过一片草地，那你简直太幸运了。夏季的时候，多去庄稼地旁或是开满鲜花的草地上溜达几公里（尤其是种植小麦、大麦和燕麦的田地以及长满了三叶草的草地）。

（7）让朴素、适度和节制成为你的人生信条。童年时期，不要吃太多甜食，尽量不要食用纯碳水化合物。不要贪嘴，也不要吃撑，最好在还没有完全吃饱的时候，就起身离开饭桌。

88. 在什么条件下，集体能有效地发挥育人功能？

这条建议有一定的理论基础，对于现实工作大有裨益。首先，最为重要的是，要了解教育的基本原则及教育对人施加影响时各种错综复杂的依赖关系，这一点对于构建集体与个人之间的和谐统一关系尤为重要。

那么，集体教育力量的源泉何在？在什么条件下，集体才能顺利有效地发挥育人功能？总结一下前面提到过的许多条建议，可以得出一些结论，最重要的有以下几个方面。

（1）要理解和领悟这样一个道理：人是在一起生活和劳动的（我想把这个条件称为“对人的感知”），他有自己的欢乐和悲伤，应该以人道主义态度对待他，理解并感受他的精神世界以及他当时的内心状态。如果每一个个体都不擅长在茫茫人海中用理智和心灵辨明方向，那就没有，也不可能有集体，不可能有对集体中每个成员的尊重，更不会有对自我的尊重。

（2）每个个体都要有能力管理自己的欲望，善于把自己的意愿和他人的诉求进行比较、衡量，从而放弃自己的某些想法。这一难能可贵的品质是靠日常的关怀教育和人道主义熏陶培养出来的（这些问题我们前面曾提及过）。这类教育的本质在于引导人用自己的心灵去感受另一个人的精神世界，为其提供援助，献出自己的力量，在另一个人身上留下自己的痕迹。善于为了他人利益克制自己的想法，也就是我们通常所说的谦让。如果人们不具备这种能力，那生活就会乱成麻。如果每个人都随心所欲，只想着自己的意愿，那生活同样也会一团糟。

（3）要坚持培养人的道德、情感、智力、审美和创造精神。只有当精神层面不断发展时，集体才真正能够成为集体，才能发挥巨大的教育力量。而这一切只有在集体中的每个人一天比一天更智慧、更成熟、心胸更宽广时，才有可能实现。这里谈的是集体在精神层面不断自我完善的过程，也就是说，集体要像一位塑造新作品的雕刻师那样，始终专注于自己的作品，专注于自我，雕刻出越来越细腻的线条，不断丰富自己的作品。

（4）要有强烈的自我认同感和自尊心。我们要培养、珍惜、呵护每个人的自尊心，培养其对善意的语言和美好事物的敏锐感知，集体的教育力量也会因此变得强大。人的精神生活中有一个非常重要的时期，从五六岁到十岁左右，我们称其为集体生活的准备期。在这一阶段，绝对不可以对儿童粗鲁、冷淡、漠不关心，因为这样会打击到儿童柔弱的心灵，被打击后的心灵会变得如牛皮一般坚硬，没有知觉。这一时期，教师要小心翼翼地保护儿童敏感的心灵。如果你让学生在小时候就变得特别冷漠，那么晚些时候，等到少年时期，学生就会对你那些“严厉斥责”的教育方式嗤之以鼻。一个人在童年时期受到的惩罚越少，他对善意的语言就会越敏感。他良心的守护神——心灵——也就会越忠诚，由这样的个体组成的集体也就越强大。

（5）要让孩子们有上进心，让他们渴望得到他人的认同。这是集体的教育力量发挥作用的最有活力的源泉之一。这里蕴含着丰富的道德关系和有利于集体活动的思想。当一个人发现同伴身上的长处，对美德有发自内心的赞叹，他自身也会变得更加上进。个人的自尊正是在受崇高思想鼓舞的集体中开始形成的，而这种对自我的尊重也决定了他个人的精神面貌和对他人的态度。教育的智慧和艺术在于让学生懂得识人，同时用崇高的劳动目标鼓舞集体。

（6）不可以在集体面前把孩子个人的缺点都暴露出来，不可以随意揣度孩子的心事。个体不应该对集体有惧怕感，而应该因为集体发现了他身上的优点、对他给予好评而感到高兴。集体对个体的管理应该以微妙的人际关系为基础。只有当集体在个体身上看到的优点远远大于缺点时，这种管理才会有效。

（7）集体成员的兴趣爱好应该丰富多彩。如果学生们都千篇一律，没有个性，那就不会有集体的存在。只有当每个人都有自己独一无二的面庞，每个人都在以自己的方式丰富彼此之间的关系时，集体才能获得教育的力量。

（8）集体要积极参与社会活动。集体的教育力量和对个人的管理取决于其对社会思想的表达程度，校园集体应该多参加社会活动，参与建立和巩固共产主义经济技术基础的事业，承担育人的工作。

（9）集体内部要有经济关系。如果一个人不是凭亲身体验感受到了自己对集体财富所承担的责任，那么关于责任、义务、服从、个人利益和集体利益相结合这些大道理就只能是美好的愿望。多年的经验表明，集体中的领导与服从这种组织从属关系，正是从对集体财富的责任感开始的。

（10）不能把集体中的成员划分成积极分子和消极分子。这样会让有些人觉得自己就是消极分子，碌碌无为，注定要服从别人的安排。集体中成员的工作积极性应该是多方面的，不只是善于提出要求和管理别人，也应该让集体中的每个成员都能够在其最擅长的领域充分展示自己的才华、天赋和兴趣爱好。

在现代校园生活中，没有个体的全面发展，就谈不上社会积极性的提高。在集体中，不应该有任何一个学生是消极的、没有个性的和碌碌无为的。我们不需要那些只擅长领导别人的人。一个人之所以具备了领导他人的权力，是因为他在创造性劳动中展示出了一定的才华、天赋和能力，并且发挥了榜样的作用。在学校的集体中担任领导，首先就意味着要在劳动中成为榜样。

（11）集体应该是各式各样的。当集体中的成员都能够积极参加不同类型的组织活动时，集体的教育力量才能得以彰显。要让兴趣、能力、才华和丰富多彩的活动交织在一起，要让学生能够发现自己的才华，并自觉地发展自己的天赋、能力和才干。只有这样，集体和个体才能和谐相处。没有多样化的集体，就无法调动学生的积极性。如果学生的生活都被局限在一个基层集体的范围内，那这个集体就会慢慢“凋零”，集体中也必然会出现消极的情况。

（12）要教育儿童、青少年关心他人，尤其要关心幼儿。只有当集体中的每个人都在一心一意地关怀他人时，集体才能成为一股有效的教育力量。在观念、信仰和生活理想形成的阶段，这种“关心他人”的教育具有重要意义。

（13）教师，作为集体的培育者，要有智慧。毫无疑问，集体是教师创造的产物，它不可能凭空出现，也不可能独自存在。没有聪慧的教师，就没有集体。因此，那些认为可以不要班主任、让集体充分独立的“创新”提议是不严肃的。这就像是让病人去医治病人，是不可能的。教师作为教育者的聪明才智体现在，不要让学生感到教师管得太多，是合法的监督者。要让学生能够领悟教师的意图，并将其当作自己的想法去实施。对于孩子们而言，真正的教育大师绝不是统治者。但是，随着学生年龄的增长，他们对教师的要求也会越来越高。孩子们已经明白，教师应该是集体的榜样，是集体的典范和良心。因此，青少年的教育者应该对生活有深刻的认识，善于识人。集体的培育者是集体在精神层面——道德、智力、情感与审美发展——能够得以持续的动力。为了实现这种发展，教师必须每天都深入到学生的理智和心灵中，必须不断地为他们展示人的精神世界和日常生活中翻天覆地的变化。

89. 在校园集体中，什么可以讨论，什么不能？

多年的从教经历让我相信，不是所有与学生行为举止相关的事情都可以在校园集体中讨论的。以下这些情况就不可以在集体中讨论。

（1）儿童（青少年）身上出现的不道德行为是由于各种看得见的、看不见的家庭原因导致的，其中包括父母的反社会行为和父母间不断的争吵和打闹。在此情况下，对于孩子们的不良行为尤其不能讨论。他们很清楚自己的行为和原生家庭之间的关联，将生活的阴暗面暴露出来，会让他们感到很压抑。

（2）儿童的不良行为或某些负面举动是单亲家庭造成的。父亲或母亲的缺失给他带来了一定的精神创伤。一个学生不管多么严重地违反了纪律，如果他是单亲，那就不应该在集体中讨论、分析他的行为。

（3）如果孩子的某些行为和举动是为了反抗家长或包括教师在内的成年人的粗鲁与专横，那我们也不能讨论。这一点之所以非常重要，与其说是为了维护成年人的威信，倒不如说是在捍卫孩子自身的利益。如果一个孩子是通过不端行为表达自己的抗议，那他一定认为讨论他的行为是不公平的。

（4）儿童（青少年）的不良行为是由于教师的失职而引起的。教师绝对不可以在分析学生的不良行为时这样讲话："我们说的是你的问题，而不是教师的问题。教师的事情与你无关。"

同样，在分析学生错误的同时，也不可以讨论教师的错误。

（5）不良行为是由于教师在评定学生的成绩时不客观引起的。就像很多时候我们所遇到的情况一样，我们现在要面对的是孩子的委屈感，它就像一个娇气的、不好治愈的小伤口，你越是担心它、关照它，它就疼得越厉害。最好不要管它。一般说来，有些问题完全没必要在集体中讨论，这并不是因为孩子们没有明辨是非的能力（有时候，他们的这种能力不比成年人差），而是因为没有必要再次触动伤口。很多时候，避免出现新的伤口会更有意义。

（6）学生成绩落后是由于学生的智力发展异常，或是学生已经很努力，但就是学不会某个知识点。教师应该能区分懒惰、懈怠和学不会、学不懂之间的差别，如果做不到这一点，那他就称不上教育者。如果一个集体把学不懂、学不会当作是懒惰、懈怠，那就只能带来伤害、痛苦和委屈。

（7）如果学生在为自己的不良行为辩解时，必须要涉及他和同龄人或是大朋友、小朋友之间亲密的友谊，这种情况也不应该在集体中讨论。此时，要求学生坦白，会让他有一种背叛、出卖朋友的感觉……学生之间的关系，并不像表面看起来那样简单。孩子们对荣辱有自己的理解和信仰，我们应该给予尊重。

（8）有些不良行为是由于家庭中的一些特殊关系造成的。让孩子们知道这些关系还为时尚早，也不宜解释，应该巧妙地、低调地处理。

还有诸多不能公之于众、不宜公开讨论的不良行为。很难把这些行为一一归纳，也很难找到一个共同的、通用的标准来衡量。

当初写下上面这些内容时，六年级刚好发生了这样一件事。

一名叫尤尔科的学生无缘无故地说自己的同桌弗拉基米尔“卑鄙”。我们的学生很清楚这个词的意思。如果尤尔科没有任何理由就指责弗拉基米尔，那弗拉基米尔肯定觉得委屈。事实恰恰相反，弗拉基米尔意识到了自己的错误，良心受到谴责。究竟发生了什么事情呢？原来，尤尔科是近视眼，他的眼镜不太好用，透过眼镜看到的物体的位置并不是真实的位置。美术课上，弗拉基米尔和他开了个玩笑：他趁着尤尔科低头画画的时候，偷偷把尤尔科面前的颜料盒移动了几厘米，尤尔科就用错了颜料的颜色。尤尔科发现了这个恶作剧之后，很生气，在回家的路上大哭了起来。全班同学都听到了“卑鄙”这个词，但没有人知道弗拉基米尔的小把戏，我也是过了两天之后才知道事情的真相，而且不是尤尔科告诉我的，是弗拉基米尔主动承认了错误。三天之后，尤尔科来找我，请求我不要把弗拉基米尔的行为告诉任何人……

多年的工作经验让我相信，在我们遇到难题，有时甚至是很棘手的问题时，应该坚持一条非常重要的规则：如果学生自己可以理解并处理彼此之间的关系，那就不需要在集体中进行讨论。

读者可能会有疑问：哪些问题是应该、可以在集体中讨论的呢？答案是：哪些问题都不应该。

我再解释一下：如果说的是过错，那就完全不需要讨论、研究。首先，真正的共产主义教育就是要避免或尽可能减少不良行为的发生；其次，集体作为一种教育力量，在对个体实施影响时，不应该以处理各种过错的方式进行；最后，集体对各种冲突、矛盾讨论得越少，它所发挥的教育力量就越强大。

还有一条非常重要的共产主义教育原则：要善于削弱冲突，努力将其扼杀在萌芽状态，不要让火星发展成熊熊烈火，而是在火苗刚露头时就把它熄灭。

大家可能会问："你是在主张'无冲突教育'吗？"是的，我主张在对孩子（这里正是针对孩子）的教育过程中，不应该采取严厉训斥、强制干预等措施，这些都是有百害而无一利的。不能把成年人世界中的概念和规律照搬到儿童的世界。儿童教育中的激动、冲突、暴怒并不是客观必要的，最好不要过于激动。

90. 集体的自主活动体现在哪些方面?

精神生活的富足与否并非取决于集体中是否有自主活动，相反，集体所具有的自主活动是丰富多彩的精神生活的产物。在集体中，一个人越具有同理心，越能够给自己的同伴带来更多的精神财富，越能在他人面前展示自我的内在美，同时这种内在美在大家共同受益的集体活动中越被认可，那也就越能说明，集体已经准备好了真心实意地去关心每一位成员，协调成员之间的关系，并力求使这种关系不仅充满人文关怀，也体现出了崇高的共产主义原则和严格的要求，以及对于“我想干什么就干什么”这种放纵行为的零容忍。

年轻的朋友们，集体对个体的每一项要求同时也都是集体对个体的关心和爱护，这一关系准则应该成为集体发挥主动精神的基础。我想简单聊聊校园中的集体关系问题，在这种关系中所反映出来的对个体的严格要求和对其的关怀是协调一致的。

（1）班集体（从四年级开始）会在每个学季都挑选一名学生，由他来负责记录考勤和家庭作业的完成情况。每个学生来上课的时候都要告诉这名小助教自己是否完成了作业，如果没有完成，原因是什么。小助教把检查作业的情况汇总给老师（例如，有3名学生读不懂题目的要求，有1名学生不会算术演算）。教师在每个班级中都有一名（或多名）自己所教课程的答疑员，答疑员成绩优秀，通常都能走在教学大纲的前面，其知识面已经远超了“优秀”的标准。在小助教汇报完家庭作业的完成情况之后，教师会立刻委托答疑员帮助某位学生，给他们讲讲这几个知识点，再把这几道题目做一下。必要的时候，教师也会亲自辅导，辅导和答疑都在课前进行，课后不会安排任何辅导。所有学生下课后立刻回家，任何人都不会留学生在课后进行补课。有意愿补课的同学可以在课前来。由于学校的全部工作都贯穿着彼此信任的精神，由于学习都是建立在对人尊重的基础上，因此每个人首先都能做到对自己严要求。需要帮助的学生总是早早就来学校寻求辅导或答疑。

（2）集体选出一名同学负责统计参加公益劳动的情况。我们学校各个班级轮流在学校的教学试验田或集体农庄进行劳动，每天都有一两个班级参与（视需要而定，全年不间断）。

这名组织社会劳动的学生负责统计每个人的劳动情况：如果某名同学因为正当理由无法参加今天的劳动，那么他可以请求负责组织的这名同学把他安排到明天或后天，和其他班级一起参与劳动；如果生病了，那就痊愈之后再参加劳动。任何人都没有理由不参加劳动。

（3）从二年级开始，每个班级都有一名同学负责管理本班的财务（图书、教具、练习本、画册、颜料、打扫教室用的笤帚和抹布、在体育馆上体育课用的软底运动鞋、粉笔），同时负责管理班级的值日。每天安排两名值日生，他们戴着有字的袖标。值日生的职责很广，每天要在课前15分钟到教室，用湿抹布把黑板和课桌擦干净，在教室门口铺上潮湿的小地垫，不让一点灰尘带到教室里，不让大家呼吸到有灰尘的空气。放学之后，再用湿抹布擦一遍黑板和课桌。

（4）每个班级每年要选出一名同学负责管理大家的健康情况。他负责登记大家在家中做早操的情况。每周六，健康管理员要询问有哪些同学没有做早操，哪怕只有一天没做。随后，班主任会和这些同学进行有关自我教育的谈话。健康管理员还要把感觉身体不适的学生记录下来并报告给教师，教师会安排学生去看医生。

（5）从三年级开始，每个班级要选出一名同学负责管理日志。教师计入成绩册的分数，要由学生本人记录到自己的日志中。在日志上签名的不是教师，而是这名负责检查日志的同学。我们非常重视学生集体中的这种自主活动，其中充满了集体中彼此信任的精神。需要补充说明一下：如果学生还无法完成某项任务，那我们先不给他评分。分数只是对学习过程的正面评价。没有评分，就意味着还没有做到该做的。这样做可以避免在负责记日志的同学和班级其他同学之间出现一些不和谐的关系，一名同学绝不会给另一名同学记录不及格的分数。如果在一个学生的日志中，某门功课没有成绩，比如语法课，那么这对学生的父母而言，就是一个让人忧虑的信号：他们的儿子（或女儿）肯定是哪里学得不好。

（6）从四年级开始，班集体在每个学季或学年结束之前要决定，哪位同学的操行分数要降低。这个决定对学生而言非常重要，因此要在教师和学生具有同样投票权的会议上进行表决。学校里还有一个这样的规则：如果班级对操行分数的评定意见不一致，那就交由学校教务会决定。但我们学校还从没有出现过必须交由教务会决定的情况。操行分数不需要教务会审议通过。

（7）共青团委员会和少先队委员会管理学校账面上的一些收入，也就是钱，比如来自学校试验田、果园和蜂场的收入。每年都有两千多卢布进账。共青团员和少先队员可以决定如何支配这些钱。可以用这些钱为需要的同学提供物质援助。如果学生家里发生了不幸，同学们知道了也会帮助他。这些钱还可以用来组织旅游参观、购买乐器，为其他兄弟共和国的客人购买礼物。

以上就是集体内部在组织层面和物质生活层面进行自主活动的主要内容。这也是在集体自主活动的基础上构建社会政治关系和精神道德关系的必备条件。我们努力地让自主活动在精神生活，尤其是社会政治生活中有着鲜明的表现。这对青少年在社会和道德层面是否成熟有着决定性的意义。我在前面提到的学科小组、为居民举办的自然科学知识晚会、由不同年龄学生组成的集体等，都是生动活泼的、富有创造精神的自主活动。

91. 何为课堂上的思想教育?

在教育教学的实践中，有一种观点广为流传：学生在掌握知识的过程中，也在接受道德上的教育。掌握知识的过程也是道德发展的过程。这种关于道德的教育观深深扎根在许多教师的思想中，想让他们摒弃这种陈旧死板的观点是十分困难的。因为学生在课堂上获得了知识，所以课堂上的思想教育就自然而然地发生了。“寓教育于教学”“寓道德于知识”，基于这些主张的道德教育观是完全错误的，它会让人变得自满、盲目乐观。

生活的经历告诉我们，掌握知识，理解自然科学和社会规律，出色地回答问题，获得很高的分数，这些都不能等同于道德教育。只有当知识转化为信念时，真正的教育才算开始。只有当真理触动了人的心灵，使他心潮澎湃，促使他用行动去证明、去捍卫人类神圣而宝贵的真理时，才能谈得上信念。既要掌握知识，也要珍视信念。人缺少某种知识，不意味着他的道德教养不好；但若没有信念，即便他掌握了全部知识，也会成为一个道德观念模糊的人。

我想建议年轻的老师们，若想成为真正的教育者，首先要学会区分知识与信念。还要学会为信念奠定基础，道德之血也就是信念，只在跳动的神经中沸腾，而我们要善于唤醒这根神经，让它迸发活力。

请记住，关于自然与社会的知识是形成科学、社会、政治和道德思想的基础。思想是连接知识与信念的桥梁，只有让知识走上这座思想的桥梁，才能通向信念。思想不仅仅是知识，思想中还有“灵魂的碎片”，即人对于自己所了解的事物表现出的个人态度。可以极尽详细地去了解尤利乌斯·伏契克那充满悲剧色彩却英勇无畏的一生，去了解他所作的斗争，但获得的这些知识尚称不上是思想。只有当读者从内心成为这位英雄的忠诚追随者时，他的思想才会诞生。只有当你的学生做好准备与英雄并肩而行，愿意同英雄的共产党员一道为共同的事业而献出生命时，你作为教育者，才算是真正触碰到了思想。思想的特征就在于，在对某些问题进行思考的基础上获得感悟和结论，该结论因个人对事件、现象与事实采取的态度而具备鲜明的情感色彩。

当知识向思想转变时，就会产生信念。教师的任务就是让这种转变富有鲜明的表现力。要避免让人成为冷漠的“知识索取者”，而是要成为追求真理与正义的人。

一切科学知识都能用于思想教育吗？答案是否定的。有一些知识在思想层面上是中性的（当然，这并不是说讲授这些知识的课程无法教育人）。学习简易乘法公式时，不论在资本主义社会的学校还是社会主义社会的学校，科学真理从道德的角度来说都是相同的。但即便是在自然科学领域，其中也有很大一部分知识包含了激烈的思想斗争与碰撞。有许多科学真理是伟大思想家以其宝贵生命为代价换来的。朋友们，我建议你们要尤为认真地钻研这些真理。在讲解太阳系时，要对那些反对保守落后、反对不学无术、反对精神被奴役的思想家们表达出深深的敬重之情。要将他们思想斗士的形象鲜明地呈现出来，使孩子们年轻的头脑中产生这样的想法：但凡真理，永远充满革命精神。

在物理、化学、生物、数学课上讲解知识时，不应只是不带情感地阐述原理。你的讲述应当充满求知精神、充满为真理而战的崇高动机，应当引领少年研究者探索崎岖的科学道路。讲解自然科学课程（包括物理、化学、生物、数学、天文学课）时，要让对科学知识的理解、领会和掌握成为年轻人进行内心斗争的工具，反抗不切实际的理论、反抗不学无术、反抗让人毫不抗辩地相信教条的行为，反抗禁锢人的思想、阻止人敢作敢为的宗教迫害。要让人类对知识的探索、对真理的极大热情以及永不消散的思想贯穿课堂始终。

善于思考的教育者格外注意研究在自然科学教育大纲中可能会有新发现的部分，还有尚未经过科学考察或者没有得到充分科学证明的部分。讲时空的相互关系、物质与能量的实质、光的性质、粒子与反粒子、万有引力的概念时，善于思考的教师会将其智慧的思想注入其中。当在课堂上向学生展示了宇宙的浩瀚和世界在时空上的无限性后，要设法避免让学生感到自己只是一粒微不足道的尘埃。

对于人文学科类的课程来说，不存在思想层面上表现为中性的知识。我的朋友，如果你是一位历史教师，那么你首要的教学任务就是要看到，在你面前的并非是某个抽象的学生（这样的学生在现实中是不存在的）。你眼中看到的应当是具体的、活生生的、独一无二的人——柯利亚、尼娜、瓦利亚、谢尔盖……他们每个人都有各自的思想与情感、各自的志向与热情。这一点十分重要，因为只有当人展现出鲜明个性时，思想的鲜活血液才能汩汩流淌。思想只存在于人具体的精神世界中，存在于人的思维、行为和奋斗中。

不管你给学生讲斯巴达克领导的奴隶起义，还是反抗俄皇保罗的宫廷阴谋，不管讲的是筹谋第二次世界大战的秘密内幕，还是英勇的斯大林格勒保卫战，永远都要去直面每一位具体的学生的精神世界。时刻都要记得，在你面前的是柯利亚、尼娜、瓦利亚和谢尔盖。要记住，我的朋友，思想只存在于这些孩子的内心和脑海中。这就是为什么你作为一名人文学科的教师，要去关注学生，不让他们成为冷漠的知识索取者，而是使他们真切感受到自己参与其中的原因。人类的社会史，通常也是一部斗争史。在剥削阶级的社会中，是进步力量与反动势力的斗争；在无阶级的社会主义社会中，则是人类为掌控自然、为建设共产主义而进行的斗争。历史课教学技巧的奥秘就在于，要赋予学生斗士之魂。

怎样才能使学生听过你的课后，就成为一名真正的斗士呢？这取决于两个条件。而这些条件，又取决于你这位老师，取决于教师集体，取决于学校的精神生活，还取决于学校参与社会生活的积极程度。

第一个条件：要使校园、集体生活、学习和公益劳动中充满时代精神。只有当人们理解并感受到了这个时代的意义，他们才能够明确自己的立场，并在掌握知识的过程中，始终站在进步的一方。只有当年轻的头脑与心灵领悟并感受到我们的时代是英雄的时代，伟大成就正在我们眼前逐步实现时，课堂上才会具有思想性。只有透过当代生活的棱镜，我们才能够正确看待、理解历史事件的意义。让学生拥有时代精神，这是学校教育最为艰巨的任务之一。

第二个条件：教师思想与个性的协调一致。如果教师缺乏个性，就难以做到使知识中充满崇高的思想，难以使知识转变为信念。思想存在于书本的字里行间，有些书中蕴含的思想就像烧红的铁块一样滚烫，就像明亮的太阳一样耀眼。学校中是否有共产主义思想的精神，取决于你怀揣怎样的想法与意图去阅读这些书籍，你阅读的频率如何，以及阅读过后，它会激励你采取哪些行动、进行哪些活动。为使思想深入到学生的脑海与心灵中，教师仅掌握知识是不够的，还要对知识加以深入思考。要思考那些你从人类的财富宝库中所获取的东西，思考你给学生脑海中灌输的东西。我认为，并不是每个熟知自己教学领域的教师都具备了思考知识的宝贵才能。思考知识，意味着要了解、预知、考虑到每一条真理会触及人心灵的哪个角落，会引起怎样的思索、疑问与困惑。思考知识，意味着站在学生的角度，与他们共同分享观点。那些善于思考知识的教师，他们的学生会拥有一种罕见且宝贵的品质，在学习书本知识的过程中，他们仿佛能从中脱离出来，从对知识的思考过渡到对自我、对命运的思考。

教学的思想性，是激发求知欲的最主要因素之一。学生越是能鲜明地表达自己的思想立场，越是坚信人类对真理的追求不可动摇，他想知道的东西就越多。在那些课堂上思想活跃的学校中，书籍会成为孩子们形影不离的好伙伴。阅读、对书中内容的独立思考，都是使思想不断涌现的源泉。思想与信念的本质正是如此，人们会去相信并珍惜那些通过他的切身劳动、深思熟虑获取的东西。

若你想使学生头脑中的知识转变为炽热的共产主义信念，就要像防火一样防止他们死记硬背，防止毫不思考地“生吞”已有的原理。请认真想想谢·格·拉佐的至理名言：“信念要历经苦难方能获得，人们需要去检验它的生命力，去与他人的信念交流……一个人与其要放弃自己的信念，不如选择付出生命。”[1] 掌握知识正是应当与他人的信念进行“切磋”。给学生传授关于自然与社会的知识时，不应把它们看作是不可辩驳的真理，而是要将其视为不同观点进行斗争、碰撞的结果。要让这种斗争与碰撞一直延续到课后的阅读中。请为学生们找到这样的书，其中所描述的真理并不是已经点燃的长明火，而是那些为真理而斗争并取得胜利的人用心灵之火点燃的、跳动的火把。

1　引自谢·格·拉佐于1915年写给其一位朋友的信，信中写道：“若一个人产生了自觉的信念，书籍对他的影响是非常大的，但并不是书创造了信念。信念是一种比知识更加重要、更富深意的东西，同时也是更加难得的东西。只有信念，才能使我们的个性变得独特而完整。信念是阅读带来的复杂结果，是与周围生命的相互作用。信念要历经苦难方能获得，需要去检验它的生命力，去与他人的信念交流……人与其放弃自己的信念，不如选择付出生命。”（《谢·格·拉佐日志与书信集》，符拉迪沃斯托克（海参崴），滨海图书出版社，1959年，第94—95页。）

92. 怎样使时代精神深入青少年的头脑与心灵中？

当今世界正在进行尖锐且不可调和的思想战、政治战。资本家付出高昂的报酬，使资产阶级思想家诬蔑、诽谤我国。数百台无线电视无时无刻不在散布大量谎言，目的是要从精神上腐蚀我们的年青一代，并使他们相信，这个世界上没有也不会有任何一种思想值得他们为此而奋斗。资产阶级“自由”生活方式的鼓吹者与维护者，暗中寄希望于使我国年轻人相信有思想的生活并不存在。不论在资本主义社会还是共产主义社会，人的最高目标都是物质财富，而不是某种转瞬即逝的思想。使苏联青年远离共产主义思想，这就是资产阶级进行一系列鼓吹的主要目的。

我们应当用共产主义的崇高思想，来对抗这些不良企图。我国的青少年们应理解并感受到，他周围的人，父母、兄弟、姐妹，包括他自己在内，都在用自己的双手去完成这个世界上最伟大的正义之举，即在我国建立一个全新的、世界上最为公平、民主的社会——共产主义社会。感受共产主义的公正、伟大与美好是当下思想的主旋律，年轻人的思想、期望与志向都应围绕此展开。想要唤醒这种感受，就需要积极投入到上面我提到的共产主义劳动中去。但这只是教育工作的一个方面。只有当劳动与思想融会贯通，人们经历了思想斗争，并能有意识地去认识这场战争、确定自己的立场时，才能使时代精神深入青少年的头脑与心灵中去，才能在青少年心中确立共产主义信念。

我们努力做到在高年级（九、十年级）进行政治报告时，能够鲜明、生动地讲述关于思想斗争的内容。高年级学生每周集合一次，校长为他们简洁地介绍国内外重大事件。在政治报告中，介绍了很多有关资产阶级思想家所发布的关于我们的言论，以及他们的谎言是怎样在我们社会主义现实下无所遁形的。个别资产阶级思想家的论断由于太过拙劣而引得学生们哄堂大笑。每一次这样的报告过后，青少年们都会更加确信，真理是站在共产主义这一方的。

我们的时代展现着人类精神的伟大与美好。思想存在于人们的事业、经历与行为中。在每周一次的与高年级学生的谈话中，我会给他们讲一些十分普通的、乍一看毫不起眼的事情。但如果深入挖掘这些事情的意义，我们的心灵就会为之震颤，也会产生一种自豪感，因为故事中的主角是我们的同胞，是与我们同时代的人。他们的人生看似平凡无奇，实则是年青一代的指明灯。

我讲述的主人公之一，是一位名叫叶皮斯季尼娅·费多罗芙娜·斯捷潘诺娃的俄罗斯妇女。她抚育了九个儿子，但全都牺牲在了争取国家自由与独立的战争中。这位母亲说："战士们都回到了母亲身边，我见到他们每个人都要问，我的儿子们在哪里……我日思夜盼，等着孩子们回来。"没有一个学生听到这些话时能够无动于衷。我重复着这位母亲的话，并将这位体现了全人类的美好、伟大与智慧的女士的照片展示给学生看。我努力使这一悲剧的泣血之声感染每一个青少年。这样做，是为了让"妈妈"这个词成为战场亡灵的安魂曲，是为了使每个学生都思考谁该对母亲无辜的泪水负责这一问题，也是为了让每个人在生命的初期就能够感受到崇高公民感的激励，并对祖国的敌人更加憎恨。

我还讲了两个英勇拖拉机手的故事。他们以生命为代价，使国有农场中的几千公顷小麦免遭火灾。讲这个故事时，我给自己树立了一个教育目标：要使每个青少年都能透过这场夺走英雄生命的熊熊烈火，看到自己内心最隐秘的角落。“我年轻的朋友，你们知道，在我们的社会中没有比人更宝贵的了。但如果人受内心的驱使，愿意为某件事奉献出生命，那就意味着我们每个人的生命中，都有一件无与伦比的珍贵事物，它神圣而不可侵犯，这就是我们的祖国。”我这样说道。

在我们鲜活的英雄主义时代的历史中，每天、每周都会翻开崭新的、如上述两个事例一样辉煌的一页。我的朋友，请学会在青少年面前打开这本书。要让学生从头到尾读完这本充满炽热情感的书，不要遗漏只言片语。

93. 学会让美德具有吸引力

如果17岁的青少年会被光明所吸引，那么这就意味着有必要让我们的伦理与道德的最高准则变得光辉灿烂。某些教师认为，我们的道德原则本身就已经十分完美，无须以特殊的形式传授给学生，也无须再加以修饰。事实远非如此。一个准则越是崇高，揭示这一准则的活动就应当越鲜明，越具有表现力。如果我们只会没完没了地重复“要正直、要诚实、绝不容忍伪善行径”这类的话，它对于学生来说就会成为令人厌烦的教导，就像鱼肝油一样，虽然有益于身体健康，味道却使人反感。正直、诚实、不容欺骗，这些应成为一种令人激动、吸引人且有诱惑力的行为（此处要指出，行动与美德的融合统一，是实践教育学的主要问题之一）。我们要成功做到，使青少年在独自完成作业时不去抄袭，也不偷看教科书，否则他面对自己就会感到羞愧。如果我们只是不断重复“躬身劳动才光荣，抄袭或盗取他人的劳动成果是可耻的”，那我们苦口婆心的教导，就会变成令人反感的说教。我们激励学生去参与一些活动来揭示美德的美好与魅力。我的学生从儿时起，每年暑假都会去被我们称为“蓝天校园”的窝棚待几天。这些窝棚是我们用树枝搭起来的草棚子，孩子们在这里度过炎热的夏天。在这里不仅任何事都需要自理，还要自己供应一切所需的粮食。在去“蓝天校园”之前，学生将自己的食物装进纸袋或金属罐里，带到自己的秘密基地来（要使一切都富有浪漫主义精神）。这里不会有任何清点登记，学生们来的时候，没有任何其他人在场。这里也从未发生过什么欺骗人的事，这种行为甚至是不可想象的。孩子们在这里能够感受到，他通过自己的劳动、自己的关怀为集体带来了欢乐。若是有谁产生了欺骗集体的想法，那么所有人都会觉得，他想盗走这份快乐。

学生在童年和少年时期，还拥有自己的物质财富——集体的小型图书馆。一个班级升学时，就把班中的藏书交给低年级的同学。也有一些个别情况，学生们把书送给低年级的某一位同学。这种事情会令少年们感到激动，让他们终生难忘。

我们的青少年努力为那些丧失了劳动能力的独居老人带去快乐。每到春天，高年级的学生们都会为孤寡老人开拓几块花圃，这种劳动具有美德的浪漫主义色彩。劳动时，学生们会想，每个人都有老的那一天，到时年轻人也会来关心我们的一切。使学生在少年及青少年时期就具有这种思想是十分必要的。这一思想使少年变得更加高尚，使他成长为一个真正的男子汉，同时也让姑娘们准备好完成身为一位母亲所要完成的使命。展现了对老年人关心的劳动充满浪漫主义色彩，也足够吸引人，是最为必要，也最为高尚的活动。我的朋友，请不要错过任何一次能够触碰孩子内心深处的机会，那里埋藏着对老年人的关怀与担忧。对老年人的关怀，是人性中最令人动容的爱。对老年人冷漠，是对社会的一种残酷报复——人会变得铁石心肠。

94. 何为教师权威？它该如何体现？

这是教育中最为细微而又鲜少有人研究的问题之一，是人在他人面前的权威问题，是年长者在年幼者面前的权威问题。教师对于孩子的权威是一切教育手段中，最必需、最普遍、最万能，同时又是最尖锐、最不保险的一种。这就像是一把刀，它既可以用来进行最精细的、难以察觉的手术操作，同时也可能会触痛伤口。这是一把有危险隐患，却又不可或缺的刀。这是检验教师的意志与忍耐力、确立其勇气与智慧的工具，同时也可以使学生的心灵堕落、扭曲。一切都取决于教师怎样运用这件工具，怀着怎样的内心动机去靠近学生。随着时间推移，我越发坚信，在孩子面前的权威是对教师最艰巨的考验，它能够衡量并展现教师的教育水平。

我的朋友，当你迈进学校大门，立志将生命奉献给伟大的育人事业时，请记住，你可能会陷入变幻无常、时有矛盾的情绪当中。要使自己兼具火热的内心与冷静的头脑，不匆忙莽撞地做决定。这是教育技巧不竭的源泉之一。一旦泉水枯竭，教育学的一切书本知识都会干涸成灰。

当一个人对他人无限信任时，在某种程度上，就会使自己处于一种毫无防备的状态。我的整个教育生涯都在思考这个道理。而孩子对于好老师的信任恰恰就是无限的。当孩子走入校园成为你的学生，他就会毫无保留地信任你。你的每句话他都认为是至理名言。对于学生来说，你就是智慧、理智、道德的最高榜样。请珍惜这份信任，珍惜学生这种不设防的状态，让这种教育智慧成为衡量你自我教育的标尺。教育的愚昧无知，体现在教师出于自身局限性，想将儿童的无所防备变为关住鸟儿的笼子，并对它为所欲为。不了解孩子这种不设防的状态，是造成教师处境不佳的主要原因之一，最终会导致丧失在孩子面前的权威——毕竟人不能真的像鸟儿一样被关在笼子里。

只有当你理解并用心感受到孩子出于对你的无限信任，在你面前毫不设防的状态，而你在孩子面前的权威正是建立在这种信任和无防备的状态之上时，你才有资格成为一个教育者。要去认真思考、用心倾听和理解这种无限的信任到底是怎么一回事——或许，是孩子有意识地放弃了自己个人的想法，盲目地相信教师；也可能是孩子在努力尝试放弃个人的自由与娱乐吧！

不，事情并非如此。孩子的信任即便再无限，也只是一个人的信任。孩子追求精神财富，追求多彩的个人生活，追求丰富的印象、充实的思想和美的享受，追求与不同的人打交道。他们希望能有一位年长的、有生活经验的智者来关心自己。请珍惜孩子的这份心愿，就像珍惜无价之宝一样。只要这样的心愿还在，通往孩子内心世界的大门就会对你敞开。这也是儿童上进心的源泉，请珍惜儿童想让你成为他的朋友和导师的愿望。

出于对老师无限的信任，孩子们会发自内心地认为，他的这位大朋友不管在多么困难的情况下，都能找到问题的解决方法。

要珍惜这种无限的信任。为了使自己与孩子之间永远保持充满人情味和善意、诚挚的和谐关系，教师应当成为一个睿智且慈爱的孩子的守护者。教师还要善于使用自己的权威——永远都要记得，孩子是和你一样的人。请珍惜这份信任，它是孩子对教师的爱，也是教师在孩子面前智慧运用权威的核心。正是基于这种信任，学生希望从教师身上寻求并得到保护。请像珍惜无价之宝一样，珍惜孩子的这种希冀。只有当学生会满怀希望地看向你、相信你时，你才能称得上是一位真正的教育者、导师，是生活上的引导者，是权威和智慧的化身，是孩子的朋友与伙伴。请记住，信任与希望都是十分脆弱易碎的东西。要是你打破了它们，那么你的教师事业就走向了终点。届时，你只能够成为一个监护者，却谈不上是一位教育者。

95. 怎样珍惜儿童的信任?

对于十分细腻的教育领域来说，最主要的是深刻理解，准确地说，是要用心去感受儿童的世界，感受童年的生活。

儿童的世界，是一个特殊的天地。儿童对于善恶、好坏都有自己的看法，他们不仅有自己的审美标准，甚至还有自己衡量时间的标尺：童年的一天就像一年那么长；而一年的时间，在孩子心中仿佛就是永恒。为了能进到这座名为“童年”的童话宫殿，你需要转变自己的形象。从某种程度上来说，你要使自己也变成一个孩子，只有这样，你才能够在孩子面前睿智地使用自己的权威。

朋友们，不要以为我将童年世界理想化了。我心中十分清楚，童年是我们成年人赋予孩子的东西所创造的。孩子虽是娇嫩的幼苗，但日后总要长成参天大树，因此我们需要格外重视童年。教师权威的智慧首先在于他要有能够洞察一切的能力，这里不应当有任何的限制。要记住，孩子是不会故意去做坏事的。教育的无知就在于教师偏偏认为学生有这种企图，是故意而为之的。这样的教师为了砍断“祸根”，也砍断了所有根茎，于是，童年这株生机勃勃的幼苗就枯萎了。当孩子被指责故意做坏事、懒惰、散漫，而事实却并非如此时，他们就会感到自己遭受了极大的不公。这种行为无异于将学生从教师身边推开，让他们失去对教师的信任。而一旦这份信任被破坏，学生就会开始变得固执、任性、故意不听话、专门和老师唱反调。请记住，当信任出现裂痕，这种情况就不可避免。

要充分调动教育的智慧来处理儿童的各种不当行为。他们并非故意使坏，往往只是因为一时遗忘、无知或是误会而犯错。面对这种情况，不要当众斥责孩子的行为，你自己知道这件事就行了。在学生面前，你有权力理解、知晓一切。你应当明白，为什么某个一年级的孩子从其他同学鲜艳的笔盒中拿出了彩笔，把玩了一会儿后，就把笔放进了自己的口袋。不必为此担忧，这并不是偷窃。你应当明白：为什么铃响之后，孩子们不跑回来上课，而是想要在绿草地上“再玩一小会儿，再玩一分钟”；为什么费佳不好好听作业要求，而是屏住呼吸去看那只飞进教室的小蜜蜂；为什么奥克桑卡不跟着大家一起读书，而是在纸上画了朵花；为什么在森林游玩时，米科尔卡、皮利普克和彼特里克三个调皮鬼故意避开班集体，悄悄躲进树丛中……

无数个这样的“为什么”引发了无数的冲突。而教师与学生之间发生冲突，是教育水平极端低下的表现。之所以出现这种情况，是由于教师缺少父母般宽容的智慧，没有极高的教师权威，也不明白自己是在和儿童的行为、儿童的思想与观点打交道。不能将儿童与成年人放在一起进行比较，能够统一衡量儿童和成年人的标准是不存在的。

我记得有一个叫德米特里克的小男孩，事情发生在他上三年级的时候。请想象一下当时的画面：教室里正在上语法课，你在黑板上讲解语法规则，学生们都在认真听讲，好好做笔记。德米特里克好像也在写，但你心里却为他感到不安——他的眼睛像颗玻璃球一样滴溜溜地转，书桌里有什么东西吸引了他的注意力，让他顾不上听语法课了。你悄悄走近小男孩，发现他面前有个半敞开的火柴盒，里面有什么东西在蠕动。德米特里克全神贯注、目不转睛地盯着这个火柴盒。你看到盒子里有只从没见过的小甲虫，它长着一只锯状的角，正在锯关着自己的这座牢笼——火柴盒，但却怎么都锯不开。

当然，你可以大发雷霆，可以把小男孩训哭、让他道歉（自己则气得发抖），但这样做有什么用呢？你唯一能得到的结果就是白白浪费了时间，小甲虫则成了全班同学娱乐的对象。孩子们会羡慕德米特里克，嘲笑你的怒气冲天。

在这个瞬间，请你想一想：孩子，你的心里到底在想什么呢？为什么不能拿出半个小时，先把甲虫放到一边，好好去理解一下语法规则呢？想到这里，你把火柴盒拿起来，拉上盖子，把它揣进自己的兜里，然后摸了摸德米特里克的小脑袋。接着，你又讲了一遍语法规则，小男孩动手写着笔记，你发现，他已经理解了。也会有这种孩子，他们虽然一边瞟着独角甲虫一边看着黑板，但总归还是有些东西留在了他们的脑海里。

下课之后，德米特里克来到了你的讲桌旁，低着头不说话，但长睫毛下的黑眼珠还在骨碌骨碌地转。你能发现，他眼睛里还是闪动着狡黠的光芒。你把小甲虫还给了小男孩，让他讲讲是在哪里发现这个奇妙的小东西的，又是怎样使甲虫不停地去锯困住自己的火柴盒，接下来他还想对这只甲虫做些什么。德米特里克很乐意地讲这些事情，他拉着你的袖子来到灌木丛旁。据他说，甲虫就是从这里爬出来的，并且三年才能飞一次。

在这个描述中，通常能听出教师的话外音：教师认为，在类似的情况下，是自己从教育智慧的顶峰走下来，放低身段进入学生感兴趣的世界，并让自己尽量做到友善地对待学生。但事实上，学生无法忍受这种并非真心的宽容。真正的教育并不是教师从高处走下来，而是要去攀登儿童细腻的真理之峰。教师是向上攀登，而不是往下走的。不要放纵孩子们，也不要使自己适应他们兴趣的“局限性”（如果我们不限制孩子的兴趣，也就不会有这种局限性），要做一位睿智的教师！

一个人在他人面前展示的明智的权威，尤其是成年人在儿童面前的权威，是一种伟大的创造，是对学生思想与情感世界真诚而深入的理解。要学会理解儿童的话语，让自己保有一丝童稚的同时，又不将自己与儿童归为一谈。当我看到一位已经做了父亲的教师，将他五年级的儿子带到教师休息室，并质问他“为什么你在课上一直笑？要笑到什么时候？难道少先队员能这样做吗？”的时候，我在想，这位教师已经陷入了儿童的游戏当中，但他却还没明白这是一场游戏。小男孩沉默着，他什么都说不出来。但是如果这个五年级的学生突然像被提问时那样，回答了教师的问题，那才是十分令人惊奇的。学生们通常不知道自己为什么要笑，但教师不能不知道。或者说，他必须要去了解学生们为什么会有这样或那样的举动。否则教师与学生之间就无法相互理解：教师不理解学生，学生也不理解教师。有时看到这样的场景，不禁会让人想问：难道他们是在用不同的语言交流吗？

请记住，儿童，尤其是少年，他们很想展示自己，想使人相信自己的意志、理智、聪慧和机敏。一个生命体，在你的帮助下认识这个世界，然后逐渐形成了自己的个性——在这个艰难的过程中，要十分慎重地使用教师的权威。年长者的意志很容易变为独断专行，有时甚至会变成对人的压迫。对于孩子，不要去压制、摧毁，而要去鼓励、支持；不要使孩子失去内心的精神力量，而要树立他的自尊心。你只能这样在学生面前行使自己的权威，而且只有在这种情况下，你的权威才可能是明智的。如果孩子有什么地方做得不对，不要对他采用强制的、武断的措施。不要让你充满人道主义的课堂上充斥着拳头捶桌子的响声或大喊大叫的声音。不要让一个活泼快乐、爱跳爱闹的小孩子变得呆滞无神、不知所措，不要使他双目忧伤无神，整个人弯腰驼背，毫无幸福感，这是十分糟糕的。请珍惜人的自豪感，珍惜儿童不容侵犯的个人荣誉。请记住，小调皮鬼们对一切事物都有自己的思考与观点，这对于作为教育者的你来说，是一件幸运的事。而如果学生像没有意志的影子，他个人的想法都被你用强制的手段从脑海中驱除了，他只会逆来顺受、无条件地屈服于你，这就太不幸了。要知道，那些平常难以管理的、喜欢吵闹的小调皮鬼，往往在紧要关头就能展现出自己是一个善良且真诚的人；而那些没有意志力的、只会逆来顺受屈从于人的学生，常常会变得十分冷漠，变得他们自己都想不到的残酷，有时甚至会将自己的利益建立在亲近的人的痛苦之上。那些强制性的、武断的措施，会摧毁孩子的意志，使他们变得冷酷无情。

96. 请用书籍、理智与信念去管理学生的心灵

我曾有一个学生叫尤拉，他很聪明，但性格有些古怪。尤拉对于真理与谎言、光荣与羞耻，就像芦苇的细秆对微风一样敏感。

有一次，我把几本关于遥远国度和自然现象的书带到了“思想室”。当尤拉看到一本封面鲜艳、描写深海的书时，他的眼睛都亮了。小男孩请求读一读这本书，我把书递给他时，他激动地问：“等我读完这本书，您还会给我新的吗？”

“当然了，哪怕每天读都可以。”我这么回答他。

我不小心说大话了。那时我这里描写遥远国度、海洋深处、热带森林与寂静北极等各种非凡奇遇的书，并不够让尤拉每天读。而小男孩恰好在一天之后就来还书了，并且还想要一本新的。不知不觉，几周过去了，书架上尤拉感兴趣的书已经不多了。终于有一天，我开始焦虑起来：一周之后该怎么办？五年级的小男孩尤拉，他是想象不到我的藏书有一天会突然被他读完的。如果他知道我欺骗了他，那该怎么办呢？问题并不仅在于我们之间的友谊没了，也不仅在于我在这间“思想室”里再也看不到孩子信任的眼神，听不到他问：“您这里还有很多其他的书吗？”（当时隔壁屋是我的小图书室，我没有让尤拉看，因为怕他会立刻对我感到失望）问题还在于，我丧失了在这个有些任性的孩子面前的权威。我坚信他有这样一种独一

无二的性格——那就是愿意依赖那些即便在微末的小事上，也能言出必行的人。

有一天，我离开自己偏远的小村落，去了哈尔科夫、波尔塔瓦和基辅三个城市旅行。虽然我花光了两个月的工资，但回来时心情非常愉快。我吃力地背回来了几捆书，一路上生怕被尤拉看到。

三年后，七年级的尤拉毕业了（当时实行的是七年学制）。在这三年里，我每天都要思考，给他读一些什么书好。我觉得，小男孩不仅仅在思考书中的内容，他好像在根据这些书籍判断，读书的都是些什么样的人。在这几年里，这个爱思考又要求高的小男孩，成了我的一位“评判者”。他所读的书中蕴含的思想越深刻，我们之间的交谈越有趣味，他对我就越依赖，这种谈话带给我的快乐就越多。

这三年的时光，对于我来说是一场真正的考验。从那时起，每年我都会遇到几个像尤拉那样求知欲旺盛且心思敏感的学生。如果没有书籍，我就无法管理他们的意志。书籍会点燃儿童与青少年的兴趣之火。我感到自己时刻处在学生严格的监督下。如果有一天，我没有积极地在书籍的海洋中遨游，那么我就会失去在自己学生面前的权威，他们就会不再需要我，因为我没有更多的东西可以给他们了。这样的教师，对于学生来说只能是一个让人厌烦的监护者，可以尽力忍耐他，但却无法尊重他。

亲爱的朋友，我想建议你：请管理好学生的思想。想要管理学生的意志，没有比先管理他的思想更强有力的手段了。但如果想实现这一手段，就要多多与书籍打交道。只要方法得当，即便是性格最敏感、最任性、最叛逆、最倔强的孩子，也能成为爱读书的人。请用书籍和理智来让他们听话吧！

97. 怎样制订教育工作的计划?

关于这个问题，无法套用任何模板及现有的方法。一切让教师与教育工作本身脱离的事物，一切只是为了做表面功夫而写的文章，都是完全没必要的。但制订教育工作计划并不归属于此类，它是教育工作的组成部分。我认为，如果没有计划，就不会有真正的教育，更无法想象那些在我看来令人难以捉摸的教育工作的组成部分。

制订教育工作计划，首先要明确教育的目标。对于要在送到自己工作间的这块“大理石”上雕刻出什么，教育者应当有自己的想法。这种想法是否明确，关系到教师对教育工作的实质和制订计划的必要性的理解。

你从一年级开始教课（有时你的教育工作是从学龄前儿童开始的），一直教到学生三年级，但你需要做好教育工作全过程的计划，直到他们中学毕业、步入工作，直到他们长大成人、为人父母。请做好未来10到15年内必要的活动计划（不要局限在学生上学期间，也要包括他们毕业之后的计划），以便使你的学生们能够拥有清晰的头脑、旺盛的求知欲、发达的智力、高尚的心灵和灵巧的双手。首先，你要列出一张书单，包含很多被纳入世界文化宝库的书。你的学生要在中小学的十年时间里读完这些书。我们同样还要列好“预备书单”，这是为已经毕业甚至参加工作的学生准备的。要怎样做才能使学生在毕业之后依然还是我们的学生、读他该读的书，关于这个问题，写一本书都是不够的，这是一个很庞大的课题。

接下来，你要思考并记录这样一个问题：为了成为一个真正的人，为了明白什么是劳动、诚实、尊严、友谊和对人的关怀，孩子们从入学第一天起直到成年，应该为父母、为他人做出哪些奉献。然后，再列一张社会公益劳动清单，这些劳动是你的学生应当参与的，这是他们公民教育的第一堂课。同时，还要再列一份有关杰出人物的书单，这些人物应当成为青少年的榜样。当然，如果不进行公益劳动的话，读这些书也是徒劳无益的。

随后，在对学校的育人标准有大致了解的基础上，应当制订一份更加具体、翔实的计划，要涵盖你整个教育工作的阶段。例如，小学的教师应制订三年内的计划，九、十年级的班主任则应当制订整个带班期间的计划。我建议，要对儿童与少年尤为关注。9到10岁的儿童，13到14岁的少年，当他们回顾往事时，应当能够看到自己都有哪些亲手创造的成果。要让他们知道在劳动中磨出的茧子是什么样的，什么是劳动所得，什么是疲惫和休息，艰难又是何物。

中学教育阶段的总计划和教师教学阶段的具体工作计划从某种程度上来讲，都是教师努力奋斗的标准。应当基于这一标准制订出在较短时间内更加具体的教育劳动计划。至于具体时间的长短，可按教师需求调整：或是做出周计划，或是做出月计划，也有人做了不错的学期计划。只是要时刻记得，教育是一项生动灵活的、时刻在改变的、永远处在发展中的事业，而学生也是在不断成长的个体。短期教育工作计划，可以用于日常检查和比较每天为达目标都做了哪些工作。

计划首先取决于现实生活。当你的学生初入校门时，你尚不知道他的个性会如何发展。只有在各项活动、劳动和日常人际关系中，才能培养一个人的个性。生活时刻都在提醒你下一步要做怎样的计划，集体应该读哪些书，要吸引学生参与哪些劳动，要和万尼亚与柯利亚谈些什么才能引导他们去读该读的书。

教育计划囊括了各式各样的学生活动以及对家长的教育工作。制订计划时，若能深入思考每项活动的道德意义与目标，那么这种计划必定对教师有所助益。制订计划与实际工作中必备的特点，就是对于已取得成果的继承与发展。可以说，教育的奥秘之一，就是使学生重复不断地做同一件事，但又不被他们所察觉。因此，若要培养学生的人道主义、敏感性、同情心和诚挚，就必须要求他们经常为别人做奉献，且奉献的形式不要千篇一律。读到这里，读者或许会想：如果作者能够直接展示怎样制订详细的周计划和月计划就好了。我故意没有这样做。因为传递经验就是传递思想，而借鉴经验就是基于某种思想进行个人创作。

98. 怎样与集体进行教育性谈话？

每一次教育性谈话都具有一定的目的，有时涉及每个学生，有时是为了影响整个班集体，同时对某个学生产生尤为特别的影响。

在思考集体的精神生活和个别学生的思想、情感及行为，在拟定教育性谈话的内容时，要时刻谨记语言是你最主要的教育手段，你正是靠它来打动学生的理智与心灵的。语言既可能强大、犀利且炙热，也可能软弱而无力。这一切都取决于你与学生之间的谈话是否具有崇高的精神，是否能够鼓舞人心。在树立儿童、少年、青少年的信念，督促他们进行自我教育的过程中，能够使他们得到鼓舞是教育中最为宝贵的经验。请记住，你对学生说的话不仅仅传达了思想，形象地说，还交付了你的一部分内心。

要使教育性谈话具有鼓舞力量与崇高的精神，首先要深信你所说的话，深信你全身心捍卫的东西是正确的。只有当你有所捍卫并为之战斗时，才会产生鼓舞的力量。

例如，你在自己的班集体中发现了一些冷漠处事的迹象：根纳季生病了，在家躺了两天，但没有一个人去看他，每个人都指望着别人去做这件事；维克多的奶奶生病住院了，虽然医院离得很近，但维克多两周内只去看望了她一次。这些事情都让人感到不安。你准备进行一次教育性谈话，但并不打算把这些事情说出来。因为对于教育和自我教育来说，有一条尤为重要的规律：道德审判（对自身行为的道德评价，其实质就是道德审判）的力量，取决于谁是审判者，是教师还是犯错的学生本人。如果做错事的学生只是单纯地听人批评他，那么教师的话对他产生的教育影响就会大大降低。一个人应当自己去审视自身的所作所为。我认为，谈话的教育技巧正是在于犯了错误的学生能够自己思考、反省自己的行为，而不需要我从一旁提醒。

为了达成这一目的，还需要遵守另外一条教育性谈话的重要原则：必须要在生活或人际关系中，找到能够体现你想表达的思想的鲜明事例。教育性谈话的力量，就在于它能够使你的思想深入到维克多和那些住得离根纳季不远的学生的心灵中去。选择的事例鲜明与否，决定了你的语言中是否具有鼓舞人心的力量，是否具有崇高的精神。只有当一个人的语言源自美好而崇高的思想，他才能将内心感受传递给他人。请在进行教育性谈话时，选择一些令你震惊、感叹的事例，譬如下述这件。在我们州的一个村子里，一位年轻的拖拉机手在战后不久受了重伤。他打了四年仗都安然无恙，却在回家后驾驶拖拉机时被地雷炸伤了。年轻的拖拉机手意志消沉，若没有他的妻子——一位忠诚、勇敢的女性，一位慈爱的母亲——他是无法重新站起来的。失去了双腿和左臂的他学会了用义肢站立，并且又能驾驶拖拉机了。一听到这个事例，你就会被人在巨大悲痛面前表现出的勇气、坚强、不屈以及忠诚的品质所深深鼓舞。你要将自己的这种感受传达给学生。

教育，意味着使人进行自我思考。当你讲述这件令人惊叹的事情时，直接面对的是学生维克多、尼古拉、亚历山大和尤里娅，他们的心中不知为何被播下了待人冷漠的种子，并且已经慢慢地发芽。在你面前的不是某个抽象的学生——这样的学生也是不存在的——而是活生生的维克多、尼古拉、亚历山大和尤里娅。你知道他们现在在想什么，你的话首先也是说给他们听的。你想让他们被人的忠诚品质所打动，能够从思维上超脱于这件事，过渡到事件所蕴含的思想上去。只有当学生开始思考某种思想，他们才能开始思考自我。

在此情况下，不要直接对学生说“去联想一下你的生活，联想一下你自己”这一要求，这应当是由孩子本身的思维逻辑提出的。只有通过自我思考，才能激发出孩子们心中的灵感，也就是把你的灵感传递给学生。灵感是指人在思考、创造的过程中力量与才能获得的高度提升。用理智与心灵去认识人，这才是真正的创造。人的力量与才能处于提升状态时，人的头脑清晰、思路敏捷，想法和追求也会不断涌现，对于周围的世界，尤其是对于自身也会有独到的见解，这才是你进行教育性谈话的最终目的。学生可能会忘记你讲的某件具体的事，但只要这次谈话确有教育意义，给学生留下的情感印记就永远不会消失。你越是善于用高尚的思想来激励自己的学生——在上述事例中，这种思想就是人对人的忠实、同情与热忱——就越能够促使他们进行自我教育、自我反省。在某个瞬间，你与维克多的眼神交汇在了一起（不要刻意寻求这种目光交汇，它应当是在不经意间发生的），在孩子这双你再熟悉不过的眼睛里，闪烁着两种情感：既有对自我充满好奇的审视，也带有一丝惶恐不安。这意味着他将你的话听到了心里。此时学生拥有了复杂的内心活动，他的理智与心灵也开始了复杂的工作。让学生带着这样的不安从你这里离开，也正该是如此。让他连续几天都停留在你的讲述带给他的印象中；让他在你点亮的思想之光的照耀下，看看自己隐藏在内心深处的那些不为人知的东西究竟是什么。

谈话只是一个约定俗成的说法。事实上并不存在什么谈话，而是学生在倾听教师的话语。但在任何情况下，都不应该对学生说："来讲一讲吧，你是怎么看待这位为丈夫奋斗了十年的女士的？"很遗憾，确实有个别教师是这样做的。如果以这种方式来结束自己的谈话，那么之前取得的所有成果都会毁于一旦。教育并不是复述教师读过或讲过的东西。教育的技巧，首先就体现在使学生产生想要变得更好的想法，而为了达到这一目标，他就应当去认识自己、了解自己。

有时会有这种状况：有男孩（或少年）闯祸了，教师就以这件事为谈话内容，从这个男孩的错误行为说起，先聊聊这个错误。正如一位我认识的教师所说的，要"旁敲侧击"地达到批评的目的。这个方法乍看起来很吸引人，可以严厉地训斥学生，让他们感到震惊、害怕。这种行为可以比喻成什么呢？想象一下，你穿着一件沾满灰尘的夹克，为了清理掉上面的灰尘，别人拿起一根棍子并用它来敲打你的后背。灰尘自然是被拍掉了，但我想未必有人会赞同这种清洁方法。最好还是把夹克脱下来，然后好好拍一拍上面的尘土……教育不应该带有惩罚的因素，更不应该成为一种惩罚。教育要讲究技巧。

如果你认为同集体进行教育性谈话只是为了谴责某种不良行为，那么这就谈不上是真正的教育。毕竟你是在与整个集体谈话，而不良行为与不足之处并不是集体中每个人都有的。如果教师忘记了对待人的缺点要小心、有分寸，那么他就会经常在这个问题上犯错。更何况，我们是在与儿童、少年、青少年打交道，他们是如此脆弱而敏感……不要想一下子就能拔除某种陋习，或用一句急躁而愤怒的话就能消灭某种缺点。请记住，集体对待有缺点的人，就像对待一个可怜的人。如果你认为，号召集体对有缺点的人表示愤怒就能够达到既定目的，那你就错了。集体不应该表现出愤怒的情绪，取而代之的应该是对“可怜之人”的同情。这完全是合乎规律的。也不要想瞬间就将疮连根拔除，这样只会得到一个流血的伤口。教育是一门十分精细的医学，它可以治疗、治愈疮口与脓肿，但绝不赞同直接将病患处直接挖除。不论何时何地，你的教育性谈话结束后，都不应该使任何一个孩子带着流血的伤口离开。如果这样的事情发生了，整个集体都会为之震惊，但这种震惊绝对不是你想要得到的结果。

与集体进行教育性谈话时，要期待集体像对待痛苦与不幸那样去对待道德缺陷（准确来说，要这样去考虑问题）。不仅如此，还要尽力加深对可怜之人的同情，并把这种情感带入集体中，让学生们都萌生一种美好的愿望，希望自己的小伙伴们有着高尚的品德，不再陋习缠身。

99. 如何与懒惰做斗争？

将这个问题放在临近书末的位置，并非偶然。想要防止学生变成懒惰的人，上述98条建议中提到的好方法就要一一照做。想要克服懒惰，并非易事。懒惰难以预防，因此将防止懒惰变为热爱劳动，比克服懒惰之后变得热爱劳动要珍贵许多。因此，年轻的朋友们，我们首先需要弄清楚该怎样防止懒惰。为了达成这一目的，就要去了解懒惰的根源。

懒惰源自终日无所事事，虚度时光的陋习。在孩子很小的时候，家长出于关爱，对他们有求必应；而孩子自己则只是一味发号施令，或是任性地耍脾气——这样的孩子就会变得懒惰。当一切都来得轻而易举，人不知道什么叫作困难的时候，就会变成一个懒汉。无忧无虑、一帆风顺的童年环境是滋生懒惰的温床，它会使一个正常的孩子变成懒汉。他们会产生一种想法，认为童年永远不会结束。在这种情况下，通常父母会在某一天幡然醒悟：这一切都是怎么发生的？为什么我们没有发现儿子已经长大了？昨天他还害怕天黑的时候去院子里，今天已经开始追求姑娘，在外面玩到半夜了……懒惰，是无忧无虑的波浪泛起的泡沫。这是一种深层次的精神现象，其根源就隐藏在对任何事都毫不在意的心灵中。那些不把任何事放在心上的人，同样会变得懒惰。

懒惰与缺乏自尊心就像一对孪生兄弟，懒惰的人丝毫不在意别人怎么看待他。

通常，懒惰的人只会浪费别人所创造的财富。虽然，他们享受着丰富的物质，或者形象地说，他们有靠山可以依靠，但这并不意味着他们有富足的精神生活。懒汉，就是精神上十分贫瘠的人。懒惰最主要的根源之一，就是精神的空虚、爱好的贫瘠。一个懒惰的人，首先会引起他人的怜悯之心。顺便一说，根治懒惰的方法之一，就是让不幸成为懒汉的人审视自我，发现自己的不幸，并能够发自内心认识到这是一种不幸。请不要忘记，我们现在谈的是儿童的懒惰问题。

防止懒惰最重要的条件，就是不要无所事事、虚度时光。在人的精神生活中，不应当出现无所作为的空白期。无论从哪个角度来说，成年人专门为孩子创造一种百无聊赖、无所事事的环境，并将其称之为“孩子的夏季休息时光”，这种行为是很不对的。休息应该是一种积极的休息，是另外一种性质的活动。应该将儿童从闷热的城市带到乡村去，让他们在这里，在田野与草地间，干一些力所能及的事，锻炼自己的力量。

防止懒惰的有力方法，就是要限制孩子的欲望。要让他从童年时起，就能在自身经验的基础上，了解“不能”“应该”“可以”这些概念的实质。要与家长共同努力，使孩子从小就能自食其力。

要让孩子从小就体会到什么是困难，并耗费一定的体力与精神来克服这些困难。体力与意志力的结合，能够培养出热爱劳动、工作积极、意志坚定的人。

如果家长能将孩子视为未来的成年人，想象他（她）已经成年了，并思考如果孩子将懒惰、懈怠、畏惧困难这些缺点带到了青年、成年阶段，他（她）该怎样生活，那么懒惰就不会深入孩子的内心。防止懒惰的另一个有效方法，就是让孩子和成年人一样，有需要操劳的事情。如果直到进入青春初期，孩子还是不能通过自己的经验了解到，人生中最重要的事情就是靠自己的双手来供给自己衣食住行，那么就无法真正培养出对劳动的热爱。

懒惰，不仅仅是身体上的无所事事，更是思想上的慵懒。当一个人只是接受别人现成的思想，不付出任何努力就能得到它，懒惰就会占据人的心灵。正如习惯了不假思索地消费别人所创造的物质财富就会使人不想动手劳动一样，若只是接受现成的思想，人的精神就会变得懒惰。让人去努力探索知识，能够防止思想上产生惰性。

丰富精神需求也是一种预防懒惰的途径。只有在此条件下，当人在童年，尤其在少年阶段产生一些精神方面的需求，例如追求劳动快乐的需求、渴望读书的需求、与人交往的需求、进行创造性活动的需求时，他才能够抵抗懒惰。积极培养这些需求并将其视为宝贵的个人精神财富，这是教育原理与实践中一个十分有趣的问题。

或许你会问：如果一个人已经变得懒惰了，那要怎么办呢？斯捷帕是一名五年级的学生，他的妈妈来到学校，无奈地摊开双手，说："我们能对他做什么呢？他回到家，把书一放，吃过午饭后就一直玩到晚上。"

这种情况该怎么处理呢？

要挽救这个孩子。我们对他的母亲说：既然您已经养出了一个小懒虫，那就请坚持对他进行改造。要强迫他花两个小时来学习，等他习惯了，就会体会到完成功课带来的快乐。这个过程中不要大喊大叫，不要惩罚他，毕竟您是为他好，这不是坏事。完成功课后，再让孩子做一两个小时体力活。每天早晨五点钟的时候，请将孩子叫醒，并告诉他，您要为全家做早餐了，这是劳动。他准备功课，这也是一种劳动。此时不要大声喊叫，更不要对您的儿子说他是懒蛋。从孩子五点钟起床一直劳动到七点那天起，他就不再是一个懒惰的人了，他应该因热爱劳动而受到表扬。

这种简单的改造人的方法，从未失效过。若说孩子克服懒惰的道路上有什么阻碍的话，唯一的可能就是父母的懒惰。

我绝不是无缘无故地就谈到了在家庭环境中改造懒学生的问题的。懒惰，首先源自家庭，也首先要在家庭中将其铲除。如果家里没有热爱劳动的氛围，那么光靠学校教育是得不到积极结果的。在家长学校的每个分部里，我们都在研究这样一个问题：懒惰从何而来？我们会对学生与家长的行为、劳动、学习，以及他们之间的相互关系进行教育心理学分析。防止懒惰，是学校与家庭需要共同努力攻克的重大难关。

100. 最后一条建议——请保密……

我在本书中提到的所有建议，作为教师的你知道就好，不必告诉学生。学生过于了解教育往往是有害的。潜移默化式的教育是让教育的影响最大化的前提条件，学生无须每时每刻都知道老师正在教育他，要将教育隐藏在轻松友好的氛围之中。

为什么人不应该知道自己正在被教育？因为真正的教育是自我教育。师生之间的交流要能唤醒学生的精神力量，引起头脑与心灵的活动，促使自我教育与完善的发生。如果人每迈出一步都感觉有人在教育引导他，那么他进行自我教育与完善的意识就会减弱，心中会产生这种想法：我要成为什么样的人、要做哪些事，都会由大人来思考，我只需等待建议和指令即可。

著名苏联教育家安·谢·马卡连柯曾多次说过，对于教育者而言，非常重要的一点是：不要让学生知道他们正在接受某种专门的教育[1]。我终生都在跟自己的导师学习这一原则，并且始终坚信将自己的教育意图隐藏起来，是一种非常重要的教育技巧。

---

1 此处指的是安·谢·马卡连柯在《教育过程的组织方法》一书中所提到的："教育者应清楚地知道，尽管学生明白自己在教育机构里接受教育，但他们并不喜欢处于专门的教育过程之中，更不喜欢有人不停地说教。教育者在受教育者面前，应将教育立场隐藏起来，而非突显。那些不停追着学生、专门进行谈话的教师，会使学生感到厌烦，效果往往适得其反。"（《马卡连柯文集》第5卷，莫斯科，俄罗斯联邦教育科学院出版社，1951年，第93页。）

我年轻的朋友，要去教育儿童、爱护儿童、尊重儿童、严格要求儿童、与儿童成为朋友，要让这一切成为你精神生活的核心。

（全文完）

苏霍姆林斯基大事记

1918 年	11 月 28 日出生于乌克兰基洛沃夫格勒州奥努弗里耶夫斯克区瓦西里耶夫卡村的一个农民家庭
1926 年	进入家乡的七年制学校学习
1932 年	七年制学校毕业，因身体不好，在家休息两年
1934 年	进入克列缅丘格师范学院求学，一年后因病离校休养
1935 年	在母校担任小学教师三年，其间在波尔塔瓦师范学院语言文学系接受函授教育
1938 年	以优异的成绩结束函授教育，取得中学文学教师资格证书，后担任中学语文教师、教导主任
1941 年	苏联卫国战争开始，奔赴前线参军，受重伤，治疗后无法再上战场
1942 年	被委任至乌瓦市的一所中学担任校长

1944 年　回到刚解放的家乡，担任区国民教育局局长，同时在区中学任课

1948 年　辞去区教育局局长职务，来到下属的帕夫雷什中学担任校长，直至生命结束

1970 年　逝世，享年 53 岁

给教师的建议

产品经理：房　静　　执行印制：刘　淼
产品监制：木　木　　出 品 人：吴　畏

图书在版编目（CIP）数据

给教师的建议 /（苏）B. A. 苏霍姆林斯基著；马琳译 . -- 成都：四川文艺出版社，2022.1
ISBN 978-7-5411-6213-8

Ⅰ . ①给… Ⅱ . ① B … ②马… Ⅲ . ①中小学教育—教学研究 Ⅳ . ① G632.0

中国版本图书馆 CIP 数据核字（2021）第 237901 号

GEI JIAOSHI DE JIANYI

给教师的建议

［苏］B.A. 苏霍姆林斯基 著　马琳 译

出 品 人　张庆宁
责任编辑　邓　敏
责任校对　汪　平
出版发行　四川文艺出版社（成都市槐树街 2 号）
网　　址　www.scwys.com
电　　话　021-64386496（发行部）　028-86259303（编辑部）
传　　真　028-86259306
印　　刷　北京盛通印刷股份有限公司
成品尺寸　140mm×200mm
开　　本　32 开
印　　张　10.5
字　　数　240 千
印　　数　1—9，000
版　　次　2022 年 1 月第一版
印　　次　2022 年 1 月第一次印刷
书　　号　ISBN 978-7-5411-6213-8
定　　价　45.00 元